Lawyer practice duties
実践
弁護士
業務

実例と経験談から学ぶ
資料・証拠の調査と収集

―― 離婚・離縁・扶養編 ――

編著
第一東京弁護士会
第一倶楽部

第一法規

はしがき

　私たち第一東京弁護士会第一倶楽部は、第一東京弁護士会に所属する弁護士によって構成された会派であり、複数ある会派の中で最も古い歴史を持っています。

　第一倶楽部では平成28年度から会員の研鑽のため継続的に研究会を開催し、その成果を書籍としてまとめ、出版してまいりました。第一弾として平成31年2月に刊行した『実践弁護士業務　実例と経験談から学ぶ　資料・証拠の調査と収集』（第一法規）に続き、令和4年に『─相続編─』、令和5年に『─不動産編─』、令和6年には『─交通事故編─』を刊行し、この度、第五弾として『─離婚・離縁・扶養編─』の出版に至りました。

　今回テーマとした家事事件は、弁護士が日常的に扱う事件類型の一つであり、第一倶楽部においても、日頃から家事事件に取り組んでいる会員が少なくありません。

　本書の執筆にあたっては、既刊の編集方針に倣い、第一倶楽部の諸先輩方のDNAを引き継ぎながらも新しい時代の流れに対応すべく、若手を中心とする勉強会を継続的に開催し、ベテランや中堅がその知見を活かして若手をサポートする体制を整えたうえで、勉強会で行われた活発な議論の成果を踏まえて原稿を執筆するという作業を行いました。

　若手弁護士のみならず、弁護士が資料や証拠の調査や収集にあたってどのような点に注意すべきかに焦点をあてながら編集するというコンセプトは第一弾以来変わりません。本書が離婚・離縁などの家事事件を手がける多くの弁護士の方々にご活用いただければ幸いです。

　編集長をお引き受けいただきスケジュール管理から若手の指導まで行い本書をおまとめいただいた伊藤厚志弁護士、副編集長として編集を支えていただいた飯野雅秋弁護士、原田宜彦弁護士、事務局として諸事支えて下さった伊藤和貴弁護士をはじめ、ご協力いただいた第一倶楽部の先生方に心より感謝申し上げます。

　最後に、本書の出版にあたり、前出の各著にも増して多大なご支援を賜っ

た芝田敏昭様、三ツ矢沙織様、達川俊平様、藤井恒人様ほか第一法規株式会社の皆様に、この場をお借りして厚く御礼申し上げます。

　令和7年1月

　　　　　　　　　　　第一東京弁護士会第一倶楽部　令和6年度幹事長
　　　　　　　　　　　　　　　　　　　　　　　　　甲村 文亮

編集・執筆者一覧

※弁護士の所属はいずれも第一東京弁護士会
※各章の経験談は、本文執筆とは別に第一倶楽部所属の多数の弁護士の協力を得て編集した。

＜編　集＞

編集長	伊藤　厚志	弁護士／S&Nパートナーズ法律会計事務所
副編集長	飯野　雅秋	弁護士／丸の内南法律事務所
	原田　宜彦	弁護士／虎ノ門カレッジ法律事務所
編集委員	神﨑　浩昭	弁護士／弁護士法人一番町綜合法律事務所
	和田希志子	弁護士／ふじ合同法律事務所
	甲村　文亮	弁護士／真和総合法律事務所
	松本佐弥香	弁護士／松本総合法律事務所
	中村　正利	弁護士／弁護士法人一番町綜合法律事務所
	尾山　祐介	弁護士／尾山総合法律事務所
	久保原和也	弁護士／九帆堂法律事務所
	信賀　浩志	弁護士／ロデム綜合法律事務所
	伊藤　和貴	弁護士／九帆堂法律事務所

＜執　筆＞

序編
　　伊藤　厚志　　弁護士／S&Nパートナーズ法律会計事務所

第1編　離婚事件
第1章　概説
　　伊藤　厚志　　弁護士／S&Nパートナーズ法律会計事務所
第2章　相談・受任段階
　　荒谷真由美　　弁護士／古屋法律事務所

編集・執筆者一覧

第3章　離婚前の関係
- Ⅰ　木戸　悠聖　　弁護士／九帆堂法律事務所
- Ⅱ　佐藤　　寧　　弁護士／法律事務所キノール東京
- Ⅲ　安酸　庸祐　　弁護士／ときわパートナーズ法律事務所
- Ⅳ　佐藤　　寧　　弁護士／法律事務所キノール東京

第4章　離　婚
- Ⅰ　丸尾南都子　　弁護士／ふじ合同法律事務所
- Ⅱ　神崎　華絵　　弁護士／渥美坂井法律事務所・外国法共同事業
- Ⅲ-1　佐藤　　寧　　弁護士／法律事務所キノール東京
- Ⅲ-2　木戸　悠聖　　弁護士／九帆堂法律事務所
- Ⅲ-3・8　渡邊　泰範　　弁護士／勝俣・渡邊法律事務所
- Ⅲ-4　安酸　庸祐　　弁護士／ときわパートナーズ法律事務所
- Ⅲ-5　甲村　文亮　　弁護士／真和総合法律事務所
- Ⅲ-6　渡部　朋広　　弁護士／インテグラル法律事務所
- Ⅲ-7　西田　隆昭　　弁護士／フィーネ総合法律事務所

第5章　離婚事件の終了後の手続等
- 宮野　真帆　　弁護士／九帆堂法律事務所

第6章　離婚後の関係
- 原田　宜彦　　弁護士／虎ノ門カレッジ法律事務所

第7章　内縁関係の解消
- 和田希志子　　弁護士／ふじ合同法律事務所

第8章　同性パートナー
- 和田希志子　　弁護士／ふじ合同法律事務所

第9章　渉外離婚事件
- Ⅰ・Ⅴ・Ⅶ・Ⅷ　矢野　謙次　　弁護士／東京国際パートナーズ法律事務所
- Ⅱ～Ⅳ・Ⅵ　原田　學植　　弁護士／法律事務所Steadiness

第10章　婚姻・離婚の無効・取消し
- 佐藤　　寧　　弁護士／法律事務所キノール東京

第11章　親子（実子編）
- 神﨑　浩昭　　弁護士／弁護士法人一番町綜合法律事務所

第12章 扶　養
　飯野　雅秋　　弁護士／丸の内南法律事務所

第2編　離縁事件
第1章　離縁事件の相談・受任
　髙橋　優介　　弁護士／九帆堂法律事務所
第2章　離　縁
　Ⅰ　　　丸尾南都子　　弁護士／ふじ合同法律事務所
　Ⅱ～Ⅳ　飯野　雅秋　　弁護士／丸の内南法律事務所
第3章　離縁事件終了後の手続
　髙橋　優介　　弁護士／九帆堂法律事務所
第4章　養子縁組・離縁の無効・取消し
　木野　綾子　　弁護士／法律事務所キノール東京

＜その他執筆・監修・助言等＞（五十音順）
　飯野　雅秋　　弁護士／丸の内南法律事務所
　伊藤　厚志　　弁護士／S&Nパートナーズ法律会計事務所
　伊藤　和貴　　弁護士／九帆堂法律事務所
　木野　綾子　　弁護士／法律事務所キノール東京
　櫻井喜久司　　弁護士／銀座インペリアル法律事務所
　信賀　浩志　　弁護士／ロデム綜合法律事務所
　末岡　雄介　　弁護士／インテグラル法律事務所
　鈴木　一洋　　弁護士／港やしま法律事務所
　髙橋　優介　　弁護士／九帆堂法律事務所
　田中　和人　　弁護士／銀座インペリアル法律事務所
　原田　宜彦　　弁護士／虎ノ門カレッジ法律事務所
　堀越　　孝　　弁護士／銀座シティ法律事務所
　松本佐弥香　　弁護士／松本総合法律事務所
　宮野　真帆　　弁護士／九帆堂法律事務所
　守屋　美保　　弁護士／丸の内南法律事務所

編集・執筆者一覧

　　安酸　庸祐　　弁護士／ときわパートナーズ法律事務所
　　和田希志子　　弁護士／ふじ合同法律事務所
　　渡部　朋広　　弁護士／インテグラル法律事務所

＜協　力＞
　　巻淵　香織　　グラフィックデザイナー／巻淵デザイン事務所

凡　例

【裁判例出典略語】

民録	大審院民事判決録
民集	最高裁判所民事判例集
裁判集民	最高裁判所裁判集民事
下級民集	下級裁判所民事裁判例集
家裁月報	家庭裁判月報
判タ	判例タイムズ
判時	判例時報
東高民時報	東京高等裁判所判決時報（民事）
裁判所HP	裁判所ホームページ

※裁判例の書誌事項の表示について
　裁判例には、原則として判例情報データベース「D1-Law.com判例体系」（https://www.d1l-dh.d1-law.com）の検索項目となる判例IDを〔　〕で記載した。
　例：最判平成5・10・19民集47巻8号5099頁〔25000058〕

・InstagramはMeta Platforms, Inc.の商標又は登録商標です。
・LINEはLINEヤフー株式会社の商標又は登録商標です。

目　次

はしがき
編集・執筆者一覧
凡　例

I　はじめに ………………………………………………………………… 3
II　家事事件に関する近時の法改正の概要 ……………………………… 4
　1　国際的な要素のある人事事件・家事事件の裁判管轄に関する人事訴訟法等改正（平成30年法律20号）………………………………… 4
　2　成年の年齢、女性の婚姻開始年齢及び養親年齢に関する民法改正（平成30年法律59号）……………………………………………… 4
　3　特別養子縁組制度に関する民法改正等（令和元年法律34号）………… 5
　4　財産開示制度、国内の子の引渡し、国際的な子の返還に関する民事執行法の改正（令和元年法律2号）……………………………… 5
　5　「民法の一部を改正する法律」（令和4年法律102号）………………… 6
　　（1）懲戒権に関する規定等の主要改正点　6
　6　民法等の一部を改正する法律（父母の離婚後等の子の養育に関する見直し）（令和6年法律33号）について ………………………… 7
　　（1）立法の背景　7
　　（2）親の責務等に関する規律を新設　7
　　（3）親権・監護権等に関する規律の見直し　8
　　（4）養育費の履行確保に向けた見直し　8
　　（5）安全・安心な親子交流の実現に向けた見直し　8
　　（6）その他の見直し　9

目 次

Ⅲ　家事事件・特に離婚事件の具体的場面と紛争解決方法について ………10
　1　家事調停 ……………………………………………………………………10
　　(1)　対象事件　10
　　(2)　家事調停における事実の調査　11
　2　家事審判（家事事件手続法39条）………………………………………11
　3　人事訴訟手続（人事訴訟法2条）………………………………………11

◆第1編　離婚事件

第1章　概　説

第2章　相談・受任段階

Ⅰ　相談・受任段階、初動 …………………………………………………………18
　1　初回相談前（予約時点の対応）…………………………………………18
　2　初回相談時の心構え ………………………………………………………19
　　経験談❶　関係者への連絡に注意　20
　　経験談❷　他の弁護士から断られたという件　21
Ⅱ　初回相談時の聴取事項 …………………………………………………………23
　1　離婚を求める側の場合 ……………………………………………………23
　2　離婚を求められる側の場合 ………………………………………………24
　　(1)　離婚意思の確認　24
　　(2)　不受理申出制度　24
　　経験談❸　調査会社の件　26
　　経験談❹　刑事事件の弁護活動中又は弁護活動終了後に被疑者・
　　　　　　　被告人から離婚事件について依頼された場合の対応　26
Ⅲ　証拠収集に関する検討 …………………………………………………………28
　1　違法収集証拠との関係 ……………………………………………………28
　　(1)　東京高裁昭和52年7月15日判決（証拠能力肯定）　28

(2)　名古屋地裁平成3年8月9日判決（証拠能力肯定）　29
　　(3)　東京高裁平成28年5月19日判決（証拠能力否定）　30
　　　経験談❺　危険な証拠？　31
　2　調査会社（探偵、興信所）の利用について……………………………32
　　(1)　調査会社の調査結果　32
　　(2)　費　用　32
　　　経験談❻　探偵を使った証拠　34
　　　経験談❼　証拠を「つくりすぎる」ことの弊害　35
Ⅳ　DV相談の場合………………………………………………………………36
　1　DV防止法とは……………………………………………………………36
　2　DV相談の聴取事項・留意点……………………………………………36
　3　緊急避難場所（シェルター）……………………………………………38
　4　警察への保護要請………………………………………………………38
　5　子どもの通学先への保護要請…………………………………………39
　6　法的手段の検討…………………………………………………………39
　　　経験談❽　早期解決して恐縮した話！　40
　　　経験談❾　離婚と刑事事件　41

第3章　離婚前の関係

Ⅰ　婚姻費用の分担……………………………………………………………44
　1　婚姻費用とは……………………………………………………………44
　2　婚姻費用の始期と終期…………………………………………………44
　3　婚姻費用の分担方法……………………………………………………45
　4　婚姻費用の算定…………………………………………………………46
　　(1)　婚姻費用算定表の読み方　46
　　(2)　算定表では適切な計算が困難な場合の計算方法　49
　　(3)　婚姻費用が増加する事情　50
　5　収入を示す資料の入手…………………………………………………51
　6　請求の実効性……………………………………………………………51
　　　経験談❿　SNSからの財産調査　53

(11)

目　次

Ⅱ　監護権 …………………………………………………………………… 55
　1　親権とは ……………………………………………………………… 55
　2　子の監護者の指定の調停・審判（離婚前）………………………… 55
　　⑴　はじめに　55
　　⑵　申立て　56
　　⑶　子の監護者の指定の判断基準　56
　　⑷　不服申立て　58
　3　審判前の保全処分 …………………………………………………… 59
　　⑴　はじめに　59
　　⑵　審理の対象　59
　　⑶　判断基準　59
　　⑷　不服申立て　59
　　⑸　審判前の保全処分の内容及び効力発生始期　59
　4　補論：子の引渡し …………………………………………………… 60
　　⑴　はじめに　60
　　⑵　子の引渡しの調停・審判　60
　　⑶　審判前の保全処分　60
　　⑷　違法な監護の開始の場合　61
　　⑸　子の引渡しの強制執行　61
Ⅲ　面会交流 ………………………………………………………………… 63
　　　　経験談⓫　面会交流の実施について　63
Ⅳ　同居請求・別居調停 …………………………………………………… 65
　1　同居請求 ……………………………………………………………… 65
　　⑴　夫婦の同居義務　65
　　⑵　同居請求と裁判例：認容・却下の基準（婚姻破綻後の場合）　65
　　⑶　履行の確保　66
　2　別居調停 ……………………………………………………………… 66
　　　　経験談⓬　別居の仕方相談　67
　　　　経験談⓭　夫婦の同居義務　68
　　　　経験談⓮　財産分与の件　69

第4章 離　婚

I 離婚手続 …………………………………………………………………… 74
- 1 協議離婚 ………………………………………………………………… 74
- 2 調停離婚 ………………………………………………………………… 75
  - (1) 調停前置主義　75
  - (2) 申立て　75
  - (3) 調停の進行　76
  - (4) 調停の終了　78
  - (5) 調停の成立後　79
  - 経験談⓯　依頼者の気持ち　79
- 3 審判離婚 ………………………………………………………………… 80
  - (1) 審判離婚について　80
  - (2) 申立て　81
  - (3) 調停に代わる審判後　81
  - 経験談⓰　離婚調停において調停に代わる審判がなされた事例　82
  - 経験談⓱　台風で調停に代わる審判になった話　84
- 4 判決離婚―人事訴訟手続 ……………………………………………… 85
  - (1) 離婚調停と離婚訴訟の関係　85
  - (2) 訴えの提起　85
  - (3) 審　理　86
  - (4) 訴訟の終了　87
  - 経験談⓲　相手方の対応が困難な事例について　88

II 離婚原因 …………………………………………………………………… 89
- 1 はじめに ………………………………………………………………… 89
- 2 離婚原因と証拠収集―証拠の観点 …………………………………… 90
  - (1) 不貞行為（民法770条1項1号）　90
  - (2) 悪意の遺棄（民法770条1項2号）　91
  - (3) 3年以上の生死不明（民法770条1項3号）　92
  - (4) 強度の精神病（民法770条1項4号）　93

(5)　その他婚姻を継続し難い重大な事由（民法770条１項５号）　94
　　　　経験談❶　不貞行為の証拠！　96
　　　　経験談❷　不貞相手との和解書の秘匿条項について　97
　　3　有責配偶者からの離婚請求 ……………………………………………………99
　　　(1)　判断基準　99
　　　(2)　3要素の詳細　99
　　　　経験談㉑　有責配偶者からの婚姻費用の分担請求　102
Ⅲ　離婚に伴う関係 ………………………………………………………………103
　　1　親権・監護権 …………………………………………………………………103
　　　(1)　親権の内容と親権者の指定　103
　　　(2)　親権者指定の手続　103
　　　(3)　親権者指定の基準　103
　　　(4)　親権者と監護者の分離（親権と監護権の分属）　105
　　　(5)　監護者指定の基準と手続　105
　　　(6)　補論：離婚後共同親権の導入　105
　　2　養育費 …………………………………………………………………………107
　　　(1)　養育費とは　107
　　　(2)　養育費の始期と終期　107
　　　(3)　養育費の決定方法　108
　　　(4)　養育費の算定　109
　　　(5)　収入を示す資料の入手　114
　　　(6)　請求の実効性　115
　　3　子の引渡し（民法766条、771条） …………………………………………115
　　　(1)　序　論　115
　　　(2)　審判・調停　115
　　　(3)　審判前の保全処分　118
　　　(4)　履行勧告　119
　　　(5)　強制執行　120
　　　(6)　人身保護請求　120
　　4　面会交流 ………………………………………………………………………122

(1)　はじめに　122
　(2)　面会交流に関する民法の規定　122
　(3)　面会交流の手続　124
　(4)　面会交流に関する調停・審判の履行確保　126
　(5)　面会交流事件を受任した場合の留意点　127
　(6)　面会交流を禁止ないし制限すべき事由　127
　　経験談❷　面会交流事件の適切な解決について　128
　　経験談❸　家庭裁判所調査官の面接について　129
5　財産分与（民法768条）……………………………………………131
　(1)　財産分与請求権の性質・算定方式・請求期間　131
　(2)　扶養的財産分与について　132
　(3)　清算的財産分与の手続（概要）　133
　(4)　清算的財産分与にまつわる問題①（基準時の確定）　135
　(5)　清算的財産分与にまつわる問題②（特有財産）　136
　(6)　清算的財産分与にまつわる問題③（対象財産の開示・調査）　136
　(7)　清算的財産分与にまつわる問題④（対象財産の証拠資料・評価）　137
　(8)　その他派生的な問題（税金等）　143
　　経験談❹　医療法人の決算届等の閲覧制度を利用した証拠収集の事例　143
　　経験談❺　財産分与に共有マンションがあった事例　145
　　経験談❻　財産分与での苦労話　146
　　経験談❼　財産分与と隠し財産　147
　　経験談❽　財産分与における株式の評価時点　148
6　慰謝料………………………………………………………………150
　(1)　離婚に伴う慰謝料請求の定義、要件事実及び金額の判断基準　150
　(2)　証拠収集、証拠保全活動　151
　(3)　離婚に至らせた第三者への慰謝料請求　155
　　経験談❾　不貞が原因での離婚における慰謝料の問題　157
　　経験談❿　SNSの情報の取得と提出　158

7　年金分割（厚生年金保険法78条の２）……………………………159
　　（1）年金分割制度　159
　　（2）年金分割の方法　160
　　（3）年金分割を行うための手続　161
　　（4）年金分割の手続の期限　166
　8　特有財産の引渡し……………………………………………………167
　　（1）特有財産性の証明　167
　　（2）離婚請求訴訟と併合提起できるか　168

第５章　離婚事件の終了後の手続等

Ⅰ　離婚後の戸籍、氏の変更許可……………………………………………170
　1　離婚後の夫婦の戸籍、氏の変更許可………………………………170
　　（1）戸　籍　170
　　（2）氏の変更許可　170
　2　離婚後の子の戸籍、氏の変更許可…………………………………179
　　（1）戸　籍　179
　　（2）氏の変更許可　179
Ⅱ　離婚後のその他の手続等…………………………………………………183
　1　年金分割………………………………………………………………183
　2　養育費…………………………………………………………………183
　3　健康保険………………………………………………………………184
　4　その他…………………………………………………………………185
　5　離婚後の再婚について………………………………………………185
　　　経験談❸　支払期間が長期にわたる養育費（相手方の連絡先・成
　　　　　年年齢の引下げ）　185

第６章　離婚後の関係

Ⅰ　親権者・監護者の変更等…………………………………………………188
　1　親権者の変更…………………………………………………………188
　　（1）親権者の変更が検討される場合　188

(16)

(2)　親権者の変更手続　188
　(3)　親権者の変更に関する判断基準　190
2　監護者の変更………………………………………………190
3　親権者・監護者の変更に関する立証資料等……………191
　(1)　書　証　191
　(2)　満15歳以上の子の意見聴取　191
4　親権の喪失・停止…………………………………………192
　　経験談❷　親権者の変更　192
Ⅱ　養育費の増減額等……………………………………………193
1　養育費の増減等が検討される場合………………………193
2　養育費の増減等に関する手続……………………………193
3　養育費の増減額に関する立証資料………………………194
Ⅲ　面会交流の変更・禁止………………………………………195
1　面会交流の変更・禁止が検討される場合………………195
2　面会交流の変更・禁止に関する手続……………………196
3　面会交流の変更・禁止に関して考慮される事情及び立証資料………196
Ⅳ　その他離婚後に問題となる事項……………………………199
1　離婚後の財産分与…………………………………………199
2　離婚後の慰謝料請求………………………………………199
3　離婚後の紛争調整…………………………………………199

第7章　内縁関係の解消

Ⅰ　「内縁」が問題となる場面…………………………………202
Ⅱ　「内縁」とは…………………………………………………203
1　婚姻の「届出主義」………………………………………203
2　内縁関係成立の要件………………………………………203
3　重婚的内縁…………………………………………………204
4　事実婚………………………………………………………204
Ⅲ　内縁の成立を証するための証拠の調査と収集……………206
Ⅳ　内縁の破棄・解消の法律問題の概観………………………208

(17)

目 次

Ⅴ 内縁破棄・解消までの生活費負担 …………………………………209
Ⅵ 内縁破棄・解消と子どもの問題 ……………………………………210
　1 認知している場合 …………………………………………………210
　2 認知をしていない場合 ……………………………………………210
Ⅶ 内縁破棄・解消と財産分与 …………………………………………212
Ⅷ 内縁破棄・解消と慰謝料請求 ………………………………………213
Ⅸ 内縁破棄・解消と年金分割 …………………………………………214

第8章　同性パートナー

Ⅰ 同性パートナーの法的問題 …………………………………………216
Ⅱ 異性間の内縁関係との異同 …………………………………………217
Ⅲ 同性パートナー関係の破棄・解消時の問題 ………………………218

第9章　渉外離婚事件

Ⅰ 渉外家事事件の特徴 …………………………………………………220
　1 渉外家事事件とは何か ……………………………………………220
　2 資料・証拠の収集 …………………………………………………220
　3 国際裁判管轄の存否 ………………………………………………221
　4 準拠法の特定 ………………………………………………………222
　5 事件処理上の留意点 ………………………………………………223
　　(1) 離婚手続の進行の適否・時期等　223
　　(2) 離婚の方法の選択　224
　　(3) その他留意事項　225
Ⅱ 外国判決の承認について ……………………………………………226
　1 外国判決の承認の問題 ……………………………………………226
　　(1) 緒　論　226
　　(2) 各要件　227
　　(3) 戸籍実務との関係　228
　　(4) 無効な外国判決に対する不服申立ての方法　229
Ⅲ 国際裁判管轄権に関する問題 ………………………………………230

1　離婚の国際裁判管轄………………………………………………230
　　　(1)　調停・調停に代わる審判　230
　　　(2)　訴　訟　230
　　2　離婚の準拠法………………………………………………………231
　　　(1)　離婚に関する準拠法　231
　　　(2)　離婚の方式に関する準拠法　231
Ⅳ　その他の渉外離婚事件における国際民事手続法の問題…………233
　　1　離婚の国際的効力…………………………………………………233
　　　(1)　緒　論　233
　　　(2)　日本においてした離婚の外国法上の効力　233
　　2　外国人夫婦の離婚…………………………………………………234
　　　(1)　離婚の準拠法　234
　　　(2)　夫婦の本国法が同一である場合　235
　　　(3)　夫婦の本国法が同一でない場合　235
　　　(4)　日本における離婚の手続　235
Ⅴ　国際私法に関する問題………………………………………………237
　　1　国際私法・準拠法とは……………………………………………237
　　2　離婚の準拠法………………………………………………………237
　　　(1)　離婚の準拠法に関する規律　237
　　　(2)　共通本国法（上記(1)①）　238
　　　(3)　共通常居所地法（上記(1)②）　239
　　　(4)　共通密接関係地法（上記(1)③）　240
　　　(5)　準拠法の特定　240
　　3　財産分与の準拠法…………………………………………………240
　　4　離婚に伴う慰謝料の準拠法………………………………………241
　　5　親権及び親子交流…………………………………………………241
　　6　養育費の準拠法……………………………………………………242
Ⅵ　渉外離婚事件の審理…………………………………………………243
　　1　相手方が離婚に同意している場合―協議離婚の方法…………243
　　　(1)　国際裁判管轄・準拠法　243

　　　　(2) 協議離婚における手続の処理方法　243
　　　　(3) 協議離婚を選択する際の注意点　243
　　2　日本にいる相手方が離婚に反対している等の場合——協議離婚以外の方法 ……………………………………………………………………244
　　　　(1) 国際裁判管轄・準拠法　244
　　　　(2) 調停離婚・審判離婚・裁判離婚　244
　　3　相手方が日本におらず、離婚に同意していない場合 ……………245
　　　　(1) 日本に国際裁判管轄が認められる場合　245
　　　　(2) 日本に国際裁判管轄が認められない場合　245
　　4　離婚に伴う財産分与、養育費や慰謝料請求について ……………246
　　　　(1) 財産分与、養育費、慰謝料の国際裁判管轄・準拠法　246
　　　　(2) 準拠法で離婚給付が認められていない場合　246
　　5　夫婦間の婚姻費用の分担について ……………………………………246
　　　　(1) 婚姻費用分担の準拠法　246
　　　　(2) 国際裁判管轄——相手方の住所地原則に対する例外　247

Ⅶ　外国離婚法制の概要 …………………………………………………248
　　1　調査方法 …………………………………………………………………248
　　2　アメリカ・ニューヨーク州 ……………………………………………249
　　　　(1) アメリカの離婚法制　249
　　　　(2) 離婚について　250
　　　　(3) 子の監護について　250
　　　　(4) 財産分与について　251
　　3　ベトナム …………………………………………………………………252
　　　　(1) 離婚について　252
　　　　(2) 子の養育について　253
　　　　(3) 財産分与について　253

Ⅷ　国際結婚と子の連れ去り（ハーグ条約） ……………………………254
　　1　ハーグ条約の概要・特徴 ………………………………………………254
　　　　(1) ハーグ条約とは　254
　　　　(2) ハーグ条約の適用対象　254

(3)　実務上の用語と事案の種類　255
　2　中央当局と援助申請 …………………………………………256
　3　子の返還申立事件（インカミング）の概要………………266
　　　(1)　手続の特徴　266
　　　(2)　裁判管轄と委任状　268
　　　(3)　子の返還事由と返還拒否事由　269
　　　(4)　手続の流れ（「6週間モデル」）　275
　　　(5)　出国禁止命令及び旅券提出命令の申立て　278
　　　(6)　強制執行（代替執行・間接強制）　278

第10章　婚姻・離婚の無効・取消し

Ⅰ　婚姻の無効・取消し ……………………………………………282
　1　婚姻の無効・取消しの意義 …………………………………282
　2　婚姻の無効 ……………………………………………………282
　　　(1)　婚姻の無効原因（民法742条）　282
　　　(2)　無効な婚姻の追認　283
　　　(3)　婚姻無効の性質・効果　283
　　　(4)　婚姻無効の調停・合意に相当する審判　283
　　　(5)　婚姻無効の訴え　284
　　　(6)　婚姻無効と戸籍の訂正　284
　3　婚姻の取消し …………………………………………………284
　　　(1)　婚姻の取消原因　284
　　　(2)　婚姻取消しを主張できる者（取消権者）　285
　　　(3)　婚姻取消しの相手方　286
　　　(4)　取消権の消滅　286
　　　(5)　婚姻取消しの性質・効果　287
　　　(6)　婚姻取消しの調停・合意に相当する審判　288
　　　(7)　婚姻取消しの訴え　288
　　　(8)　戸籍の訂正　288
Ⅱ　離婚の無効・取消し ……………………………………………290

1　離婚の無効・取消しの意義 …………………………………………290
　　2　離婚の無効 ……………………………………………………………290
　　　(1)　無効原因　290
　　　(2)　無効な離婚の追認　291
　　　(3)　無効の性質・効果　291
　　　(4)　離婚無効の調停・審判・訴訟　291
　　　(5)　戸籍の訂正　291
　　3　離婚の取消し …………………………………………………………292
　　　(1)　離婚の取消原因　292
　　　(2)　離婚取消しを主張できる者（取消権者）　292
　　　(3)　離婚取消しの相手方　292
　　　(4)　取消権の消滅　292
　　　(5)　離婚取消しの性質・効果　292
　　　(6)　離婚取消しの調停・合意に相当する審判　293
　　　(7)　離婚取消しの訴え　293
　　　(8)　戸籍の訂正　293
　　　　経験談㉝　争いたくなる'1日違い'　294
Ⅲ　証拠の調査と収集について …………………………………………………295
　　　　経験談㉞　記載事項証明書の請求先、戸籍届出書類の保存期間及び請求方法について　296

第11章　親子（実子編）

Ⅰ　はじめに ……………………………………………………………………300
Ⅱ　嫡出子制度 …………………………………………………………………301
Ⅲ　嫡出推定規定 ………………………………………………………………302
　　1　改正前の嫡出推定制度の概要 ………………………………………302
　　2　令和4年改正の内容 …………………………………………………303
Ⅳ　嫡出否認の訴え ……………………………………………………………306
　　1　改正前の嫡出否認制度の概要 ………………………………………306
　　2　令和4年改正の内容 …………………………………………………306

(1) 出訴権者の拡大　306
　　(2) 出訴期間の伸長　307
　　(3) 嫡出の承認の拡大　307
　　(4) 嫡出否認成立の場合の規律　307
　3　令和4年改正の適用範囲の特則 …………………………………308
Ⅴ　「772条の推定を受けない子」（推定の及ばない子）の概念―嫡出推定
　の範囲と親子関係不存在訴訟の関係 ……………………………………309
Ⅵ　認　知 ………………………………………………………………311
　1　令和4年改正前の認知制度の概要 ………………………………311
　2　令和4年改正の内容 ………………………………………………312
　　(1) 認知無効の訴えの出訴期間　312
　　(2) 認知無効の訴えの対象　313
Ⅶ　親子関係に関する諸問題 ……………………………………………314
　1　序　論 ………………………………………………………………314
　2　生殖医療の発達 ……………………………………………………314
　　(1) 生殖医療法の概要　314
　　(2) 代理出産（代理懐胎）問題　315
　　(3) 父死亡後の人工生殖により懐胎出産した子の親子関係　318
　3　性同一性障害者と親子関係（嫡出推定）の問題 ………………318
　　(1) 性別変更特例法の概要　318
　　(2) 性同一性障害者と嫡出子に関する判例　319
　4　まとめ ………………………………………………………………320
Ⅷ　実親子関係の手続面の整理 …………………………………………321
　1　令和4年改正前の事案の訴訟の種類 ……………………………321
　2　令和4年改正後の事案の訴訟の種類 ……………………………321
　3　実際の手続 …………………………………………………………322
　4　証拠収集 ……………………………………………………………323

第12章　扶　養

Ⅰ　序　論 ………………………………………………………………326

目　次

1　はじめに ……………………………………………………………326
2　扶養法の歴史的変遷 ………………………………………………326
3　公的扶養と私的扶養の関係 ………………………………………327
　(1)　私的扶養優先の原則　327
　(2)　扶養義務者が存在する場合の手続　327
　(3)　扶養義務者が扶養を行わずに要扶養者が公的扶養を受けた場合　328
4　扶養の程度（生活保持義務と生活扶助義務）……………………328

Ⅱ　扶養義務の発生から履行まで …………………………………………330
1　当事者 ………………………………………………………………330
2　扶養義務の発生要件 ………………………………………………330
3　具体的権利義務の発生 ……………………………………………330
4　扶養料の算定方法 …………………………………………………331
　(1)　生活保持義務　331
　(2)　生活扶助義務　331
5　扶養義務の履行方法 ………………………………………………332
　(1)　金銭扶養の原則　332
　(2)　金銭扶養の方法　332
6　履行の確保 …………………………………………………………333
7　扶養義務の順位 ……………………………………………………333
　(1)　現行法の規定　333
　(2)　生活保持義務者と生活扶助義務者の扶養の順位　334
　(3)　生活保持義務者間の扶養の順位　334
　(4)　生活扶助義務者間の扶養の順位　334
8　扶養義務者間の扶養の性質 ………………………………………334
9　扶養請求権の性質 …………………………………………………335

Ⅲ　各　論 ……………………………………………………………………336
1　親の子に対する扶養義務 …………………………………………336
　(1)　未成熟子に対する扶養義務の性格　336
　(2)　成年に達した子に対する扶養義務　337

2　子の親に対する扶養義務……………………………………………339
　　(1)　扶養義務の性格、根拠　339
　　(2)　養子の養親に対する扶養義務　339
　　(3)　専業主婦（夫）の親に対する扶養義務　340
　3　兄弟姉妹に対する扶養義務…………………………………………340
　4　三親等内の親族に対する扶養義務…………………………………341
　　(1)　扶養義務の設定　341
　　(2)　扶養義務の取消し　342
Ⅳ　扶養事件の調停、審判及び訴訟……………………………………343
　1　扶養に関する処分の性質……………………………………………343
　2　申立権者………………………………………………………………343
　3　管　轄…………………………………………………………………344
　4　扶養権利者の参加の要否……………………………………………344
　5　過去の扶養料の請求について………………………………………344
　　(1)　過去の扶養の請求の可否及びその始期について　344
　　(2)　手続について　345
　6　扶養義務者間の過去の扶養料の求償について……………………346
　　(1)　扶養義務者間の求償の可否、手続について　346
　　(2)　求償の範囲　346
　7　第三者から義務者への求償…………………………………………347
Ⅴ　扶養関係の変更又は取消し…………………………………………348
　1　序　論…………………………………………………………………348
　2　事情の変更……………………………………………………………348
　3　変更の基準時…………………………………………………………349
　4　執行力排除の方法……………………………………………………349
Ⅵ　資料・証拠の調査と収集について…………………………………350
　1　生活保持義務の場合…………………………………………………350
　2　生活扶助義務の場合…………………………………………………350
　　(1)　最低生活費の算定　350
　　(2)　扶養権利者の収入の控除　351

(25)

目　次

　　　(3)　扶養義務者の扶養余力の算定　351
　　　(4)　扶養料　351
　　3　扶養契約がなされている場合……………………………………352
　　4　扶養請求調停の書式、必要書類…………………………………352

◆第2編◆　離縁事件

第1章　離縁事件の相談・受任

I　序　論……………………………………………………………………356
　1　はじめに……………………………………………………………356
　2　離縁事件の概要……………………………………………………357
　　　(1)　養子縁組の成立　357
　　　(2)　離縁原因　357
　　　(3)　離縁の手続　358
　　　(4)　離縁の効果　358
　　　(5)　養子縁組の無効・取消し　359
II　相談・受任時の対応…………………………………………………360
　1　相談時の準備………………………………………………………360
　　　(1)　事前の資料の準備　360
　　　(2)　事実関係の確認　360
　2　受任時の対応………………………………………………………360
　　　　経験談㉟　離縁事件の裏側　361

第2章　離　縁

I　離縁手続…………………………………………………………………364
　1　協議離縁……………………………………………………………364
　　　(1)　概　要　364
　　　(2)　協議離縁の要件　364

(26)

(3)　協議離縁の注意点　365
　　　(4)　死後離縁　366
　2　家事調停 ……………………………………………………………366
　　　(1)　調停前置主義　366
　　　(2)　申立て　366
　　　(3)　調停の進行　367
　　　(4)　調停の終了　367
　　　(5)　審判離縁　367
　3　人事訴訟手続 ………………………………………………………368
　　　(1)　調停と訴訟の関係　368
　　　(2)　訴えの提起　368
　　　(3)　審　理　369
　　　(4)　訴訟の終了　369
Ⅱ　離縁原因 ………………………………………………………………370
　1　序　論 ………………………………………………………………370
　2　悪意の遺棄（民法814条1項1号）について …………………370
　3　3年以上の生死不明（民法814条1項2号）について …………370
　4　縁組を継続し難い重大な事由（民法814条1項3号）について ……371
　　　(1)　序　論　371
　　　(2)　具体例　371
　5　離縁請求棄却事由（民法814条2項、770条2項）について …………372
　6　有責当事者の離縁請求について ………………………………372
　7　特別養子縁組の離縁について …………………………………373
Ⅲ　離縁に伴う効果 ………………………………………………………374
　1　離縁の効果 …………………………………………………………374
　　　(1)　養親子関係、養親族関係の消滅（民法729条）　374
　　　(2)　離縁による復氏（民法816条1項、2項）　374
　　　(3)　祭具等の承継（民法817条、769条）　374
　2　特別養子縁組の離縁の効果（民法817条の11）………………374
　3　財産分与・慰謝料請求について …………………………………375

　　　　(1)　財産分与について　375
　　　　(2)　慰謝料請求について　375
　　　　(3)　考　察　376
　　　　　経験談❸　養子縁組の解消に関係する事件における財産給付について　377
　Ⅳ　資料・証拠の調査と収集について……………………………………378
　　1　離縁原因について………………………………………………………378
　　　　(1)　離縁を請求する側の活動　378
　　　　(2)　離縁を請求された側の活動　378
　　2　慰謝料・財産分与について……………………………………………379
　　　　(1)　慰謝料・財産分与を請求する側の活動　379
　　　　(2)　慰謝料・財産分与を請求された側の活動　379

第3章　離縁事件終了後の手続

　Ⅰ　離縁の届出……………………………………………………………………390
　　1　協議離縁…………………………………………………………………390
　　2　死後離縁…………………………………………………………………390
　　3　調停離縁…………………………………………………………………390
　　4　裁判離縁…………………………………………………………………391
　Ⅱ　離縁と氏………………………………………………………………………392
　　1　離縁後の復氏……………………………………………………………392
　　2　縁氏の続称………………………………………………………………393

第4章　養子縁組・離縁の無効・取消し

　Ⅰ　養子縁組の無効・取消し…………………………………………………396
　　1　養子縁組の無効…………………………………………………………396
　　　　(1)　無効事由　396
　　　　(2)　調停前置　398
　　2　養子縁組の取消し………………………………………………………399
　　　　(1)　取消事由　399

(2) 取消しの効果　400
　　　(3) 調停前置　400
　　3　特別養子縁組………………………………………………………400
Ⅱ　離縁の無効・取消し……………………………………………………401
　1　協議離縁の無効・取消し………………………………………………401
　　　(1) 協議離縁の無効事由（民法802条準用）　401
　　　(2) 協議離縁の取消事由　402
　　　(3) 調停前置　402
　2　裁判上の離縁の無効・取消し（民法814条）………………………402
　3　特別養子縁組の離縁の無効・取消し…………………………………402
Ⅲ　証拠の調査と収集について……………………………………………403

事項索引……………………………………………………………………404
判例索引……………………………………………………………………407
編集後記

序編

Ⅰ　はじめに

　令和6年5月17日、民法等の一部を改正する法律（令和6年法律33号）が怒涛の流れの中、紆余曲折を経て成立し多くの議論を生んでいる（同月24日公布）。この法律は、父母の離婚等に直面する子の利益を確保するため、子の養育に関する父母の責務を明確化するとともに、親権・監護、養育費、親子交流、養子縁組、財産分与等に関する民法等の規定を大幅に見直すものと期待されている。さらに遡ること令和4年12月には、親子法制の見直しを内容とする民法等の改正がされている。この改正は、いわゆる無戸籍者問題の解消と児童虐待の防止のため、子の利益を保護する観点からルールを見直すものであった。このように、親子関係、夫婦関係、さらに広くいえば家族についての法律のあり方に大きな転換期が来ているともいえよう。この流れは、夫婦別姓や同性パートナーといった夫婦や性別に関する法改正に係る議論の活発化にも通じ、司法の場においても画期的な判断がなされている状況である。一方で、現実に生じる家事事件の迅速かつ適正な紛争解決は、今も市民にとって重要な課題であることに変わりない。
　本書では、家事事件において事実上中心的な問題に位置付け得る離婚及び離縁について、現実の紛争を解決するため、特に資料・証拠の収集という実務上の観点を意識して執筆している。また、離婚及び離縁との関係で、その子らをめぐって生じる問題や、従来あまり議論がされてこなかった法律上の家族関係にある者との関係で問題となる扶養についてもフォーカスして検討を加えた。これら離婚、離縁、及び扶養について、近時の法改正や判例・裁判例についても触れながら、紛争解決のための資料・証拠の収集を通じて実際の紛争解決の一助となることを期待するところである。本書では、実際に業務に携わった弁護士の経験談によってイメージをより具体化できると考えている。本書が家事事件の紛争解決の一助となることができれば幸いである。

序編

家事事件に関する近時の法改正の概要

近時の法改正で着目すべきものとしては以下のものが挙げられる。

1 国際的な要素のある人事事件・家事事件の裁判管轄に関する人事訴訟法等改正（平成30年法律20号）[1]

人事訴訟法及び家事事件手続法には、夫婦の一方又は双方が外国籍を有する夫婦間において提起された離婚訴訟事件といった、国際的な要素を有する人事訴訟事件及び家事事件について、どのような場合に日本の裁判所が審理・裁判をすることができるか、という国際裁判管轄に関する規律について、明文の規定がなかった。そこで、国際的な要素を有する人事訴訟事件及び家事事件の適正かつ迅速な解決を図るため、これらの事件に関して日本の裁判所が審理・裁判をすることができる場合等を定めた。

2 成年の年齢、女性の婚姻開始年齢及び養親年齢に関する民法改正（平成30年法律59号）[2]

平成30年6月13日、民法の成年年齢を20歳から18歳に引き下げること等を内容とする民法の一部を改正する法律が成立し、令和4年4月1日から施行された。

民法の定める成年年齢は、単独で契約を締結することができる年齢という意味と、親権に服することがなくなる年齢という意味を持つが、18歳・19歳の者が自らの判断によって人生を選択することができる環境を整備するとと

---

[1] 法務省HP　https://www.moj.go.jp/MINJI/minji07_00217.html
[2] 法務省HP　https://www.moj.go.jp/MINJI/minji07_00218.html

もに、その積極的な社会参加を促し、社会を活力あるものにするとの意図がある。また、女性の婚姻開始年齢は16歳と定められており、18歳とされる男性の婚姻開始年齢と異なっていたが、女性の婚姻開始年齢を18歳に引き上げ、男女の婚姻開始年齢が統一された。具体的には、成年の年齢及び女性の婚姻開始年齢がそれぞれ18歳とされ（民法4条、731条）、未成年者の婚姻に関する父母の同意の規定（旧民法737条）、婚姻による成年擬制（旧民法753条）が削除された。さらに、養子縁組において養親となれるのは20歳に達した者であるとされた（民法792条）。

3 特別養子縁組制度に関する民法改正等（令和元年法律34号）[3]

特別養子縁組の成立要件を緩和すること等により、この制度をより利用しやすいものとする必要があることから特別養子制度の利用を促進するため、特別養子縁組における養子となる者の年齢の上限を原則6歳未満から原則15歳未満に引き上げる（民法817条の5）とともに、特別養子縁組の成立の手続を二段階に分けて養親となる者の負担を軽減するなどの改正をした。本改正は、令和2年4月1日から施行されている。

4 財産開示制度、国内の子の引渡し、国際的な子の返還に関する民事執行法の改正（令和元年法律2号）[4]

令和元年5月10日、民事執行法及び国際的な子の奪取の民事上の側面に関する条約の実施に関する法律の一部を改正する法律（令和元年法律2号）が成立した（同月17日公布）。

民事執行法は、勝訴判決などを得た債権者が、その権利の実現を求めるための裁判手続を定めるものであるが、国際的な子の奪取の民事上の側面に関する条約の実施に関する法律（いわゆるハーグ条約実施法）には、国際的な子の返還の執行手続に関する民事執行法の特則が定められている。本改正で

---

3 法務省HP https://www.moj.go.jp/MINJI/minji07_00248.html
4 法務省HP https://www.moj.go.jp/MINJI/minji07_00247.html

は、①債務者の財産状況の調査に関する制度の実効性を向上させ、②不動産競売における暴力団員の買受けを防止し、③国内の子の引渡し及び国際的な子の返還の強制執行に関する規律の明確化を図るなどの改正がなされた。なお、今回の改正は、原則、令和２年４月１日から施行され、ハーグ条約実施法については、令和３年５月１日から施行されている。

　国内の子の引渡し、国際的な子の返還に関する改正のポイントとしては、改正前民事執行法は国内の子の強制執行に関する明文規定がなく、間接強制、動産の引渡しに関する民事執行法の規定の類推適用、人身保護請求で対応してきた。また、国際的な子の返還についてはハーグ条約実施法が強制執行の手続を定めていたが、実効性については不十分であるとされていた。そこで、国内の子の引渡しの強制執行の明文化（民事執行法174条１項）、間接強制前置主義を排除した。また、国際的な子の返還に関する改正（改正ハーグ条約実施法136条等）がなされた。

5 「民法の一部を改正する法律」（令和４年法律102号）[5]

　令和４年12月10日、民法の嫡出推定制度の見直し等を内容とする民法等の一部を改正する法律（令和４年法律102号）が成立し、同月16日に公布された。この法律のうち、懲戒権に関する規定等の見直しに関する規定は、令和４年12月16日から施行され、その他嫡出推定制度の見直し等に関する規定は、令和６年４月１日から施行された。嫡出推定制度及び嫡出否認については特に第１編第11章にて詳述し、それ以外の懲戒権については以下のとおり概要を述べる。

(1) 懲戒権に関する規定等の主要改正点

　懲戒権に関する規定が削除された。また、子の監護及び教育における親権者の行為規範として、子の人格の尊重等の義務及び体罰などの子の心身の健全な発達に有害な影響を及ぼす言動の禁止が明記された。具体的には、改正

---

[5] 法務省HP　https://www.moj.go.jp/MINJI/minji07_00315.html

前民法822条の「子を懲戒することができる」との規定が、虐待親による子への体罰の正当化根拠となり得てしまっていたことから、改正民法821条は、「体罰その他……をしてはならない」と体罰等の禁止を明記した。同条に連動して、児童福祉法から「懲戒」の文言が削除等され（同法33条の2第2項、47条3項）、また、児童虐待防止法（14条1項、15条）も改正された。

6 民法等の一部を改正する法律（父母の離婚後等の子の養育に関する見直し）（令和6年法律33号）について[6]

　令和6年5月17日、民法等の一部を改正する法律（令和6年法律33号）が成立した（同月24日公布）。この法律は、父母の離婚等に直面する子の利益を確保するため、子の養育に関する父母の責務を明確化するとともに、親権・監護、養育費、親子交流、養子縁組、財産分与等に関する民法等の規定を見直すものである。この法律は、一部の規定を除き、上記公布の日から起算して2年を超えない範囲内において政令で定める日に施行予定である。

(1) 立法の背景
　父母の離婚が子の養育に与える深刻な影響、子の養育のあり方の多様化が挙げられる。一方で、現状では養育費・親子交流は取決率も履行率も低調となっており、離婚後の問題も蓄積しており未解決な状況である。離婚後も、父母双方が適切な形で子を養育する責任を果たすことが必要との考えもあるところであった。

(2) 親の責務等に関する規律を新設
　まず、①婚姻関係の有無にかかわらず父母が子に対して負う責務が明確化された（民法817条の2）。また、②親権が子の利益のために行使されなければならないものであることも明確化された。

6　法務省HP　https://www.moj.go.jp/MINJI/minji07_00357.html

(3) **親権・監護権等に関する規律の見直し**
① 離婚後の親権者に関する規律が見直された（民法819条等）。すなわち、協議離婚の際には、父母の協議により父母双方又は一方を親権者として指定できる。協議が調わない場合、裁判所は、子の利益の観点から、父母双方又は一方を親権者として指定する。親権者の変更に当たって、協議の経過を考慮することを明確化するものとされた。
② 婚姻中を含めた親権行使に関する規律が整備された（民法824条の2等）。すなわち、父母双方が親権者であるときは共同行使することとしつつ、親権の単独行使が可能な場合が明確化された。具体的には、子の利益のため急迫の事情があるとき（DV・虐待からの避難、緊急の場合の医療等）・監護及び教育に関する日常の行為（子の身の回りの世話等）である。また、父母の意見対立を調整するための裁判手続が新設された。
③ 監護の分掌に関する規律や、監護者の権利義務に関する規律が整備された（民法766条、824条の3等）。

(4) **養育費の履行確保に向けた見直し**
養育費債権に優先権（先取特権）が付与（債務名義がなくても差押え可能に）（民法306条3号、308条の2等）されることになった。また、法定養育費制度が導入（父母の協議等による取決めがない場合にも、養育費請求が可能に）（民法766条の3等）された。執行手続の負担軽減策（ワンストップ化）や、収入情報の開示命令などの裁判手続の規律も整備された（民事執行法167条の17、人事訴訟法34条の3、家事事件手続法152条の2等）。

(5) **安全・安心な親子交流の実現に向けた見直し**
審判・調停前等の親子交流の試行的実施に関する規律が整備されることになった（人事訴訟法34条の4、家事事件手続法152条の3等）。婚姻中別居の場面における親子交流に関する規律が整備（民法817条の13）され、父母以外の親族（祖父母等）と子との交流に関する規律も整備されることとなった（民法766条の2）。

(6) その他の見直し

　養子縁組後の親権者に関する規律が明確化され、また、養子縁組の代諾等に関する規律も整備された（民法797条3項、818条3項等）。

　財産分与の請求期間が2年から5年に伸長され、考慮要素が明確化された（婚姻中の財産取得・維持に対する寄与の割合を原則2分の1ずつで相等しいものとされた。民法768条2項、3項等）。また、夫婦間契約の取消権、裁判離婚の原因等の見直しがなされた（民法754条、770条）。

序 編

 家事事件・特に離婚事件の具体的場面と紛争解決方法について

1 家事調停

(1) 対象事件

　家事調停の対象となる事件は、「人事に関する訴訟事件その他家庭に関する事件」であり、公益性が高く、対立当事者が想定されていない家事事件手続法別表第一記載の事件は家事調停から除外される。ここでいう「人事に関する訴訟事件」とは、離婚事件でいえば、婚姻無効確認、婚姻取消し、離婚、協議離婚の無効・取消し、婚姻関係存否確認の事件（人事訴訟法2条1号）である。

　次に「人事に関する訴訟事件」に続く「その他家庭に関する事件」は、離婚事件においては、婚姻費用分担に関する事件、離婚・婚姻取消しの際の子の監護、離婚・婚姻取消しの際の財産分与等である。「その他家庭に関する事件」は、一般的には、「親族又はこれに準ずる者の間という一定の身分関係を持つ者の間における紛争で、人間関係調整の余地がある事件」とされているところ、夫婦間での慰謝料請求事件のような民事訴訟事件もこれに含まれよう。

　「人事に関する訴訟事件その他家庭に関する事件」について訴訟を提起しようとする者は、まず、家庭裁判所に調停の申立てをしなければならず（調停前置主義・家事事件手続法244条、257条1項）、調停を申し立てずに訴訟を提起した場合には、その事件を原則として家庭裁判所の調停に付さなければならない（必要的付調停・家事事件手続法257条2項）。さらに、「人事に関する訴訟事件その他家庭に関する事件」に係る訴訟が継続している裁判所は、いつでも、当事者の意見を聞いて職権でその事件を家庭裁判所の調停に付すことができる（職権調停・家事事件手続法274条1項）。

Ⅲ　家事事件・特に離婚事件の具体的場面と紛争解決方法について

(2)　**家事調停における事実の調査**

　家庭裁判所の行う調査（家事事件手続法277条1項）、調停機関の行う調査（家事事件手続法260条1項6号、261条1項）、家事調停官の調査（家事事件手続法251条2項、4項）、調停委員会の構成員である家事調停委員に行わせる事実の調査（家事事件手続法262条）等がある。詳細は以下各項で適宜詳述するが、当事者の主張立証における資料・証拠との関係において、上記の家庭裁判所等の調査及びその結果の影響力は事実上大きいと思われる。

2　家事審判（家事事件手続法39条）

　別表第一に掲げる事項に関する事件と別表第二に掲げる事項に関する事件が家事審判の対象となる（家事事件手続法39条）。離婚・離縁の訴えと別表第二事件は調停に代わる審判の対象事件となる（家事事件手続法284条）。また、同様に、合意に相当する審判の対象事件となる（家事事件手続法277条）。第1編第4章Ⅰに詳述するが、離婚については、原則として家事調停から人事訴訟としての離婚訴訟という流れのなかで解決が図られるのが一般的であるところ、事案によっては調停に代わる審判による離婚によることが可能であり、その活用も検討の余地があろう。

3　人事訴訟手続（人事訴訟法2条）

　人事訴訟の大半を事実上占めるのが離婚訴訟であるが、離婚事件については、人事訴訟法2条に規定があり、婚姻無効の訴え、離婚の訴え、協議上の離婚無効の訴え、協議上の離婚取消しの訴え、婚姻関係存否の確認の訴え（人事訴訟法2条1号）がある。また、人事訴訟に係る請求の原因である事実によって生じた損害の賠償に関する事件については、当該人事訴訟に係る請求について管轄権を有する家庭裁判所は、人事訴訟と併合して審理及び判決をすることができる（人事訴訟法17条）。

　婚姻の取消し又は離婚の訴えにおいて、親権者を指定しなければならないときの親権者の指定、子の監護者の指定その他の子の監護に関する処分、財

序　編

産分与に関する処分、標準報酬の按分割合に関する処分を求める場合には、附帯処分として人事訴訟手続の対象となる（人事訴訟法32条）。

離婚事件

第1章

概　説

第1編　第1章　概　説

　婚姻関係を解消するための離婚につき、協議離婚のほか、調停離婚、審判及び判決による裁判離婚がある。協議離婚は、裁判上の手続ではなく、夫婦間において協議のうえ離婚の合意をし、離婚届書を市町村長に届け出ることにより成立する。夫婦間で話合いが可能であり解決できるのであれば、最も迅速で容易な離婚の方法ではある。しかし、実際には、協議離婚は一度問題が生じれば、夫婦間で話合いができない状況となる場合が多く、また、離婚に伴い、親権者の指定、財産分与、慰謝料、養育費等の問題で派生的な争いが生じ、これらについて双方の合意が得られないことが往々にしてあり、協議離婚には限界があることはいうまでもない。このような場合には裁判上の手続をとらざるを得ない。裁判上の手続には、調停、審判及び訴訟があるところ、訴訟を提起するには、原則として調停手続を経ていなければならず、これを調停前置主義という。原則として、調停を申し立て、調停が不調となり不成立となった後、訴訟を提起することになり、審判による離婚は一部の内容に限定される。

　裁判上の手続においては、夫婦関係を解消するという身分関係の終了にとどまらず、親権者の指定、財産分与、慰謝料請求、年金分割など派生した争点が問題となり、紛争解決期間が長期化する傾向にある。さらに、離婚が成立する以前には婚姻費用の分担の問題があり、離婚後においては子の養育費の問題等が生じ得る。さらに、子と一方の親との面会交流（親子交流）や、養育費の未払の問題など、離婚成立後も紛争ないし問題が継続する場合もある。このように、離婚事件を受任した場合には、単に離婚の成立だけでなく、離婚事件の当事者に生じる様々な問題に目を向け、検討していく必要がある。本編では、離婚事件の相談・受任から、離婚成立前の問題、離婚事件で想定される問題、離婚成立後の問題といった時系列に沿って離婚事件を説明していく。これらの流れの説明では、当事者による主張・立証の観点及び資料・証拠の収集の観点を常に意識して読み進めていただきたい。

第2章

相談・受任段階

相談・受任段階、初動

1 初回相談前（予約時点の対応）

　離婚事件では、多くの場合、婚姻前（交際期間や婚約期間など）から現在に至る長期の生活全般について事情を聞き取ることになる。相談には時間を要するため、通常よりも長めの相談時間を確保しておくとよい。

　また、初回相談から十分な聞き取りをするためには、戸籍謄本[1]や住民票、夫婦の簡単な経歴・職業、家族構成、婚姻後の時系列、相談したい内容の概要メモ（可能であれば時系列）、相談予約時の聞き取り結果から関係すると考えられる資料（離婚原因につながる資料、財産関係の資料等）などの準備を依頼し、相談日に持参してもらうか、事前にメールなどで受領しておくと効率的な相談が可能となるケースが多い。

　ただし、相談者の中には、資料の作成を負担に感じる方もいる。相談者が無理なく初回相談に臨めるよう柔軟な対応が必要となる。

　なお、相談予約が入った時点で、後記Ⅳで述べるDV事案など、相談者の身に危険が差し迫っているような緊急性の高い事案の場合には、シェルターへの緊急避難を検討し、警察相談や女性相談支援センター[2]の相談などに速

---

[1] 戸籍法改正により、令和6年3月1日から戸籍証明書等の広域交付制度が始まり、本籍地以外の市区町村の窓口でも、本人・配偶者・直系尊属（父母、祖父母など）・直系卑属（子・孫など）の戸籍証明書等が取得できるようになった。ただし、広域交付制度は、郵送請求や代理人による請求はできず、弁護士の職務上請求も利用できない。職務上請求では、従来どおり本籍地の役所に申請する必要がある。相談者本人に戸籍等を取得してもらった方が早い場合もあるので、広域交付制度について説明し、無理のない範囲で最寄りの窓口で取得するよう伝えておくとよい。

[2] 旧「婦人相談所」。令和6年4月1日施行の「困難な問題を抱える女性への支援に関する法律」（いわゆる女性支援新法）により、制度上の名称が「婦人相談所」から「女性相談支援センター」に改められた。

やかにつなぐこともある。

2　初回相談時の心構え

　離婚相談に限らないが、事件を良い解決に導くためには、相談者との信頼関係が欠かせない。初回の相談は、その信頼関係を築くための重要な機会となる。初回相談に際しては、「まず話を聞く」姿勢で臨み、事実経過だけではなく、相談者の感情・心情についても丁寧に聞き取ることが重要となる。離婚相談は、事案の性質上、人生相談的要素やカウンセリング的要素を含むことを意識し、十分な相談時間を確保して聞き取りを行う。

　なお、相談者から「先生はどう思いますか？」「先生だったらどうしますか？」などと弁護士個人の意見を求められることも多い。しかし、結論を下すのはあくまで相談者本人である。必要な情報提供や助言は当然行うが、相談者自身が自分で考え、自分で決定できるよう、相談者の自己決定権を尊重して寄り添う姿勢を忘れないようにしたい。

経験談① 関係者への連絡に注意

　離婚事案、特に相手方の不貞が原因となる事案では、依頼者が相手方に制裁を加えたいという気持ちになりがちで、対応に苦慮することがあります。

　「相手方の会社に、不貞の事実を伝えてほしい」と言われたことがある弁護士は、相当数いるのではないでしょうか。

　しかし、当然のことながら、弁護士がこんなことをしてしまうと、品位を損なう行為として、懲戒事由になります（弁護士法56条）。

　それを依頼者に伝えて、会社など関係者への通告を断ると、「じゃあ、私が個人的に手紙を書きます。訴えられてもいい。刺し違えても、夫にダメージを与えたいんです」と返されることもしばしば。

　このような場合、依頼者を思いとどまらせるために、あの手この手を使います。私が今まで説得に用いた例を挙げると、

　「自分を大切にしてください。不貞夫のために、あなた自身に傷がつくのはもったいないですよ」

　「その瞬間は溜飲が下がるかもしれないですが、その後、倍くらい面倒で嫌な思いをしますよ」

　「あなたが手を汚さなくても、きっと天罰が下りますよ」

などです。どんな説得が功を奏するかは、依頼者のタイプにより、正解はありませんが、参考にしてみてください。

経験談② 他の弁護士から断られたという件

　ある日、知人から「友だちが離婚の件で弁護士を紹介してほしいと言ってるんですけど、ご紹介させていただいてよいですか？　他の弁護士に相談したけど断られたらしいんですが」という電話がありました。
　先行する他の弁護士が断った、という時点で弁護士としては頭の中で「この相談者はヤバいかもしれない」という警報が鳴り響くのですが、その知人の手前、話も聴かずに断る、ということはしにくいので、とりあえず、事務所にお越しいただいて、恐る恐るお話をうかがうことになりました。
　事案としては、①夫側、②夫が乳児を連れて家を出て別居、③妻からの夫に対する断続的DVあり、④妻の反復継続した不貞行為あり、⑤妻が手書きした宛先不明の脅迫文言を延々と書き連ねたメモ書きあり、⑥夫には定職と安定した収入あり、⑦妻はパート収入あり、⑧夫には監護補助者あり、⑨妻には監護補助者なし、という事案でした。
　夫も、誠実かつ温厚そうで、話も理路整然としており、裏付けとなる資料も持参していて、話の理解も早い、という人物で、先行する弁護士がなぜ断ったのかが全く理解できませんでした。
　このため、「なぜ、前の弁護士さんから断られたのですか？　理由は何か仰ってましたか？」と質問したところ、夫は「『こんな乳児の親権を夫が望んでも勝てるはずがない。私は、そんな無理な主張をする側の代理人にはなりたくありません。お子さんは母親と同居して過ごすべきです』と言われてしまいました。この子を、あの妻の元に戻すなんて考えられないんですが、私はそんなに不利なんでしょうか？　今日、お持ちしていない資料もたくさんあるので、何とかならないでしょうか？」と回答しました。
　結局、そのまま受任し、こちらから離婚調停を申し立てました。
　その後も、依頼者となった夫は、誠実かつ温厚そうで、豹変することもなく、ただただ「離婚と親権だけ勝ち取っていただければ、あとは何もいりません」と言い続けました。
　当初は、相手方（妻側）も親権を争ってきたのですが、こちらから提出した証拠の数々は、結構「強烈」なものが含まれていたため、調停委員も調査官も裁判官と評議したうえで、むしろ相手方（妻側）に対して「親権

は難しいと思います」という話をしたらしく、結果として、(1)離婚、(2)未成年の子の親権者は父、(3)母からの夫に対する養育費支払はなし、(4)慰謝料及び財産分与もなし、という調停が成立して終わりました。

　もちろん、依頼者である夫はたいへん喜び、感謝されました。

　私よりも先行して相談を受けたのに、その夫の依頼を断った弁護士さんは、結局、証拠もろくに見なかったのか、あるいは、夫側の代理人はやりたくない、という信条でもあったのか、いまだに謎ではあるのですが、「子の福祉」という見地がなかったことだけは間違いないように思う事案でした。

初回相談時の聴取事項

　事案によっても異なるが、多くの場合、まずは以下の事項を聞き取りし、相談者の婚姻経過や生活状況、争点となり得る事情などを概括的に把握する。

1 離婚を求める側の場合

家族関係	□相談者（氏名、生年月日、住所、連絡先、職業・勤務先等） □配偶者（氏名、生年月日、住所、職業・勤務先等） □同居日[3]、入籍日 □子どもの有無（氏名、生年月日、通学先等） □離婚問題に協力を得られる親族（両親、兄弟姉妹など）の有無
生活状況	□現在別居しているか否か □（別居中の場合）別居開始時期、相談者・配偶者の居住地 □（同居中の場合）近い時期に別居の予定があるか、あればその時期 □（子どもがいる場合）子どもとの同居の有無 □（配偶者と別居中で子どもがいる場合）面会交流の実施の有無、状況 □婚姻費用の受領又は支払の有無
離婚原因	□離婚をしたい理由（配偶者の不貞、悪意の遺棄、生死不明、DV・虐待、性格の不一致など[4]） □相談者側の有責性[5]の有無 □上記を裏付ける証拠の有無、証拠内容

---

[3] 家庭裁判所の夫婦関係等調整調停申立書の書式には、同居日を記載する欄があるため、あらかじめ確認しておくとよい。

[4] 家庭裁判所の夫婦関係等調整調停申立書には、「申立ての動機」欄があり、離婚等を求める主たる理由には二重丸を、該当理由には丸印をつけるので、民法770条1項各号の要件を検討するほか、当該理由欄も参照しておくとよい。

財産関係	□相談者・配偶者の年収、職業
	□相談者・配偶者の資産[6]（不動産、預貯金、株式や投資信託等の有価証券、保険、自動車、退職金等）
	□相談者・配偶者の負債（住宅ローン、その他借入れ等）
	□相談者・配偶者の年金加入状況
	□上記を裏付ける証拠の有無、証拠内容
	※詳細は各論（第4章Ⅲ**5**以下参照）のとおり
協議状況	□配偶者の離婚意思の有無
	□離婚に関する協議の有無、内容

2 離婚を求められる側の場合

(1) 離婚意思の確認

　離婚を求められる側から相談を受ける場合、前記**1**と同様の事項を聴取するほか、相談者の離婚意思を確認する。相談者に離婚意思がないにもかかわらず、相手方が離婚届を提出する可能性がある場合は、不受理申出制度について説明し、当該届出を促す必要があろう。

(2) 不受理申出制度[7]

　夫婦の一方が離婚意思を欠いていたとしても、離婚届出が受理されて戸籍に記載されると、その離婚の無効を確認する判決を得ない限り、その戸籍を訂正することができない。そこで、本人の意思に基づかない離婚届出が受理

5　婚姻関係を自ら破綻させた配偶者（いわゆる有責配偶者）からの離婚請求の場合には、①夫婦の別居が両当事者の年齢及び同居期間との対比において相当の長期間に及んでいること、②夫婦の間に未成熟子が存在しないこと、③相手方配偶者が離婚により精神的・社会的・経済的に極めて苛酷な状態におかれるなど離婚請求を認容することが著しく社会正義に反するといえるような特段の事情が認められないことという3要件が充足されなければならないというのが判例（最大判昭和62・9・2民集41巻6号1423頁〔27800202〕）の考え方である。

6　婚姻前の独身時代から保有していた財産や婚姻期間中に贈与・相続により取得した財産は特有財産に当たるので、当該財産の有無・内容についても確認する。

7　不受理申出制度は、婚姻届、離婚届、養子縁組届、養子離縁届、認知届について、本人の意思に基づかない届出がされることを防ぐための手続である。

されることを阻止するために、不受理申出制度の利用を検討する。

不受理の申出は、申出する本人が、本籍地のある市区町村[8]に「不受理申出書」を提出することによって行う。申出書の提出は郵送でも可能である。不受理申出書の用紙は、市区町村の役所に備え付けてある。

不受理申出の期間は無期限であり、申出人が取下書を提出して申出を取下げしない限り、継続することになる。

---

8 本籍地以外の役所に申出書を提出することも可能である。この場合には申出書を2通提出する。しかし、本籍地以外の役所は、これを受け付けた後、うち1通を本籍地の市区町村に送付するため、本籍地の役所に届くまでにタイムラグが生じてしまう。原則としては本籍地の役所に提出することが望ましい。

経験談③ 調査会社の件

　離婚の相談の際には、相談者から「探偵会社（調査会社）を紹介してください」と言われることもあります。そのような場合には、私は、東京都弁護士協同組合特約店のWEBサイトにある会社の中から相談者ご自身で選んでいただくようにしています。そして、その際には「この中にある会社であれば、少なくともぼったくられるということはないのだろうと思います。そういう苦情がないから、東京都弁護士協同組合特約店になれたんでしょうから」とご説明しています。そして、調査会社を入れる目的の大半である不貞行為の証拠を握ったとしても、判決までいって認められるであろう慰謝料の予想額をお伝えし、「その金額を超えない程度の調査内容にしてもらう方がよいと思います」とお伝えするようにしています。

　反対に、既に、相談者の方がご自身で選んだ調査会社の報告書を持ってくる場合もあります。そのようなとき、「この調査費用は、いくらかかりましたか？」と質問します。その料金は、事案が異なるのでまちまちであることは当然なのですが、中には、「こんなに大金を支払って調査しても、到底回収できない事案なのに」としか考えられない場合もあります。そのような場合には、率直にそのようにお伝えしますし、「ぼられましたね」と思わず言ってしまいます。

　「なぜ、ここを選んだのですか？」と質問すると、「知人の紹介で」、「広告を見て頼んでしまいました」などなど返ってきますが、「もうないと思いますが、今後は、東京都弁護士協同組合特約店のWEBサイトにある会社から選んでいただくことをお勧めします」とお伝えしています。

経験談④　刑事事件の弁護活動中又は弁護活動終了後に被疑者・被告人から離婚事件について依頼された場合の対応

　刑事事件の弁護活動をしていると、被疑者・被告人から自らの離婚事件についても依頼できないかと言われることがあります。私の経験では、被

疑者・被告人が、自白事件（DVのような配偶者が被害者である事件ではありません）を機に、配偶者から離婚を切り出されて当該依頼に至るという流れが多いです。刑事事件中に依頼されることもあれば、刑事事件が終了した後に依頼されることもあります。

　自白事件の場合、情状弁護の活動として、更生環境を整えるために、夫婦関係の問題に対応することが往々にしてあります。その中で必要に応じて配偶者から被疑者・被告人に対する不満など離婚原因に関連する事項を聴取することもあります。

　こうした更生環境の調整等を行った後に、被疑者・被告人から離婚事件の依頼を受けた場合は、先の情状弁護における活動中にその配偶者との間で一定の信頼関係が形成されていることもあり得ます。したがって、このような場合、私は、利益相反（弁護士法25条2号、弁護士職務基本規程27条2号）等の問題が生じる可能性があると考えて離婚事件の依頼を受任せずに他の弁護士を紹介するなどの対応をとることが多いです。もちろん、情状弁護における活動は、離婚事件の法律相談等ではないため、直ちに利益相反の問題が生じるとはいえません。ただし、情状弁護として夫婦間の調整等を行いながら、後日、離婚事件において一方の代理人となるのは、事案によっては無用な疑念を抱かせることにつながることもあり得るのではないかと思います。

　また、私選弁護の場合と異なり国選弁護の場合は、名目のいかんを問わず報酬その他の対価を得ることができないとされています（弁護士職務基本規程49条1項）。この関係で、別事件である離婚事件であっても、報酬設定等によっては問題が生じかねないため、国選弁護の被疑者・被告人から別途報酬を受領することについては注意が必要であると考えられます。なお、どうしても受任せざるを得ない場合は、受任前に、報酬額の妥当性につき、所属弁護士会の刑事弁護委員会に問い合わせてみるのもよいでしょう。

　このように、刑事事件（特に自白事件）については、引き続いて離婚事件に発展することが珍しくないため、慎重な対応が必要になることが多いのではないでしょうか。

証拠収集に関する検討

離婚原因などに応じた証拠収集については各論で詳しく述べるが、ここでは証拠収集全般について指摘しておく。

1 違法収集証拠との関係

相談者が、相手方に無断で、相手方のスマートフォンやパソコン内のデータ（SNSやメールのやりとり、写真、動画など）、日記や書類等を撮影やコピーしたり、当事者の会話を無断で録音して、それらを持参することは少なくない。このような証拠類を交渉や訴訟上の証拠として用いることに問題は生じるであろうか。

まず大前提として、民事訴訟法には証拠能力に関する規定はなく、この点に関する最高裁の判例もない。

(1) 東京高裁昭和52年7月15日判決（証拠能力肯定）

リーディングケースとされる裁判例は、東京高判昭和52・7・15判タ362号241頁〔27650664〕である。これは、原告が被告との放送契約の成立を証明するために、被告の担当者と原告間の会話を密かに録音しそのテープと反訳を証拠として提出したという事案であるが、東京高裁は「民事訴訟法は、いわゆる証拠能力に関しては何ら規定するところがなく、当事者が挙証の用に供する証拠は、一般的に証拠価値はともかく、その証拠能力はこれを肯定すべきものと解すべきことはいうまでもないところであるが、その証拠が、著しく反社会的な手段を用いて人の精神的肉体的自由を拘束する等の人格権侵害を伴う方法によつて採集されたものであるときは、それ自体違法の評価を受け、その証拠能力を否定されてもやむを得ないものというべきである。」

と判示し、問題となった無断録音テープについては、「話者の同意なくしてなされた録音テープは、通常話者の一般的人格権の侵害となり得ることは明らかであるから、その証拠能力の適否の判定に当つては、その録音の手段方法が著しく反社会的と認められるか否かを基準とすべき」であり、当該事案の録音テープは、酒席における某者らの発言供述を、「単に同人ら不知の間に録取したものであるにとどまり、いまだ同人らの人格権を著しく反社会的な手段方法で侵害したものということはできない」として、当該事案の「録音テープは、証拠能力を有するものと認めるべき」と判示した。

この判決は、民事訴訟の証拠は原則として証拠能力を有するとしつつも、「著しく反社会的な手段を用いて人の精神的肉体的自由を拘束する等の人格権侵害を伴う方法によつて採集されたもの」である場合には証拠能力を否定するという基準を示した。

(2) 名古屋地裁平成3年8月9日判決（証拠能力肯定）

また、名古屋地判平成3・8・9判時1408号105頁〔27810888〕は、夫の不倫相手に対する妻からの慰謝料請求訴訟において、夫が賃借し不貞相手を住まわせていたマンションの郵便受けから妻が無断で信書を持ち出して、書証として提出した事案である。名古屋地裁は、「民事訴訟法は、いわゆる証拠能力に関して何ら規定するところがなく、当事者が挙証の用に供する証拠は、それが著しく反社会的な手段を用いて採集されたものである等、その証拠能力自体が否定されてもやむを得ないような場合を除いて、その証拠能力を肯定すべき」として、本件証書は原告が「マンションの郵便受けの中から夫に無断で持ち出して開披し、隠匿していた信書であることが認められ、夫婦間の一般的承諾のもとに行われる行為の範囲を逸脱して取得した証拠であることが伺われなくもない」と指摘しつつも、夫は被告との関係を原告に隠そうとしていなかったこと、夫は現在も被告らと共に鰻屋を営んでおり現在も原告と同居していることを挙げて、「右証拠収集の方法、態様は、民事訴訟において証拠能力を否定するまでの違法性を帯びるものであるということはできない。」と判示した。

この事案は、証拠を提出したのは妻であること、第三者の住所とは夫が用

意した不倫相手の住所であり、夫はこの不倫相手のことを妻に隠していなかったこと、夫婦は同居して仕事を一緒にしていることなどの事情を考慮して、第三者の住宅郵便受けから持ち出した手紙の証拠能力を否定しなかった。

　もっとも、名古屋地裁の事例は限界事例に近いと考えられる。例えば、探偵、興信所など調査会社の調査員が施錠されている郵便受けに手を突っ込んで郵便物を引き出した場合の信書や、立ち入り禁止区域に入り込んで撮影した写真や動画などについては、証拠能力が否定されることもあろう。

(3)　東京高裁平成28年5月19日判決（証拠能力否定）

　証拠能力を否定した事案としては、東京高判平成28・5・19平成28年（ネ）399号公刊物未登載〔28241751〕がある。大学のハラスメント防止委員会という非公開の会議を秘密録音したテープとその反訳文が証拠提出された事案において、「民事訴訟法は、自由心証主義を採用し（247条）、一般的に証拠能力を制限する規定を設けていないことからすれば、違法収集証拠であっても、それだけで直ちに証拠能力が否定されることはないというべきである。しかしながら、いかなる違法収集証拠もその証拠能力を否定されることはないとすると、私人による違法行為を助長し、法秩序の維持を目的とする裁判制度の趣旨に悖る結果ともなりかねないのであり、民事訴訟における公正性の要請、当事者の信義誠実義務に照らすと、当該証拠の収集の方法及び態様、違法な証拠収集によって侵害される権利利益の要保護性、当該証拠の訴訟における証拠としての重要性等の諸般の事情を総合考慮し、当該証拠を採用することが訴訟上の信義則（民事訴訟法2条）に反するといえる場合には、例外として、当該違法収集証拠の証拠能力が否定されると解するのが相当である。」と判示し、本事案では、当該録音は非公開かつ録音をしない運用がされている委員会で無断に録音されており、その無断録音について控訴人（当該証拠の提出者）の関与が疑われること、ハラスメントに関係するセンシティブな情報を扱う委員会の性質上、審議の秘密の必要性が高いため無断録音の違法性の程度は極めて高く、かつ、秘密録音をした当事者の主張との関係で証拠価値が乏しいことなどの事情を認定し、証拠能力がないと判断した。

Ⅲ　証拠収集に関する検討

　この判決は、当該録音について、①当該証拠の収集の方法及び態様、②違法な証拠収集によって侵害される権利利益の要保護性、③当該証拠の訴訟における証拠としての重要性を考慮し、民事訴訟法上の信義則に反することを理由に、その証拠能力を否定した。

経験談⑤　危険な証拠？

　離婚調停から離婚訴訟となった事案です。当事者は、別居をせずに同居を継続しており、離婚紛争中も同居を継続していました。離婚原因自体は、相手方である夫の不貞にありました。このような状況において、ある日、依頼者である妻から、自宅の寝室から小型録音機が出てきたという知らせがありました。また、リビングには、リモートで子どもやペットを見守る用として販売されている小型のカメラが設置されていたとのことでした。明らかに、最近になって設置されたもののようでした。
　既に離婚事件が紛争化し、法的手続に移行している段階で、相手方にも代理人が就いていましたので、抗議を入れることも可能かと思われる状況でした。もっとも、これらの秘密録画を依頼者自身で止めたり、録画内容を確認したりすることをアドバイスするには躊躇を覚えました。
　そのため、相手方からこれらに関する証拠が出てきた場合に備えて、録画状況のみを写真撮影し、録画状況や録画機の場所の移動などがわかるように証拠としてとっておくこととしました。また、最終的に、離婚訴訟は和解に着地するのですが、その前の裁判官とのやりとりで、自宅での盗撮状況の説明をすることにしました。裁判官の心証形成という意味では、親権者の決定、慰謝料、財産分与といった場面で、少なからず事実上の影響を与えることができると考えました。事実、控えめにいっても裁判官は、当方よりの心証を抱いていると思われました。
　結局、相手方からは、この録音・録画記録が証拠として提出されることはありませんでした。先方の代理人が歯止めをかけたのか、警戒させるために設置したかはわかりませんが、離婚事件ですとこのような証拠や状況に遭遇する場面があると思います。この際には、違法行為にならないように慎重な対応が求められるものと実感しましたし、また、ギリギリのライ

ンを狙って相手の不利益な状況を集めようとする証拠収集の態度は、却って自分の首を絞めかねないということを感じた事案でした。

2 調査会社（探偵、興信所）の利用について

(1) 調査会社の調査結果

夫婦の一方が他方の不貞を疑い、慰謝料請求のために、調査会社を利用して不貞の証拠を集めることは、事実上広く利用されている。実際に訴訟上も証拠として採用されることが多く、調査会社の調査結果自体を利用してはいけないということは決してない。

ただし、調査会社の調査結果報告書には、「当報告書は、極秘扱いとして貴殿に提出したものです。貴殿の内部資料としてのみご利用ください」、「当報告書の複製を禁止します」などの文言が注記されていることが多い。相談者が持参した調査報告書を証拠として用いる場合には、かかる利用制限の有無をよく確認のうえ、事件解決のために証拠として用いるべきか否か検討し、用いる場合でも提出方法は工夫するべきであろう。

(2) 費　用

また、調査会社を利用した調査には相当額の費用を要する。この費用を当該事件の「損害」として請求することはよくみられるが、費用全額が認容されるとは限らない。

東京高判令和6・1・17令和5年(ネ)1524号公刊物未登載は、不貞相手に対し、不貞行為に基づく損害賠償請求をした事案において、探偵を使った調査費用に関し、①通常生ずべき損害か否か、②不法行為者にとって予見可能な損害か否かという、両方の視点で検討した結果、相当因果関係のある損害とは認められないと判断した。

まず東京高裁は、①通常生ずべき損害か否かという点について、「このような調査会社による調査は、主として不貞行為に関する証拠収集を目的とし

て行われるものであり、配偶者に不貞に関する疑いが生じた場合、直ちに調査会社による調査を利用することが一般的であるとまでは認められず、また、調査会社にどの範囲で調査を命じるかが一義的に明らかであるともいえないから、その費用が、不貞行為から通常生ずべき損害であるということはできない。」と判示した。一般論として、配偶者に不貞に関する疑いが生じた場合、直ちに調査会社による調査を利用することが一般的であるとまでは認められないとし、調査費用が「不貞行為から通常生ずべき損害」に当たることを否定しており、不貞行為に基づく慰謝料請求事件において、調査費用は原則として相当因果関係のある損害に該当しないと判断した点が注目される。

続けて東京高裁は、②不法行為者にとって予見可能な損害かという点についても、「調査会社による調査を利用しなければ、補助参加人が不貞行為に及んでおり、その相手方が控訴人であることを知ることができなかったとまでは認められない」として、調査会社により調査を行うという特別の事情による損害が予見可能であったということはできないと判示し、これを否定した。

東京高裁の判断によれば、不貞行為に基づく損害賠償請求事件においては、調査会社に支払った調査費用を不貞相手に請求できる可能性は相当限定されることになる。依頼者から調査会社の利用について相談を受けた場合には、調査費用が自己負担となる可能性をあらかじめ伝えるなど、費用対効果を鑑みた助言が必要となる。

経験談⑥　探偵を使った証拠

　離婚調停事件から離婚訴訟事件になった事案ですが、依頼者の妻は、当職に依頼する以前に、探偵を使って夫の不貞を暴こうと調査を行っていました。実際には、調査会社から報告書が上がっており、「報告書の内容については、当社は一切責任を負わない」といったあくまで自己責任的な内容の記載がありました。肝心の報告書の内容ですが、ホテルに長時間滞在をしており入退出時の写真やホテルの駐車場での写真なども掲載されていました。さらに、ホテルに入るまでに立ち寄っていたレストランでの食事の状況など、時間的にも写真の撮り方としてもプライバシー侵害と相手方が反論してくるであろうことが予想される内容でした。

　代理人としては、相手方から主張されるプライバシー侵害が気になるところではありました。一方で、当然に依頼者は、この報告書は多額の費用を掛けて入手してきたものなので、すべて使用したいという意向でした。

　家事事件で探偵の報告書がどれほど効果があるのか半信半疑でしたし、弁護士になりたてであった当時の私は、正直、依頼者が出してほしい、ということだけで提出してしまうと弁護士倫理上も問題となることを至るところで言われている状況でしたので、非常に対応に悩みました。

　調査会社の利用方法についてもそうですが、代理人としては、当該訴訟における効果と、相手方からの反論を予想しつつ、それを提出することによって、かえって紛争が枝分かれし、いらぬ争点を生むことは避けたいと考えました。

　実際には、一部のみマスキングをするなどして提出し、ホテルへの入退室の日時がわかる箇所のみを重点的に主張書面とリンクさせて提出しました。結局、尋問まで実施し、不貞の日時などが問題になりましたが、この点に関する客観的な証拠という限度で、問題なく採用され当方の求める事実認定がされるに至りました。

　依頼者が提出してほしい証拠について、どのように提出するか、特に調査会社に既に頼んで証拠となっていたような場合には、依頼者との関係でも扱いに苦慮する場面の１つであり、考えさせられるものでした。

Ⅲ　証拠収集に関する検討

経験談⑦　証拠を「つくりすぎる」ことの弊害

　離婚案件で、家庭内の状況・夫婦のやりとりなどを立証しようとする場合（「家事をしない」とか、「話しかけても無視をする」など）、客観証拠はないため、陳述書などで立証するしかありません。
　しかし、無理に証拠をつくろうとしてしまう人もいます。
　離婚調停で、相手方（離婚をしたがっている夫）が弁護士をつけずに対応していた事案で、「妻が掃除をせず家が荒れ果てている」ということを立証するために、写真を提出してきました。しかし、その証拠を依頼者である妻に見せたところ、「こんな状態になっていたことはない。よく見ると、ここに散らかしてあるゴミは、夫の部屋のものを持ち出したものだ」と憤慨。
　実際には、掃除が行き届いているかどうか、誰が掃除をしたかなどは、離婚事由の有無にさほど影響しないのですが、当事者が熱くなってしまっており、しばらくその写真の信用性についてのやりとりが続きました。
　最終的には、調停委員は、夫が妻を糾弾する意図でわざと「やらせ写真」を撮った、という心証を持ったことがうかがわれました。
　争点に影響しないところで無理をして、証拠をつくりすぎてしまうと、かえって不利になる、という一例です。

Ⅳ　DV相談の場合

1　DV防止法とは

　ドメスティック・バイオレンス（以下、「DV」という）は、日本では、「配偶者や恋人など親密な関係にある、又はあった者から振るわれる暴力」という意味で使用されることが多い。
　「配偶者からの暴力の防止及び被害者の保護等に関する法律」（以下、「DV防止法」という）は、「配偶者」[9]からの暴力を規制対象とする。暴力を受ける対象の性別は問わない。近時は男性が女性から暴力を受けるケースの相談も増加している。
　また、平成16年の改正DV防止法により、「暴力」とは「身体に対する暴力（身体に対する不法な攻撃であって生命又は身体に危害を及ぼすもの）」又は「これに準ずる心身に有害な影響を及ぼす言動」と定められており、身体的な暴力のほか、精神的暴力や性的暴力も含まれる。

2　DV相談の聴取事項・留意点

　DV相談の場合、前記Ⅱに掲げた初回相談時の聴取事項の「家族関係」や「生活状況」のほかに、以下の事項を聞き取りし、DV被害の実態を把握する。
　なお、配偶者による暴力の多くは家庭という密室で行われる。他者の目にさらされることなく、暴力が長期間にわたり繰り返されるうち、暴力を受けることは仕方がない、この程度はDVではないと刷り込まれた結果、当該暴

9　DV防止法の「配偶者」には、事実婚の者を含む（DV防止法1条3項）。

力を許容してしまい、被害者である自覚に乏しい場合も多い。そのため、特にDV相談の場合には相談者の話を丁寧に聴取して、相談者が委縮しないように十分配慮する。また、DV被害者の認識が乏しい相談者に対してはDVを受けていることの自覚を促すことが必要な場合もあろう。

暴力の態様	☐現在も暴力が継続しているか否か ☐身体的暴力（殴る、蹴る、物を投げる等）の有無 ☐性的暴力（性行為の強要など）の有無 ☐脅迫・威嚇的言動の有無 ☐言葉による暴力（人格を貶めるような発言）の有無 ☐経済的暴力（生活費をわたさないなど）の有無 ☐社会的隔離（行動の制限）の有無
時期・頻度	☐暴力開始時期・期間 ☐場所 ☐発端 ☐頻度・回数
被害状況	☐負傷部位・程度 ☐加害者の暴力行為を示す客観的証拠（写真・動画・録音データ、壊された食器・家具等の写真、受傷部位の写真、加害者からのメール・メッセージなど）の有無 ☐受診や医師の診断書の有無
子ども関係	（子どもがいる場合） ☐子どもの年齢 ☐子どもに対する暴力の有無 ☐通学の有無、通学先の対応
関係機関	☐警察・配偶者暴力相談支援センターへの通報・相談の有無、その対応 ☐（別居している場合）住民票等の閲覧交付の制限の支援措置の申出の有無

3 緊急避難場所（シェルター）

　配偶者からの暴力が身体的暴力で、その程度が著しい場合には、各種シェルター等を案内することも必要である。

　各都道府県などに設置されている女性相談支援センターや配偶者暴力相談支援センターでは、カウンセリングや一時保護のほか、生活保護・児童扶養手当受給、就労支援などの相談も行っている。夜間や休日などで緊急時の場合には、警察に連絡すれば一時保護施設に連絡してくれるので検討してほしい。

　避難する場合に持ち出すものとしては、

> 身の回りの物、現金、実印、印鑑登録証、通帳・銀行印、キャッシュカード、マイナンバーカード、携帯電話、健康保険証[10]、暴力の証拠となる日記や写真、診断書・診察券[11]

などが挙げられる。

　加害者名義の財産の持ち出しはトラブルの元なので避けるよう助言すべきである。

4 警察への保護要請

　警察に相談したことがない被害者の場合、今後加害者から暴力を振るわれた場合にすぐに110番通報するよう指示しておく。

---

[10]　相談者（被害者）や子が、相手方（加害者）の扶養家族として健康保険に入っている場合、安易に健康保険証を用いて診療を受けると、「医療費のお知らせ」の通知で加害者が被害者らの通院先を知り、加害者が病院に問い合わせるなどして被害者らの居場所を突き止める危険がある。相手方の健康保険から抜けるためには、原則は「被扶養者資格喪失手続」を行うため相手方の協力が必要となるが、DV案件では、被害者が単独で手続することが可能なので、必要に応じて手続を促す。
[11]　病院の診察を受けていない場合は診察を勧める。

5 子どもの通学先への保護要請

　被害者に子どもがいる場合、子どもの安全確保のために被害者本人から電話等で通学先に保護要請をしておく。具体的には、加害者の子どもに対する態度を説明し、加害者が子どもを迎えに来ても安易に引き渡さない、場合によっては110番通報すること等を要請することになる。

6 法的手段の検討

　法的手段としては、主に下記の手続を検討する。
① DV防止法に基づく対応
　接近禁止命令（DV防止法10条1項）、電話等を禁止する保護命令（同条2項）、子への接近禁止命令（同条3項）、被害者の親族・支援者等への接近禁止（同条4項）の申立てなど。
② 子に対する暴力や虐待がある場合
　親権喪失又は親権停止の審判の申立て（民法834条、834条の2、家事事件手続法167条以下・別表第一67項）、親権者職務執行停止の仮処分申立て（家事事件手続法105条、174条）など。
③ 告訴
④ ストーカー規制法
　DV防止法にいう「暴力等」に該当しない配偶者の行為やDV防止法の対象とならない家族等に対する暴力等については、「ストーカー行為等の規制等に関する法律」による対応策など。

経験談⑧　早期解決して恐縮した話！

　夫の暴力から身を守るために別居して実家に戻っている妻側から、離婚の相談がありました。相談者は夫に協議離婚を申し入れましたが、夫は断固拒否しているため、離婚調停を申し立ててほしいという依頼です。

　離婚調停の管轄裁判所は相手方の住所地を管轄する家庭裁判所です。相手方の住所地は離島なので、代理人弁護士は調停期日に離島に出張せざるを得ません。季節は初夏。ついでに離島観光と海水浴でもしようか、とワクワクしました。

　調停申立ての準備をしていたところ、相談者から、弁護士を依頼して離婚調停申立てを準備していると相手方に伝えた、という連絡がありました。

　翌日、相手方から電話があり、「離島で狭い地域社会なので、弁護士を立てて裁判沙汰で争っているなんて噂が広まると住みにくくなる。それは困るので、協議離婚に応じる。慰謝料も妻の要求額をすぐ支払う。だから、調停申立てはしないでほしい」とのことでした。

　依頼者に確認すると、依頼者も了解し、あっという間に協議離婚が成立しました。依頼者は「弁護士に依頼したらすぐに解決した、とても腕がいい弁護士だ」と大喜びしてくれましたが、実質的に私は何もしていないので、照れくさいやら恐縮するやら。

　なお、離島観光と海水浴がなくなり大いに落胆したことを付言します。

経験談⑨　離婚と刑事事件

　夫婦間での暴行傷害事案で、夫婦の一方が逮捕・勾留により身柄拘束される事案は、刑事事件をしているとそれなりに遭遇するかと思います。
　当然、一方は加害者、他方は被害者ということになりますので、示談交渉の際には、離婚をするか、離婚する場合には条件はどうするか、ということが問題になってきます。また、子がいるような場合には、結果によっては、事実上、前科が付くかといった点で今後の対応に悩まされます。
　刑事弁護の一環として示談の内容がまとまるのであれば示談書の中で取り決めることも可能とは考えますが、大筋で決まるにしても、細部までのやりとりはなかなか時間的にも困難であると思われます。
　このような場合には、示談書まで作成できればよいですが、一定程度の内容で確認書を作成し、後日、家事事件の協議交渉を誠実に行うということで対応せざるを得ないものと思います。もっとも、弁護人としての責任という点や、家事事件を新たに受任するかどうか、といった問題もあり安易な対応には疑問を覚えます。そのため、被害者・加害者いずれの立場の代理人を務める場合であっても、先を見据えた誠実な対応が求められることになると実感しています。この点につき、刑事事件においては、離婚意思が確定しており、少なくとも加害者側に代理人が就くことが予想される場合には示談書までには至らない暫定的なものでも有効な証拠として採用されているように感じます。
　離婚事案の中でも、いままで離婚にまで至らなかったものが、刑事事件を契機に一気に離婚に至るというケースに何件か携わりましたので、このような場合でも、依頼者の希望に沿って、スムーズな離婚を実現することも必要な場合があると考えました。

第3章

離婚前の関係

婚姻費用の分担

1 婚姻費用とは

　婚姻費用とは、夫婦や未成熟子の生活費などの婚姻生活を維持するために必要な一切の費用である。夫婦は、「その資産、収入その他一切の事情を考慮して、婚姻から生ずる費用を分担」[1]する扶養義務を負っており、婚姻費用の分担は「生活保持義務」[2]として認められる。

　婚姻費用は別居中の夫婦であっても分担の必要性があり、養育費との混同が生じやすいが、養育費が離婚後に必要な費用であるのに対して、婚姻費用は離婚が成立するまでに必要な費用である。

　婚姻費用の具体例としては①夫婦及び子の衣食住の費用[3]、②子の監護に要する費用[4]、③教育費[5]、④医療費[6,7]、⑤葬祭費[8]などが挙げられる[9]。

2 婚姻費用の始期と終期

　婚姻費用の始期は請求時であり、一方で終期は婚姻の解消時期となるのが

1　民法760条。
2　司法研修所編『養育費・婚姻費用の算定に関する実証的研究』法曹会（2019年）3頁。
3　東京家審昭和37・8・27家裁月報14巻12号95頁〔27450880〕。
4　大阪高決昭和33・6・19家裁月報10巻11号53頁〔27450470〕。
5　東京家審昭和47・3・13家裁月報25巻3号107頁〔27730211〕。
6　大阪高決昭和37・10・3家裁月報14巻12号89頁〔27450888〕。
7　大阪高決昭和42・7・10家裁月報20巻1号84頁〔27451380〕。
8　松本哲泓『婚姻費用・養育費の算定―裁判官の視点にみる算定の実務―』新日本法規（2018年）3頁。
9　婚姻費用の分担請求調停
　https://www.courts.go.jp/saiban/syurui/syurui_kazi/kazi_07_03/index.html

一般的である[10]。ただし、当事者でこれとは異なる合意をしていた場合でもその支払が無効となるわけではない。

3 婚姻費用の分担方法

婚姻費用の分担は基本的に夫婦間の協議によって行われるが、協議が困難、若しくは協議で合意に至らない場合には、婚姻費用の分担請求調停若しくは審判を相手方の住所地を管轄する家庭裁判所又は当事者が合意で定める家庭裁判所（審判の場合は自分の住所地を管轄する家庭裁判所も可能である）に申し立てる。制度上ははじめから審判を申し立てることも可能だが、基本的には調停手続が先行され、調停で夫婦が合意に至らなかった場合に審判手続に移行する。

調停においては、本人出頭が原則であるが、当事者が遠隔の地に居住しているときその他相当と認めるときは、電話会議システムを利用することができ（家事事件手続法258条1項、54条1項）、婚姻費用の調停については電話会議システムにより調停を成立させることも可能である（同法268条3項参照）。また、令和6年現在当事者双方に代理人弁護士がついていることを条件として調停手続にウェブ会議システムが導入されつつある。

申立てに当たっては、申立書[11]及び夫婦の戸籍謄本（全部事項証明書）（内縁関係に関する申立ての場合は不要）、申立人の収入関係の資料（源泉徴収票、給与明細、確定申告書等の写しなど）等婚姻費用の算定に必要な書類を提出する[12]。

家事調停手続及び審判手続の流れについては、裁判所のHP掲載のビデオ等を参照されたい[13,14]。

---

10 前掲注8・松本10-11頁。
11 婚姻費用の分担請求調停の申立書
https://www.courts.go.jp/saiban/syosiki/syosiki_kazityoutei/syosiki_01_25/index.html
12 婚姻費用の分担請求調停
https://www.courts.go.jp/saiban/syurui/syurui_kazi/kazi_07_03/index.html
13 https://www.courts.go.jp/links/video/kajichoutei_video/index.html

また、裁判手続を行う前に弁護士が婚姻費用を請求することも考えられる。その場合には婚姻費用の算定方法を把握しておく必要がある。

4 婚姻費用の算定

婚姻費用の適正額の算定には実務上、標準的算定方式による計算結果をまとめた簡易算定表が参考にされることが多い。令和元年12月23日、婚姻費用算定表は約16年ぶりに改訂された。

(1) 婚姻費用算定表の読み方

算定表は子供の有無・人数によって異なる。算定表の一覧は裁判所のHPに記載されている[15]。

本書では例として0～14歳の子供が1人いる夫婦の場合の算定表を用いて読み方を解説する（後掲の「婚姻費用・子1人表（子0～14歳）」参照）。

表のうち、「義務者」とは婚姻費用を支払う者のことであり、「権利者」とは婚姻費用を受け取る者のことである。婚姻費用の分担額は夫婦互いの収入によって異なるが、さらに収入形態について自営業者か給与所得者かによっても見方が異なる。

算定表は夫婦それぞれの年収を基準に算定を行うが、給与所得者の場合は源泉徴収票の支払額を、自営業者の場合は確定申告書の課税される所得金額を年収として算定する[16]。また、専業主婦の場合は基本的に年収を0円として算定する。ただし、専業主婦等就労していない場合であっても、心身ともに健康で、子供が4歳程度まで成長し、病児や両親の看護が必要などの特別の事情がない限り、少なくともアルバイトは可能として、潜在的稼働能力を

14 　審判手続一般
　　https://www.courts.go.jp/saiban/syurui/syurui_kazi/kazi_02/index.html
15 　平成30年度司法研究（養育費、婚姻費用の算定に関する実証的研究）の報告について
　　https://www.courts.go.jp/toukei_siryou/siryo/H30shihou_houkoku/index.html
16 　養育費・婚姻費用算定表について
　　https://www.courts.go.jp/vc-files/courts/file5/setumei_84KB.pdf

認め、それを年収として算定する場合もある[17,18,19]。

　他にも、株式の配当金等特有財産からの収入について、「相手方の特有財産からの収入であっても、これが双方の婚姻中の生活費の原資となっているのであれば、婚姻費用分担額の算定に当たって基礎とすべき収入とみるべきである。」とする大阪高裁決定[20]が存在し、夫婦の経済・生活状況によっては所得金額以外の収入を年収として算定する場合がある。

　具体的な算定方法としては、表のうち、縦軸が義務者の年収（万円）、横軸が権利者の年収（万円）を示しており、それぞれ該当する年収部分から縦軸については横線、横軸については縦線を引き、両者が交わった部分が義務者の支払うべき婚姻費用の分担額となる。

　したがって、例えば1歳の子供がいる夫婦で、夫（自営業者）の年収が1000万円、妻（給与所得者）の年収が400万円であり、妻が夫に婚姻費用の分担を請求する場合、夫の支払額は月額およそ20〜22万円となる（後掲の「婚姻費用・子1人表（子0〜14歳）」参照）。

17　大阪高決平成20・10・8家裁月報61巻4号98頁〔28150729〕。
18　さいたま家審平成29・12・15判タ1457号87頁〔28270012〕。
19　東京家審昭和44・1・27家裁月報21巻7号88頁〔27451543〕。
20　大阪高決平成30・7・12判時2407号27頁〔28264745〕。

第1編 第3章 離婚前の関係

婚姻費用・子1人表（子0〜14歳）

(2) 算定表では適切な計算が困難な場合の計算方法

　裁判所の簡易算定表では子供が３人以下の場合にしか対応しておらず、子供が４人以上の場合には対応していない。このように、算定表では適切な計算が困難な場合があり、この場合には、算定表の元となった算定方式を用いて計算する必要がある。

　平成30年度になされた司法研究「養育費、婚姻費用の算定に関する実証的研究」によって、以下の算定方式が公開されている。

(ア)　指数（１人当たり）

親　　　　　　　100

０～14歳の子　　62

15歳以上の子　　85

(イ)　婚姻費用の計算方法

　義務者の基礎収入をＸ、権利者の基礎収入をＹ、婚姻費用をＺとしたとき

権利者世帯に割り振られる婚姻費用（Ｚ）＝
（Ｘ＋Ｙ）×（権利者世帯の指数合計）÷（権利者世帯と義務者世帯の指数合計）

義務者から権利者に支払うべき婚姻費用分担額＝Ｚ－Ｙ

(ウ)　基礎収入の計算方法

　(a)　給与所得者の場合

　　　基礎収入＝総収入×0.38～0.54（割合は下表を参照）

給与収入（万円）	割合（％）
０～75	54
～100	50
～125	46
～175	44
～275	43
～525	42
～725	41
～1325	40
～1475	39
～2000	38

(b) 自営業者の場合

基礎収入＝総収入×0.48～0.61（割合は下表を参照）

給与収入（万円）	割合（％）
0～66	61
～82	60
～98	59
～256	58
～349	57
～392	56
～496	55
～563	54
～784	53
～942	52
～1046	51
～1179	50
～1482	49
～1567	48

　上記算定方式を基準として、15歳未満の子供が4人いる夫婦において、夫（自営業者）（年収1000万円）に対し、妻（給与所得者）（年収400万円）が婚姻費用の分担を請求する場合を考える。

　婚姻費用＝（Z）

・義務者の基礎収入（X）：1000万円×0.51＝510万円
・権利者の基礎収入（Y）： 400万円×0.42＝168万円
　（Z）＝（510＋168）×（100＋62＋62＋62＋62）÷（100＋100＋62＋62＋62＋62）＝526.6万円
　（Z）＝526.6万円
　義務者から権利者に支払うべき婚姻費用の分担額（年額）＝Z－Y
　526.6万円－168万円＝358.6万円
　12か月で割ると、358.6万円÷12か月＝29.883万円
　よって、夫が妻に支払うべき分担額は月額約30万円となる。

(3) 婚姻費用が増加する事情

　以上の算定額が婚姻費用の目安となるが、子供の私立学校への進学や、習

い事・塾代などで通常より多くの教育費がかかっている場合、相手が承諾している、又は両親の学歴、収入、社会的地位などからこれらの教育費の支出が相当といえる場合は「特別の事情」があるとして加算が認められる可能性がある。

例えば、子供や婚姻費用を受け取る側（権利者）が病気やケガに遭い、高額な医療費がかかる場合などの特別の事情がある場合には、婚姻費用の増加が認められる場合がある[21]。

5 収入を示す資料の入手

調停や審判の場合には相手方から年収等を示す資料が提出されることが見込まれるが、裁判手続外で婚姻費用分担の請求を行う場合には、相手方の年収を把握したうえで分担額を算定して請求を行う必要がある。

依頼人が配偶者の源泉徴収票、給与明細書（ただし、ボーナスや一時金の有無を考慮し、支給額に通勤費が含まれている場合は差し引く）、確定申告書、課税証明書等を入手若しくは把握している場合には当該資料を参考に請求額の算定を行うことが可能である。

しかし、夫婦の中には配偶者の年収をもとより把握していない場合や、夫婦仲の悪化により配偶者の年収を知ることができない場合等があり、弁護士自ら年収を示す資料を入手する必要がある。

その場合には源泉徴収票、給与明細書、確定申告書等について弁護士法23条の2による照会を行うなどして入手する必要がある。

上記手段によっても資料が入手できない場合には、調停等の裁判手続を最初から利用することが考えられる。

6 請求の実効性

調停や審判によって婚姻費用分担の請求について債務名義を得た場合、

---

[21] 森公任＝森元みのり編著『簡易算定表だけでは解決できない養育費・婚姻費用算定事例集』新日本法規（2015年）159-161頁。

「給料その他継続的給付に係る債権」については将来分まで差押えが可能（民事執行法151条の2第1項2号及び同条2項）であり、給与の半分まで差押えが可能（同法152条3項）であり、また、義務者が破産しても婚姻費用については支払債務が免責されない（破産法253条1項4号ロ）など、実効性を高める特例が定められている。

経験談⑩　SNSからの財産調査

　依頼者は、会社経営者である夫から離婚を切り出され、当職に離婚協議を依頼しました。夫には不貞の疑いがあるものの確証はなく、依頼者も十分な財産分与が受けられるのであれば、不貞については追及せずに離婚に応じてもよいとのことでした。

　夫に対して財産の開示を求めたところ、自宅不動産、預貯金、自動車（レクサス）、株式、金融商品、現金1000万円が記載された一覧表が、直近2年分の確定申告書の写しとともに開示されました。

　一般的に財産分与の交渉においては、財産を隠したり、少なく申告してくるケースが多いといえます。仮に夫の不貞が真実であり、不貞の証拠を押さえられる前に離婚を成立させたいと思っていたとしても、隠そうと思えば隠せる現金1000万円を最初から記載してきたり、自ら確定申告書の写しを開示してくるなど、やけに積極的であることに違和感を覚えました。しかし、依頼者は一覧表の内容に異存ないとのことであり、2分の1を分与してもらえるのであれば、離婚に応じるとのことであったため、財産の処分方法や具体的な請求額について依頼者の希望を整理することになりました。

　そうしたところ、夫から「早く終わりにしたいので、直接会って話したい」との連絡があり、事務所に来てもらうこととなりました。面会当日、夫は「分与の方法は妻の希望どおりで構わないので、早く決めてください」とのことであり、妙に聞き分けがよいのです。しかし、夫が何気なく腕時計で時間を見ようとしたときに、その理由がわかりました。その腕時計は、私が知る限りでも最低300万円はする超高級ブランドのものだったのです。夫が一覧表に載せていない高級品を所有しており、それらに気づかれる前に協議を成立させようとしていることを確信しました。

　依頼者に報告したところ、その腕時計のことは知らないとのことであり、他にも高級品を隠していないか調査することにしましたが、依頼者は何も情報を持っていませんでした。そこで、SNSに痕跡が残っていることに期待し、夫が経営する会社のInstagramのアカウントのフォロー・フォロワーを1人ずつ確認していったところ、人物は写っていないもの

の、夫の腕時計と同じブランドの腕時計をはじめ、高級腕時計や高級外車の写真を投稿しているアカウントが見つかりました。

依頼者に夫の会社を見に行ってもらったところ、駐車場にInstagramと同じ高級外車が停まっていました。そこで、ナンバーをもとに弁護士会照会で登録情報を取得したところ、所有者は会社名義になっていましたが、使用者は夫になっており、隠し財産であることが判明しました。同時に、Instagramのアカウントが夫のものであることも明らかになりました。

さらに、夫の腕時計の投稿に対し、ある中古腕時計専門店が繰り返し「いいね」をつけていることから、夫はこの店から腕時計を購入している可能性が高いと思われました。そこで、その店に対し、夫の購入履歴、金額について弁護士会照会をしたところ、3年間で腕時計6本（約2000万円）を購入していることが判明したのです。

夫に対し、高級外車及び腕時計6本の購入を把握したことを伝え、これらも財産分与の対象に加えるよう求めたところ、「車は、便宜上、自分を使用者にしただけで、会社のものなので財産分与の対象ではない」と回答しました。しかし、会社の確定申告書の開示を求めたところ、財産分与の対象とすることに同意しました。また、腕時計6本のうち2本は売却済みでしたが（夫から資料も提出されました）、4本は所有していることを認め、財産分与の対象とすることに同意しました。

結果的に、当初の開示よりも対象財産を約2500万円増やすことができ、依頼者は適切な財産分与を受け取ることができました。

本件は、夫がやけに積極的に財産を開示してきたことや協議の成立を急いでいたことに違和感を覚えたことがきっかけとなり、Instagramから情報を探した結果、隠し財産の特定に至ったものですが、SNSからの調査は無料であるうえ、そこから派生的に多くの情報（本件では、夫が腕時計を購入した店）を得られることを実感しました。

不正アクセスや偽アカウントを使っての接触などは厳に控えなければならないことは当然ですが、特に怪しいと思うことがなくても、SNSを確認してみることで思いがけない情報を得られる場合もあるのではないでしょうか。

1 親権とは

「親権」とは、父母が未成年の子に対して持つ身分上及び財産上の養育保護を内容とする権利義務の総称である。

未成年の子は、父母の親権に服し（民法818条1項）、親権は、父母の婚姻中は共同して行使するのが原則である（同条3項本文）。他方で、父母が婚姻関係にない場合には、その一方が単独で親権を行使する（民法819条参照）[22]。

本項では、親権のうち、身分上の権利義務である、子の監護養育の権利義務（監護権）について取り上げる。

2 子の監護者の指定の調停・審判（離婚前）

(1) はじめに

父母の離婚後においては、子の監護に関する事項は、父母の協議又は家庭裁判所の調停・審判により定める（民法766条。家事事件手続法39条、244条、別表第二3項）。

また、父母が離婚前の別居状態にあり、当事者間の協議だけでは子の監護者が定まらないときは、家庭裁判所は、民法819条2項を類推適用して、調停又は審判により、別居中の父母のいずれか一方を子の監護者として指定す

---

22 ただし、第213回国会において、民法等の一部を改正する法律が成立した（令和6年法律33号）。この民法改正により、父母の離婚後等であっても父母の双方を親権者とすることも可能となった。この改正法は、令和6年5月24日に公布されており、公布の日から起算して2年を超えない範囲内の日に施行される。

ることができる（家事事件手続法39条、244条、別表第二3項）。

　ただし、父母が離婚前の別居状態にある場合の「監護」とは、事実上の監護にすぎず、親権を行使する場合には、原則どおり父母が共同で行使する必要がある。

(2)　申立て

　現に子を監護養育している親（監護親／同居親）は、今後、監護者に関する紛争が生じることを防止するため、自己を監護者に指定するよう求める申立てをする。

　他方、現に子を監護養育していない親（非監護親／別居親）は、現在の監護状況を変更し、自己を監護者に指定するよう求める申立てをする。この場合、子の引渡しの調停・審判と併合して申し立てられるのが通常である[23]。

　なお、家庭裁判所は、親権者の意に反して第三者を監護者に指定することも認められている[24]。他方で、父母以外の第三者（例えば、祖父母）が監護者指定の審判を申し立てることはできない[25]。

(3)　子の監護者の指定の判断基準[26]

　いずれの親に監護させた方が子の福祉に適するかという実質的観点から判断される（比較衡量基準）。

23　この場合、事件としては2件となり、それに応じた印紙等の準備が必要になる点に注意が必要である。
24　根拠としては、民法766条3項を類推適用する見解と、同項及び民法834条を類推適用する見解がある。もっとも、親権者の意思に反して第三者を監護者に指定することが許されるのは、親権者にそのまま親権を行使させると子の福祉を不当に阻害することになると認められるような特段の事情がある場合に限られる（東京高決昭和52・12・9家裁月報30巻8号42頁〔27452287〕）。
25　監護者指定につき、最決令和3・3・29民集75巻3号952頁〔28291108〕。なお、面会交流について定める審判につき、最決令和3・3・29裁判集民265号113頁〔28291106〕は消極に解していたが、令和6年法律33号による民法改正により、一定の要件の下で父母以外の子の親族による申立ても認められるようになった（改正民法766条の2）。
26　岡口基一『要件事実マニュアル第5巻　家事事件・人事訴訟〈第5版〉』ぎょうせい（2017年）187頁以下。

具体的な判断要素としては次のようなものがあるが[27]、実務では、過去の監護実績（⑤）を確定したうえ、現在の監護状況や子の意思（③）、父母の監護能力や監護体制（①）等を検討し、子の福祉の観点から判断されている。

① 監護者の適格性

子に対して、物質的及び精神的安定を保証できるかという観点からの判断要素である。

具体的には、監護意欲、監護能力（健康状態、性格、経済力、愛情等）、監護実績、居住環境、監護補助者の援助体制等が考慮される。

そのため、当事者としては、これらの事項を記載した陳述書や直近の収入がわかる資料等を提出することになる。

② 子の事情

従来の環境に対する子の適応状況や、環境の変化に対する子の適応能力等が考慮される。

そのため、当事者としては、日頃の子の様子を記載した陳述書、保育園・幼稚園との間の連絡帳や学校の成績通知表等を資料として提出することになる。

③ 子の意思

子の監護者指定の審判をする場合、子が15歳以上であればその子の陳述を聞かなければならない（家事事件手続法152条2項）。他方で、子が15歳未満でも、子の意思が考慮されるべきである。

そのため、当事者（特に同居親）は、子の意思がわかる内容を記載した陳述書等を資料として提出することになる。ただし、当事者が子に対して直接に意思を確認することは、子に対して無用かつ過度なストレスを与えるものであるから、控えるべきである[28]。

④ （乳幼児期における）母性優先の原則

従前、子の乳幼児期においては、「母親」優先の原則が有力な考慮要素

---

[27] 清水節「親権者の指定・変更の手続とその基準」判例タイムズ1100号（2002年）155-157頁、吉村真幸「子の引渡しと人身保護請求」判例タイムズ1100号（2002年）176頁以下。

とされていた。しかし、次第に「母親」優先の原則の機械的な適用は好ましくないとされるようになった。

近年では、父親が有力な監護補助者の助力を得るなどして「母性」を実現し得る場合もあることから、「母親」ではなく、「母性」優先の原則という表現が用いられるようになった。

さらに、「母親」にしろ、「母性」にしろ、性差別的な印象が感じられるとして、後記⑤の原則の中で検討すべきであるという見解もある。

⑤　監護の継続性維持の原則（主たる養育者優先の原則）

子が一方の親の下で一定期間以上平穏に生活している場合には、その現状を尊重するのが原則である。もっとも、監護の継続性については、子の出生から現在に至るまでの全体から検討されるべきものである[29]。

そのため、従前の主たる養育者が現在の監護者ではない場合には、従前の主たる養育者を優先すべき場合もある。

⑥　兄弟姉妹不分離の原則

独立した原則ではないものの、総合判断の中で考慮される。

⑦　その他

例えば、面会交流の拒否や、不貞行為の存在等は、それにより子にとって好ましくない影響を与えるものであれば、考慮要素となる。

(4) **不服申立て**

子の監護者指定の審判及びその申立てを却下する審判については、即時抗告をすることができる（家事事件手続法156条4号）。

28　私見であるが、依頼者が同居親である場合、依頼者から、「子供に決めてもらう」、「子に手紙を書かせる（それを裁判所に提出してほしい）」などと言われる場合がある。しかし、筆者の経験上、そのような対応については、家庭裁判所調査官からは、「子に決断を迫るようなことはさせるべきではない」として否定的な反応をされることが多い。

29　その趣旨は、現在の監護の継続性のみを重視すると、父母間で子の奪い合いを助長しかねないという点にある。

Ⅱ　監護権

3　審判前の保全処分

(1)　はじめに

　子の監護に関する処分についての調停・審判の申立てがあった場合、父又は母は、審判前の保全処分（家事事件手続法157条1項3号）として、仮の監護者の指定を求めることができる。

　申立人が監護親（同居親）である場合、非監護親（別居親）による子の連れ去りのおそれがある場合などに、この保全処分を申し立てることがある。

　他方、申立人が非監護親（別居親）の場合、子の仮の引渡しと併合して申し立てるのが通常である。この場合、非監護親（別居親）としては、仮の監護者となり、子の仮の引渡しを求めることになる。

(2)　審理の対象

　一般の保全処分と同様、①被保全権利の存在と②保全の必要性が審理の対象となる。

(3)　判断基準

　前記**2**(3)と同様である。

　もっとも、理論上は、緊急性及び暫定性という保全処分の性質から、裁判所の心証としては「疎明」で足りる（家事事件手続法109条1項）。

(4)　不服申立て

　審判前の保全処分及びその申立てを却下する審判に対しては、即時抗告をすることができる（家事事件手続法110条）。

　ただし、審判前の保全処分に対する即時抗告には、当然には執行を停止する効力はない（家事事件手続法111条1項参照）。

(5)　審判前の保全処分の内容及び効力発生始期

　審判前の保全処分は、その内容に従って形成力又は執行力を有する。

　また、審判前の保全処分は、その緊急の必要性から、その審判を受ける者

に対して告知することにより、直ちに効力を生じる（家事事件手続法109条2項、74条2項）。

4 補論：子の引渡し

(1) はじめに
離婚前別居の夫婦間において、非監護親（別居親）が、監護親（同居親）に対し、子の引渡しを求めるものである（民法766条2項類推適用）。

(2) 子の引渡しの調停・審判[30]
審理の内容については、基本的には、子の監護者の指定の調停・審判と同様である。

(3) 審判前の保全処分
審判前の保全処分（家事事件手続法157条1項3号）として、子の仮の引渡しを求めるものである。

もっとも、引渡しの強制執行は子にダメージを与えるものであることから、「仮」にすぎない引渡しを安易に認めるべきではないとされる[31]。

この点については、被保全権利について本案審判と同レベルの存在を必要とする見解や保全の必要性を厳格に解する見解がある。

なお、子の仮の引渡しを命じる審判が債権者に送達された日から2週間を経過したときは、その執行をすることができなくなる点に注意が必要である（家事事件手続法109条3項、民事保全法43条2項）。

---

30 非監護親は、監護親を相手方として、子の引渡しの調停・審判によらず、人身保護法2条（人身保護請求）に基づいて、地方裁判所に子の引渡しの請求をすることもできる。

しかし、人身保護請求による子の引渡しが認められるのは、拘束者が子を監護することが子の幸福に反することが明白である場合に限られる（いわゆる「明白性の原則」。最判平成5・10・19民集47巻8号5099頁〔25000058〕、最判平成6・4・26民集48巻3号992頁〔27818791〕参照）。

31 前掲注26・岡口184頁以下参照。

(4) 違法な監護の開始の場合[32]

例えば、非監護親が、監護親から子を奪取して自らのもとで監護を開始した場合や、面会交流後に監護親に子を戻すことなくそのまま自ら監護を継続した場合など、違法に監護を開始した場合、子の引渡しの判断において、いかなる考慮がされるのかが問題となる。

この点については、近時、監護開始の違法性が強い場合には、違法な監護を開始した者に対して厳しい態度をとる裁判例が多いとされる。

①子の仮の引渡し（審判前の保全処分）と本案である子の引渡しとで判断基準を区別し、前者では監護の開始が違法であることを理由に子の仮の引渡しを認めたうえで、後者では比較衡量基準により判断するとした裁判例（東京高決平成20・12・18家裁月報61巻7号59頁〔28151769〕）、②違法な監護開始が監護者としての適格性を疑わせる事情に当たるとして、形式上は比較衡量基準を採りつつも、結論としては子の引渡しを肯定する裁判例（大阪高決平成17・6・22家裁月報58巻4号93頁〔28110829〕）、③現状容認では違法行為の追認になりかねないとして、特段の事情のない限り、端的に違法な監護開始を理由に、子の引渡しを認める裁判例（東京高決平成17・6・28家裁月報58巻4号105頁〔28110831〕）などがある。

(5) 子の引渡しの強制執行

子の引渡しに係る強制執行については、間接強制又は直接強制をすることができる（民事執行法174条1項）。

もっとも、子の心身に与える負担をできる限り小さくするため、間接強制による方法が優先される（民事執行法174条2項）。

他方で、次の場合には、子の引渡しについて直接強制が認められる（民事執行法174条2項参照）。

① 間接強制を命じる決定が確定してから2週間が経過したとき
② 間接強制を実施しても債務者が子の監護を解く見込みがないとき
③ 子の差し迫った危険を防止するために直ちに直接的な強制執行をする

---

32 前掲注26・岡口189頁以下参照。

第1編　第3章　離婚前の関係

　必要があるとき

 面会交流

　離婚前の面会交流については、従前明文の規定がなかったが、判例は民法766条を類推適用するものとしてきた（最決平成12・5・1民集54巻5号1607頁〔28050871〕参照）。令和6年5月24日法律33号による改正後の民法817条の13は、離婚前の面会交流について、協議離婚及び裁判上の離婚の場合と同様の規定を置いたので、類推適用の必要はなくなった。具体的な内容は、第4章Ⅲ**4**を参照されたい。

> **経験談⑪　面会交流の実施について**
>
> 　離婚調停事件において、離婚すること自体について合意はできていても、面会交流をめぐって当事者双方の意見が合わず調停がまとまらないことが多々あるかと思います。この場合、裁判所が間に入ることで、ひとまず手紙のやりとりを行うといった間接交流から、具体的な頻度、回数、具体的なスケジュールといったところまで細かく取り決めることによる直接交流をはじめから試みていくこともあるかと思います。もっとも、面会交流をどのように実施するかというところで当事者に心配や不安、すなわち実現可能性に不透明さがあると調停成立の障害となるかと思います。このような場合に面会交流の実現、調停成立へ向けて当事者の理解を得るという意味で、代理人弁護士がフォローをすることが有意義な場合があると思います。
>
> 　この例として、弁護士になり家事事件を担当するようになったばかりの頃ですが、私の依頼者が妻、子が1人という事案で、相手方である夫が詳細な内容を事前に取り決めたうえでの面会交流を求めた事案がありました。妻は既に実家のある地方に子を連れて引っ越していました。そのた

め、面会交流の場所、面会時間、一泊させるかどうかなど不安が尽きず、なかなか成立に至りませんでした。

　このような状況で、代理人弁護士が、面会交流中、終始監視する状況下で、立ち会うという条件であれば面会交流を可能とする案が当事者双方から受け入れられました。もっとも、夫側の代理人弁護士は立ち会いができないということでした。そこで、休日に、妻の実家のある地方都市から近い新幹線で行ける場所の地方のショッピングセンターにて待ち合わせを行い、同場所で、3時間、面会交流を行うこととなりました。また、その際には、妻側の代理人弁護士である私が、遠目から監視し立ち会うという形で行いました。当事者の希望ということもありましたが、子にはそのような状況にあることは悟られないように配慮することも事実上必要であるとされたため、細心の注意をもって終始、ショッピングモールで見守ることとしました。結局、このような形で実施する面会交流を2か月に1回程度の頻度で実施しました。この間、夫と会う子自体については、問題もなく面会をすることができました。

　弁護士には警察権などもなくどこまで面会交流に関与するかということは難しい判断かと思います。もっとも、弁護士が事実上の行為によりフォローを入れることで、うまくまとまる場合もあり、弁護士としての役割を考えさせられる事案でありました。

Ⅳ 同居請求・別居調停

1 同居請求

(1) 夫婦の同居義務

「夫婦は同居し、互いに協力し扶助しなければならない」(民法752条)。

夫婦の同居義務は、婚姻の成立とともに発生し、婚姻の解消まで存続する[33]。

夫婦における同居義務は、協力及び扶助の義務とともに、夫婦関係の本質的義務である。そのため、本条に反する当事者の合意(例えば、「無期限に別居する。」という合意)は、無効である(民法752条の強行法規性)。

(2) 同居請求と裁判例：認容・却下の基準(婚姻破綻後の場合)

夫婦の一方が正当な理由なく同居を拒否したときは、他方は、家庭裁判所に対して同居の調停及び審判を申し立てることができる[34](家事事件手続法39条、244条、別表第二１項)。

同居請求がされる事案の多くは、既に婚姻関係が破綻しており、そのために別居が継続しているという場合である。

裁判例の傾向としては、①別居することに正当な事由がある場合には、同居請求には正当な事由がなく権利の濫用に当たるとして却下されることが多く、②他方で、別居に正当な事由がない場合には、同居請求には正当な事由があるとして認容されやすいが、③婚姻関係の破綻の程度が著しく、同居を

---

33 一時的な別居中はもとより、婚姻関係が破綻し、離婚事件として進行中の別居の場合も「同居義務」自体は存続する(青山道夫=有地亨編『新版注釈民法㉑親族(1)〈復刊版〉』有斐閣(1989年)〔黒木三郎〕359頁)。
34 同居審判の合憲性については、最大決昭和40・6・30民集19巻4号1089頁〔27001291〕。

命じても意味がない場合には、結局、請求は却下されることが多いとされる[35]。

(3) 履行の確保

同居を命じる調停・審判については、義務者の自由意思が尊重されるべきであり、公権力による強制にはなじまない性質のものであるとして、直接強制も間接強制もできないと解されている[36]。

そのため、同居を求める当事者としては、家庭裁判所の履行勧告手続（家事事件手続法289条）等により、義務者に対して任意の履行を促すことができるにとどまる。

もっとも、悪意による同居義務の不履行は、「悪意の遺棄」（民法770条1項2号）又は「婚姻を継続し難い重大な事由」（同項5号）として離婚原因となる。また、同居義務違反によって生じた損害[37]に対する賠償責任も生じる。

2 別居調停

上記のとおり、現行民法は夫婦の同居義務を規定する一方、「別居制度」を認めていない。そのため、上記の同居請求の調停・審判と同じ意味での「別居請求（の調停・審判）」は認められていない。

もっとも、例えば、夫婦関係調整（離婚）の調停において、申立人は離婚を希望し、相手方は同居（関係修復）を希望しているが、互いの意見が平行線をたどり、調停成立の見込みがないという場合、単に調停不成立とせずに「当分の間、別居する。」という内容の調停を成立させることがある[38]。裁判

---

35 同居請求に関する裁判例を含め、梶村太市『最新民法親族編逐条解説』テイハン（2021年）104-105頁参照。
36 大決昭和5・9・30民集9巻926頁〔27510526〕。
37 この「損害」については、精神的損害に対する慰謝料が典型例と思われる。また、別居により通常必要とされる生活費よりも多額の支出が生じた場合には、その増加分を損害とみる余地もあろう。もっとも、この場合には、婚姻費用の問題として処理すべきとの考えもあり得るものと思われる。

実務上、これを「別居調停」と呼ぶことがある。つまり、離婚と同居（関係修復）との間の中間的な合意をすることにより、夫婦相互に熟慮期間（ないし冷却期間）を設けるための技術的な解決策である。

ただし、夫婦には同居義務があることから、別居期間は永久ではなく、一定期間に限られる。他方で、どの程度の別居期間が相当であるかは夫婦によって様々であるから、実務上は、上記のように「当分の間」とされるのが一般的である。

なお、別居調停を成立させる場合には、婚姻費用の分担、夫婦間に未成年の子がいる場合には、その監護者や面会交流に関する取決めも同時にすることが多い。

> **経験談⑫　別居の仕方相談**
>
> 　離婚の相談を受ける際に、まず、別居の仕方から相談を受けることがあります。
> 　つまり「出て行くときは、どうすればよいのですか？」というご相談です。
> Q「やっぱり、書き置きは、するのですか？」
> A「昔は書き置きでしたが、今はLINEが多いかもしれません」
> Q「離婚届は置いていくのでしょうか？」
> A「試しに置いていってみてください。書いて、提出してくれれば、ラッキーですから」
> Q「子供は連れて行く方がよいのですか？」
> A「親権を取りたいなら、当たり前です」
> Q「引っ越し屋さんは私が手配するのですか？」
> A「荷物が多いんですか？　それなら手配する方がよいかもしれませんが、ほかに誰も手配してくれませんよ」
> Q「連絡先として、先生の事務所や電話番号を伝えてもよいのでしょう

38　条項例については、例えば、梶村太市『離婚調停ガイドブック――当事者のニーズに応える〈第4版〉』日本加除出版（2013年）298頁以下参照。

第1編　第3章　離婚前の関係

　　　か？」
A「はい、伝えていただいて結構です」
Q「やっぱり、平日の昼間の方がよいですよね。仕事に行っている間とか」
A「そうでしょうね。その方がトラブルにはなりにくいでしょうから」
等々です。
　これらのやりとりは、面談の際にすることもあれば、最近は、受任後にメールでやりとりすることも増えてきました。
　ところが、ある事件で、このメールのやりとりが、なぜか相手方の証拠として提出されたことがありました。
　メールのログインパスワードなどがバレてしまっていて、全部、相手方本人に筒抜けだったのです。
　私は苦笑いするしかありませんでした。
　以来、メールでやりとりする前に、「パスワードはバレていませんか？　もし、その可能性があるなら、早めにパスワードを変更しておいてくださいね」とお伝えするようになりました。

経験談⑬　夫婦の同居義務

　妻が父親から相続した戸建て住宅に、夫婦と2人の子供で同居していましたが、夫のモラルハラスメントに耐えかねて、妻は子供たちを連れて家を出、別に借りたアパートに転居し、離婚訴訟を提起しました。離婚調停は数年前に申し立てましたが、夫が調停委員や裁判官にくってかかって話合いに応じなかったため、不成立となっていました。
　妻は、会社員でそれなりの収入もありましたが、2人の子どもの養育とアパートの賃料負担等があり、ギリギリの生活状態でした。夫は、妻が勝手に家を出たのだからと、妻名義の自宅にひとり居座り、婚姻費用も全く支払いませんでした。妻は、自己名義の戸建て住宅を売却すれば、その売却代金で少しは生活が安定すると考え、夫に対し、所有権に基づき、建物明渡訴訟を提起しました。これに対し、夫は、夫婦の同居義務があるの

に、妻は勝手に家を出たのであるから、明渡しを請求するのは権利濫用であると争いました。一審の簡易裁判所は、夫の主張を容れて妻の請求を棄却しました。離婚が確定していないので、夫婦同居義務があるというのが、その理由でした。

　妻は、地方裁判所に控訴し、既に別居し、離婚訴訟も提起し、建物明渡請求もしているのであるから、夫婦関係が破綻していることは明らかであり、権利濫用の主張は当たらないと主張しました。控訴審では妻側の主張が認められ、夫に対し建物明渡しと明渡しまでの使用料相当損害金の支払が命じられました。ところが、夫は、これを不服として高等裁判所に上告し、これが棄却されると最高裁判所に特別抗告を申し立てました。これが退けられても、夫は任意に明渡しをしませんでした。やむなく妻は建物明渡しの強制執行を申し立て、夫を強制的に退去させました。簡易裁判所に提訴してから既に3年が経過していました。強制執行にも100万円以上の費用が必要となり、妻の生活はいっそう厳しいものになりました。

　「離婚が確定していないから、夫婦同居義務があるので、明渡請求は権利濫用である」という、いかにも形式論理的な簡易裁判所判決がなかったなら、妻はもっと早く窮状から脱することができたのにと思わずにはいられない事件でした。

経験談⑭　財産分与の件

　夫側に長期間にわたる不貞行為や経済的ネグレクト、モラハラ及びDV等があるフルコースな事案だったのですが、妻として母として、子どもたちが独立するまでは、とガマンなさっていた妻側からのご相談・ご依頼でした。

　もともと、以前に別件でご相談を受けたことがある方だったのですが、子どもたちが独立し、ご夫婦双方の親からの相続も終わり、奥さんの方に精神的にも経済的にも余裕もできたので、別居に踏み切って、さあ離婚の相談に行こう、と思っていた矢先に、新型コロナ禍での緊急事態宣言が発

せられて、2年間そのままになってしまい、別居から2年以上経ってからご連絡いただいたという経緯がありました。

妻側から離婚調停を申し立てるとともに、不貞行為が原因で婚姻関係が破壊されたことを理由とする慰謝料請求及び財産分与の請求もしました。

不貞行為については、不貞行為を伴う事件にありがちなのですが「なぜ、こんな写真を、しかも、こんなに多数の写真を残したんだろう？ しかも、自宅に」というほど証拠が確保されており、妻が発見して持ち出していました。相手方が争ってきたら証拠として提出しようと考えていたのですが、先行して行った詳細な主張に対して、相手方が争ってきませんでしたので、提出しないままでした。

しかし、財産分与の方は、本来なら別居前に証拠収集していただきたかったのですが、それもなく、しかも、別居から2年も間が空いてしまったので、財産分与の対象となる共有財産の所在、特に金融資産についての資料がなく、記憶も曖昧になってしまっていました。しかし、同居当時の収入の資料（源泉徴収票等）等はありましたので、少なくともこれだけは資産があるはずだ、金融資産の資料を開示せよ、という主張をしていました。これに対して、相手方である夫は、当初は、資料開示はもちろん、財産分与も渋っていました。

ところが、ある期日で、なぜか夫の態度が突然180度変わり、「金融資産はない。しかし、現金なら○千万円ある。この半分を分与してもよい。慰謝料と合わせて、これで解決してほしい」と調停委員に伝えてきました。その金額は、依頼者であった妻としても、許容範囲内だったので、基本的には同意する方向だったのですが、依頼者である妻が思わず「そんな現金、どこに隠してたんですか？」と調停委員に質問しました。確かに、それだけの現金が自宅にあれば、目に付かないはずがない、という金額でした。これに対する相手方の回答は「自宅にある。妻がわからないように、ずっと隠し持っていた」というものでした。

依頼者である妻としては、ほぼ毎日、家の中を隅から隅まで掃除、片付け等していたことから、不貞行為の証拠も過去の源泉徴収票等も多数発見できたという経緯がありましたので、「そんな多額の現金が家に？ そんなはずはないです」とも仰っていましたが、他に隠匿していた可能性があ

る場所の心当たりもなく、夫の性格からして誰かに預けていたはずもなく、金融機関に預けるなどしていた証拠がなかったこととも整合する話ではありました。

　そして、調停委員からも「まあ、支払いますと仰っているのですから」というまとめがあり、調停成立し、無事に支払も行われて終わりました。

第4章

離　婚

離婚手続

1 協議離婚

　離婚の方法として、民法763条には、「夫婦は、その協議で、離婚をすることができる。」と定められており、夫婦間で離婚の合意が成立すれば離婚することができる。この協議離婚の方法によれば、届出は必要であるものの、裁判手続等を経ずとも離婚が可能となる。

　協議離婚の要件としては、離婚の意思が必要であるほか、民法764条の準用する同法739条により戸籍法の定めによる届出が必要となる。離婚の意思の考え方については、夫婦共同生活の実体を解消することに向けられた意思とする実質的意思説、法律上の婚姻関係を解消する意思とする形式的意思説がある。判例をみると、仮装婚姻の場合には実質的意思説を採って婚姻を無効とする一方で（最判昭和44・10・31民集23巻10号1894頁〔27000777〕）、生活保護の受給を継続するために離婚届を出した仮装離婚の場合に形式的意思説を採って離婚を有効としている（最判昭和57・3・26裁判集民135号449頁〔27452633〕）。届出については、戸籍法76条、同法77条の準用する同法63条により、協議離婚の場合には、離婚をしようとする夫婦が離婚届を作成し、届出人の本籍地又は所在地の市役所、区役所又は町村役場に届け出ることとなる。この届出の際には、届出人の本人確認のために運転免許証等を持参する必要がある。なお、夫婦の一方が他方の意思に反して離婚届を出すケースがあるが、形式的な要件が充足された離婚届であれば実質審査を経ることなく受理されてしまうことから、離婚届をめぐるトラブルを防ぐため不受理申出制度[1]が利用できる。

1　不受理申出制度とは、事前に届不受理の申出をしておくと、相手方からなされた離婚届などが受理されない仕組みになる制度をいう。

協議離婚は上記のように離婚届を出すことが求められるが、慰謝料、財産分与、親権あるいは養育費等の離婚条件について、口頭の約束だけでは反故にされる可能性もあることから、協議離婚合意書や離婚公正証書の作成を検討することが望ましい。なお、協議離婚合意書を作成する場合に入れるべき条項は、基本的には調停条項と大きな違いはないが、執行文言付公正証書を作成することの合意等の条項を入れることで、公正証書の作成によりこれを債務名義として強制執行が可能となるので、必要に応じて検討されたい。

2 調停離婚

(1) 調停前置主義

夫婦間の協議により離婚の合意が成立しなかった場合には、直ちに家庭裁判所に離婚訴訟を提起するのではなく、まずは調停を申し立てることになる（家事事件手続法257条1項）。これを調停前置主義という。

(2) 申立て

家事調停の申立ては、当事者及び法定代理人、申立ての趣旨及び理由を記載した申立書を家庭裁判所に提出してしなければならない（家事事件手続法255条1項、2項）。手続費用は原則として当事者各自の負担であり（同法28条1項）、申立手数料は1件につき1200円である（民事訴訟費用等に関する法律3条1項、別表第一15の2項）。また、予納郵券は東京では現在1240円だが（予納郵便切手一覧表〈令和6年10月版〉[2]）、家庭裁判所によって異なることや変更の可能性もあることから、管轄裁判所のHPで確認する必要がある。依頼者が相手方に住所等を知られたくない場合もあることから、申立書には、相手方に知られても問題ない住所を記載し、電話番号を記載しないといった対応が必要となる。また、DV等の当事者又はその法定代理人が、被告・相手方等に自らの住所又は氏名等が知られることによって、社会生活

---

[2] 東京家庭裁判所HP
https://www.courts.go.jp/tokyo-f/vc-files/tokyo-f/01NEW/kaji/a01_yukenR051001.pdf

を営むのに著しい支障を生ずるおそれがあると認められるときは、当事者等の申立てにより、裁判所は秘匿決定をすることができるので、依頼人の状況によっては活用を検討することが望ましい[3]。秘匿制度の概要や書式は裁判所HPに掲載されているので参照されたい[4]。また、家事調停の申立書をはじめとする書式は東京家庭裁判所のHPにあるので参照されたい[5]。このほかに、添付書類として、夫婦の戸籍謄本（全部事項証明書）が必要となる。

(3) 調停の進行

　家事調停では本人が出頭することが原則であり、やむを得ない事由があるときは、代理人を出頭させることができるとされている（家事事件手続法258条1項、51条2項）。当事者が遠隔の地に居住しているときその他相当と認めるときは、当事者の意見を聴いてウェブ会議や電話会議システム等の方法で調停手続期日を行うこともでき（同法258条1項、54条1項）、これにより手続に関与した者は当該期日に出頭したものとみなされる（同法258条1項、54条2項）。ただし、この期日において、離婚の調停を成立させることはできない点には注意が必要である（同法268条3項）。家事事件のウェブ会議（同法258条1項、54条）については、東京・大阪・名古屋・福岡の各家庭裁判所において令和3年12月頃から実際の調停事件での運用の試行が始まったのを皮切りに、当事者がウェブ会議により口頭弁論期日に参加する仕組みが導入されつつあるが[6]、人事訴訟・家事調停におけるウェブ会議を利用した離婚・離縁の和解・調停の成立、合意に相当する審判の成立についても今後予定されている[7]。家事調停手続におけるウェブ会議の操作マニュア

---

[3] 裁判所HP
　https://www.courts.go.jp/saiban/syurui/syurui_kazi/hitokuseido/index.html
[4] 裁判所HP
　https://www.courts.go.jp/nagano/saiban/l3/vcmsFolder_1930/index.html
[5] 東京家庭裁判所HP
　https://www.courts.go.jp/tokyo-f/saiban/tetuzuki/syosiki02/index.html
[6] 永井尚子「調停制度　更なる発展　現場での実践（家事調停）」判例タイムズ1499号（2022年）52頁。
[7] 法務省HP
　https://www.moj.go.jp/content/001414208.pdf

ルは裁判所HPを参照されたい[8]。ウェブ会議の利用には、当事者の出頭負担の軽減等の利点があるが、対面、電話会議等の他の方法との使い分けを踏まえ、事案を適切に選別し、効果的な活用をすることが望ましい。例えば、当事者が直接言葉を交わし、細やかな非言語的情報を交換することが効果的であるときは、対面による調停が適している。他方、出頭が困難又は安心して出頭できない場合には、ウェブ会議による調停を行うことが考えられる[9]。

調停に必要な事実の調査や資料の収集をするための手段として、調停委員会の決議により、裁判官は事実の調査及び証拠調べをすることができ（同法261条1項）、調停委員は事実の調査をすることができる（同法262条）。ただし、当然に事実の調査によるというのではなく、基本的には当事者の主張立証によるべきであって、事実の調査はいわば補充的な位置付けであるとされている[10]。事実の調査としては、当事者等の意見の聴取や鑑定が行われることもある。また、必要な調査を官庁、公署その他適当と認める者に嘱託し、又は銀行、信託会社、関係人の使用者その他の者に対し関係人の預金、信託財産、収入その他の事項に関して必要な報告を求めることや（同法258条1項、62条）、家庭裁判所調査官に事実の調査をさせることもできる（同法258条1項、58条）。事実の調査が行われる場合は、典型的には子の意向聴取の場面であるが[11]、他にも、親権者の指定で当事者の精神疾患等が争点になっているケースであれば鑑定を行うことがあり、また、親権や面会交流等が争点になっているケースでは家庭裁判所調査官により子の状況等の調査が実施される[12]。そして、事実の調査をした場合において、その結果が当事者による家事審判の手続の追行に重要な変更を生じ得るものと認めるときは、家庭裁判所から当事者及び利害関係参加人に通知され（同法63条）、調査官調査

---

8 裁判所HP
https://www.courts.go.jp/saiban/syurui/syurui_kazi/kazi_03/webexmanual/index.html
9 前掲注6・永井53、54頁。
10 小河原寧編著『人事訴訟の審理の実情〈第2版〉』判例タイムズ社（2023年）37頁。
11 前掲注10・小河原編著37頁。
12 東京家事事件研究会編『家事事件・人事訴訟事件の実務〜家事事件手続法の趣旨を踏まえて〜』法曹会（2015年）53、54頁。

報告書は調停において実際には重要な証拠資料となる。

(4) 調停の終了
　調停の終了には、調停の成立、調停の不成立、調停しない措置、調停申立ての取下げ等の終了原因がある。
　まず、調停において当事者間に合意が成立し、これを調書に記載したときは、調停が成立する（家事事件手続法268条1項）。なお、調停の一部について調停を成立させることもできる（同条2項）。電話会議システム等による調停手続期日で調停を成立させることができる場合があるが（同法258条1項、54条1項）、上記(3)で述べたとおり、離婚調停に関してはこの限りでない点に注意を要する（同法268条3項）。また、同法270条1項の調停条項案の書面による受諾についても、離婚調停の場合は用いることができない（同条2項）。
　調停が成立しない場合としては、まず、当事者間に合意が成立する見込みがない場合又は成立した合意が相当でないと認める場合、調停委員会は、調停不成立として調停事件を終了させることができる（同法272条1項）。また、調停委員会は、事件が性質上調停を行うのに適当でないと認めるとき、又は当事者が不当な目的でみだりに調停の申立てをしたと認めるときは、調停をしないものとして、家事調停事件を終了させることができる（同法271条）。さらに、調停事件が終了するまで、調停の申立ての全部又は一部を取り下げることもできる（同法273条1項）。ただし、合意に相当する審判がされた後の取下げは相手方の同意が必要であり（同法278条）、調停に代わる審判がなされた後の取下げはすることができない（同法285条1項）。なお、調停が取下げにより終了した後に訴訟を提起することは、上記(1)で述べた調停前置の要請を満たしているのかという問題があるが、取下げ前の調停で実質的な調停活動が行われている場合には調停前置の要請は満たされていると解すべきであり、実務もそのように運用されている[13]。

13　東京弁護士会法友全期会家族法研究会編『離婚・離縁事件実務マニュアル〈第4版〉』ぎょうせい（2022年）16頁。

I　離婚手続

(5)　調停の成立後

　調停が成立した場合、調停調書は確定判決と同一の効力を有する（家事事件手続法268条1項）。調停で定められた義務が履行されない場合には、民事執行法上の強制執行のほかに、裁判所による履行勧告（同法289条）や履行命令（同法290条）等の手段をもって履行を求めることとなる。申立人は、調停成立の日から10日以内に離婚調停調書の謄本を添付して、市区町村長に対し離婚届を提出しなければならない（戸籍法77条、63条1項）。正当な理由なくこれを怠ると5万円以下の過料の制裁がある（同法137条）。申立人がこれを提出しない場合には、相手方が届け出ることもできる（同法77条、63条2項）。なお、これらの手続は調停離婚成立を戸籍に反映させるための手続であり、届出によって離婚の効力が生じる協議離婚とは異なる点に注意が必要である。

> ### 経験談⑮　依頼者の気持ち
>
> 　知人の男性から離婚の相談を受けたのは、私が弁護士になって3年目のことです。
> 　その方は私よりもかなり年上でしたが、妻と離婚したいということで私を頼ってきてくれました。
> 　離婚の原因はいわゆる性格の不一致です。頻繁に喧嘩をするようになり、ある日、妻が息子を置いて出て行ったことをきっかけにして離婚に踏み切ろうと思ったとのことでした。
> 　息子さんも既に10代後半で「離婚しても構わない」という意見だったということでしたので、早々に離婚調停の申立てを行うことになりました。
> 　調停において、妻側からは、離婚自体に応じないという回答がされました。とはいえ、自宅から出て行ったのは妻側です。私も依頼者も、有利な条件を引き出すための作戦かととらえ、離婚条件についての協議を繰り返し、いくつかの条件を提示していきました。
> 　妻側は代理人をつけていなかったということもあってか、調停は結構な回数の期日を重ねましたが、妻側の回答はいつも同じで、具体的な条件に

ついての話が進みません。やがて依頼者からは「先生、これでいいんですよね」という不安な声も出るようになりましたが、私も妻側の求める離婚条件がわからず、調停の進行は難航しました。
　結局、協議は調わず、調停は不成立となって終了致しました。
　私は裁判を見据えて準備を進めていましたが、調停不成立からしばらくして、依頼者から「待った」の連絡が来ました。調停終結後、依頼者が体調を崩して寝込んでいたとき、息子が妻を連れて帰ってきたというのです。そして家族会議を行った結果、もう一度やり直してみようという結論に至ったとのことでした。
　実は依頼者も調停の途中から離婚自体に迷いが出ていたようでしたが、どうすればよいのかよくわからなくなってしまっていたとのことでした。私が行うべきは、単に離婚の条件ばかりを考えることではなく、依頼者の気持ちを確認して、依頼者とともに悩み考えることだったのだと思います。離婚の依頼を受けた以上は離婚を成立させることが正しいと思い込んでいた私にとっては、大きな勉強になった一件でした。

3　審判離婚

(1)　**審判離婚について**

　裁判所における離婚手続は、上記 2(1)で述べたとおり、調停前置主義が採用されており、まず家庭裁判所に対する調停申立てがなされ、当該調停が不成立となった場合に離婚訴訟が提起されることとなる。しかし、調停不成立の場合でも、主な事項は合意できている等の理由で、改めて離婚訴訟を提起させるのではなく、調停手続の内容を生かして調停に代わる審判をする方が合理的なケースもあることから、家庭裁判所が職権で行う調停に代わる審判が用いられることがある（家事事件手続法284条）。離婚そのものについては審判の申立てはできないため、審判によって離婚が成立する場合はこの調停に代わる審判が利用される場合と考えてよい。例えば、当事者間で合意による解決の内容について協議が調ったが、本人の出頭が困難で、出頭しない本

人について選任された訴訟代理人も遠隔地にいて出頭困難といった事例では、調停に代わる審判が用いられる[14]。

(2) **申立て**

上記(1)のとおりなので、当事者が審判離婚の申立てをするということは想定されない。なお、調停に代わる審判は、審判日から2週間以内に異議申立てがあると効力を失う（家事事件手続法286条、279条）。

(3) **調停に代わる審判後**

調停に代わる審判（家事事件手続法284条）については、適法な異議の申立てがないとき、又は異議の申立てを却下する審判が確定したときは、別表第二に掲げる事項についての調停に代わる審判は確定した同法39条の規定による審判と同一の効力を、その余の調停に代わる審判は確定判決と同一の効力を有する（同法287条）。審判で定められた義務が履行されない場合には、民事執行法上の強制執行のほかに、裁判所による履行勧告（同法289条）や履行命令（同法290条）等の手段によって履行を求めることとなる。

---

14 前掲注10・小河原編著45頁。なお、令和7年3月1日から、ウェブ会議によって離婚調停等を成立させることが可能になった（家事事件手続法268条3項）。

> **経験談⑯　離婚調停において調停に代わる審判がなされた事例**

1　私の依頼者は外国人でした。依頼者は日本人の配偶者（以下、「А」といいます）と米国での留学中に知り合い、米国で結婚し、Аが帰国するに当たって、一緒に来日し、日本でも婚姻の届出を行いました。しかし、約3年後、Аの不貞行為により、依頼者とАとの婚姻関係は破綻しました。
2　依頼者は、不貞行為の相手方（以下、「В」といいます）への責任追及を優先したいと考えていたので、私は、まず、Вへの慰謝料請求事件を受任することになりました。Вは、不貞の事実を認めており、Вから慰謝料が支払われましたが、依頼者は、Аと離婚するつもりはないようでした。
3　ところが、АとВの関係は終わっておらず、Аから離婚調停が申し立てられたのです。当初、私は依頼者の意思に沿って、有責配偶者であるАからの離婚請求は認められないとの主張をしました。しかし、他方で、依頼者は不貞を続けるАとの関係を断ち切って、新しい生活を送った方がよいのではないか、とも考えているようでした。ただ、外国人である依頼者は、日本で生活していく場合、在留資格が必要で、離婚すると配偶者ビザの更新ができなくなるため、日本で生活するのか、母国に帰国するのか、他の国で新たに生活するのか、いろいろな選択肢を検討していました。

　調停では、申立人であるАから、ある程度の慰謝料を支払うので、離婚に応じてほしい、とのことで金額の提示もなされました。調停委員の尽力もあって、相当といえる金額の提示があったので、依頼者は、離婚を前提に自分の選択肢を検討するようになりました。
4　最終的に、依頼者は、離婚して、他の国に新たに留学することを決め、そのことについては、Аも理解したうえで、留学ビザの申請についても協力してくれました。ただ、留学ビザの発給については、まずはビザなしで渡航し、現地でビザの発給を待たなくてはいけないということで、依頼者は、ビザの発給までは離婚することはできない、と強く主張しました。

依頼者もAも、金銭等の条件面についてはほぼ納得していたので、残された問題は離婚の時期とその方法ということになりました。

　Aは、Bとの関係もあって早期の離婚を希望していたのですが、Aに代理人が就いていましたので、私からは、ある程度時間をおいて依頼者の渡航後に代理人のみ出頭で調停を成立させることを調停委員に提案しました。Aの代理人に対しては、このまま、何の約束もなく、私の依頼者が他の国に渡航してしまえば、離婚はさらに難しくなるので、少し時間はおくことになっても、それが早期解決につながるのではないか、とAの説得をお願いしました。

　裁判官からは、依頼者本人の出頭がなければ調停成立にはできないので、条件面で合意ができているのであれば、依頼者が渡航した後、少し時間をおいて、代理人のみの出頭で、調停に代わる審判を行いたいとの提案がありました。

　Aも、裁判官からの提案ということもあり、審判での離婚に同意してくれましたが、どちらかが審判に対して異議を申し立てると、審判の効力が失われてしまうので、審判が出たら速やかに双方異議申立権の放棄を行うことを約束してほしい、とのことでした。依頼者もこの点は同意していたので、依頼者が渡航した後、調停に代わる審判で離婚し、お互いに異議申立権は放棄する、ということで合意ができました。

5　その後、依頼者は、無事に渡航し、留学ビザの発給を得て、留学生活をスタートさせました。

　そして、合意したとおり、調停に代わる審判がなされて、依頼者とAは離婚し、異議申立権は双方放棄しましたので、速やかに審判が確定しました。

6　調停に代わる審判がなされる事案は多くないと思いますが、この事案では、依頼者の意向を裁判官が理解してくれて、タイミングよく提案がなされたので、結果的には早期解決につながったように思います。

経験談⑰　台風で調停に代わる審判になった話

　地方の離婚事件を受任した際のお話です。
　顧問先の東京の社長さんからご紹介をいただき、東京から片道4時間以上かかる地域に住まわれているご夫妻の離婚事件を担当しました。
　依頼者いわく、地元はいろいろとしがらみがあるため、東京の弁護士を探していたとのことでした。現地に行く場合には丸一日を費やすことになりますので、交通費に加え、それなりの出張費が発生するとご説明し、もう少し近場の弁護士へ相談することも提案しましたが、構わないからぜひ依頼したいと言われました。
　まずは任意交渉を行いましたが、まとまらず調停手続となりました。出張費が嵩むとご負担になると思い、まずは電話会議で期日に出席し、和解の重要な局面になったら裁判所に出頭するという方針を立てました。様々な争点があり難航していた時期もありましたが、結局は電話会議だけで離婚の条件をまとめられました。
　離婚調停成立の期日は、双方の当事者本人が裁判所に出頭する必要があります。依頼者と一緒に出頭するため、最後の調停成立の期日になって、いよいよ私が現地出張に行くことになりました。
　「手続がそのようになっているため、出張費が発生するのは仕方がないことなんです」と依頼者に説明し、ご了承をいただきましたが、実は内心では、期日が終了した後の時間で、現地の温泉と食事を堪能しようと楽しみにしておりました。
　しかし、私の企みが天から見透かされていたのか、調停期日の前日に大規模な台風が上陸して新幹線が止まり、裁判所に行けなくなりました。その結果、当事者が不出頭でも可能な、調停に代わる審判で対応することになってしまいました。一度も現地に行かないまま離婚事件が終了したため、無事離婚が成立し安心した反面、期待していた温泉がお預けになり残念な気持ちが残る結果になりました。
　なお、その後、同じ依頼者から別の事件のご依頼をいただき、その事件の現地調査を終えた日の夜に存分に地元の美味しい食事と温泉を楽しんだのは、また別の話です。

4 判決離婚—人事訴訟手続[15]

(1) 離婚調停と離婚訴訟の関係

離婚訴訟を提起する場合、調停前置主義であることは上記 **2**(1)で述べたとおりである。しかし、調停は、当事者の合意を形成することを目的としているが、訴訟は、当事者が提出した証拠等に基づき、その主張の当否を判断することにより権利義務の存否を明らかにしたり権利義務の内容を形成したりする手続であることから、両手続は基本的にその性質を異にするものである。そのため、両手続は別個の手続として分断され、調停の記録が訴訟に引き継がれることはないし、人事訴訟事件を担当する裁判官が、その事件の調停を担当していたとしても、人事訴訟事件の審理及び裁判に当たって、調停手続で形成した心証を引き継いではならないものと考えられている[16]。

もっとも、調停の結果を人事訴訟事件に反映する方が合理的である場合もあることから、民事訴訟規則61条1項の最初の口頭弁論期日前における参考事項の聴取の方法として、「訴訟進行に関する照会書」を交付して、調停や従前の交渉等について回答を求めることにより、第1回口頭弁論期日までに当事者の意見を聴いたうえで弁論準備手続を行う運用がされることもある（同規則60条1項ただし書）[17]。そのため、代理人として受任している場合には、当初から調停の結果を踏まえた準備が求められる可能性がある点に注意が必要である。

(2) 訴えの提起

まず、訴訟において当事者となるのは、婚姻関係にある当事者である。制限行為能力者でも訴訟行為能力の制限を受けず（人事訴訟法13条）、人事に関する訴えの原告又は被告となるべき者が成年被後見人であるときは、成年

---

[15] 東京家庭裁判所家事第6部「『東京家裁人訴部における離婚訴訟の審理モデル』について」判例タイムズ1523号（2024年）5頁に離婚訴訟の実務上の運用と留意点が書かれているので本書と併せて参照されたい。

[16] 秋武憲一＝岡健太郎編著『離婚調停・離婚訴訟〈4訂版〉』青林書院（2023年）22頁。

[17] 前掲注16・秋武＝岡編著25頁。

後見人は、成年被後見人のために訴え又は訴えられることができる（同法14条）。

次に、当事者が普通裁判籍を有する地を管轄する家庭裁判所が管轄裁判所となる（同法4条1項）。離婚訴訟では合意管轄や応訴管轄は認められないので、調停を行った家庭裁判所に管轄が認められないことがある。この場合に、同法6条の「特に必要があると認めるとき」に該当すれば、申立又は職権により自庁処理することが可能となるが、調停が当該家庭裁判所でなされていたというだけで自庁処理が認められるわけではないので、代理人は、自庁処理を求める場合、その理由を説明する必要がある。

申立費用としては、収入印紙は1万3000円、訴額は160万円となるのが基本である（民事訴訟費用等に関する法律4条2項）。ただし、財産分与や養育費等その他の附帯処分を求める場合、収入印紙は1つの請求につき1200円ずつ必要となるし、慰謝料請求を併合するのであれば、慰謝料請求金額が160万円を超える場合には、慰謝料請求額を基準に訴額が算定されることになる（同法4条3項）。

(3) 審 理

職権探知主義が採用されるが（人事訴訟法20条）、常に裁判所の職権が発動されるわけではなく、職権証拠調べの限度としては、裁判所が既に得た心証の程度により自由に定め得るものと解されているので、裁判所が審理の状況に応じて適切に釈明権を行使することによって当事者に主張立証を促し、通常訴訟と同様に、訴状、答弁書及び準備書面の提出により主張がなされ、争点については証拠調べがなされるなど、当事者が主体的に主張立証活動を行うことを前提としていることには変わりない[18]。

裁判所は、親権者指定における子の意向調査等、附帯処分や親権者の指定の判断に当たって、事実の調査を行うことができるとされている（同法33条）。同調査としては、家庭裁判所調査官による調査、裁判所による審問、関係機関等への審問があるが、離婚事由の有無等に関する事項について調査

---

18 前掲注16・秋武＝岡編著33、34頁。

を行うことはなく、また、財産分与や養育費についても実務上はあまり例がなく、運用上は親権者の指定など子の福祉に直接関わる事項に限られることになり、親権者の指定に関するものが多い。

(4) 訴訟の終了

まず、判決で訴訟が終了する場合について、その判決は第三者に対しても効力を生じる（人事訴訟法24条）。請求認容判決が確定すると婚姻は将来に向かって解消することになる。同判決が確定した日から10日以内に判決謄本と確定証明書を添付して、市区町村長に対し離婚届を提出しなければならず、届出書には確定日を記載する必要がある（戸籍法77条、63条）。

次に、離婚を前提とする和解により終了する場合があるが（人事訴訟法37条）、これにより離婚する旨の和解が成立した場合には離婚の効果が生じ、その後は上記判決による訴訟の終了の場合と同様に市区町村長に対する届出が必要となる。離婚の和解は身分行為なので、和解の成立には本人の出頭が必要であり、和解条項案の書面の受諾（民事訴訟法264条）等も準用されない（人事訴訟法37条2項）。

請求の放棄及び認諾について、離婚の訴えを提起した原告が請求を放棄し、離婚を求められた被告が請求を認諾することは認められている（同法37条1項）。請求の認諾は、附帯処分についての裁判又は親権者の指定についての裁判を要しない場合に限られ（同条ただし書）、請求の認諾をする旨の書面を提出した者が口頭弁論期日に出頭しない場合には、その書面を陳述したものとみなすことはできない（同法37条1項、民事訴訟法266条2項）。また、電話会議の方法を用いた弁論準備期日においては、弁論準備手続の期日に出頭しないで手続に関与した当事者は、請求の認諾をすることができない（人事訴訟法37条3項、民事訴訟法170条3項、4項）[19]。

19　前掲注16・秋武＝岡編著78頁。

経験談⑱ 相手方の対応が困難な事例について

　相手方が非常に精神的に不安定でした。裁判外の交渉では何人も代理人弁護士が変わり、全く話がまとまる気配がありませんでした。

　その後、当方から離婚調停を申し立てました。しかし、相手方は調停期日で興奮状態となり、大きな声をだして長時間にわたり自分の主張を滔々と述べるなどして、調停委員も困り果てている様子でした

　当然のことながら調停は不成立となり訴訟に移行したのですが、相手方は期日に出頭しませんでした。何回か期日を設定して、裁判所から何度も相手方に連絡をしたようなのですが、相手方がこれに応じることはありませんでした。

　そこで、裁判所と進行につき協議をした結果、慰謝料等の問題もあることから、相手方不出頭のまま、当方側の尋問を行って結審することになりました。しかし、これでは当方に有利な判決が出たとしても根本的な解決には至らず、事後何らかの問題が生じることは明白であり、どうしたものかと思っていました。

　すると尋問の直前に相手方に非常に理解のある弁護士が就いてくれました。その代理人弁護士が相手方を説得してくれたようで、当方が納得可能な和解案を提示していただき、無事、和解を成立させることができました。なお、一番揉めそうな面会交流の点についてはあえて定めることはしませんでした。

　事件終了後、10年近く経ちますが、依頼者からは何の連絡もありません。私の場合、たまたま最後に相手方に就いた代理人弁護士が依頼者の説得能力の高い代理人だったので良かったのですが、そうでない場合（なかなか大変ですが）、気に病むことなく、淡々と生じた問題に対応するしかないと思います。

1 はじめに

民法770条には、以下の規定がある。

（裁判上の離婚）
第770条　夫婦の一方は、次に掲げる場合に限り、離婚の訴えを提起することができる。
　一　配偶者に不貞な行為があったとき。
　二　配偶者から悪意で遺棄されたとき。
　三　配偶者の生死が３年以上明らかでないとき。
　四　配偶者が強度の精神病にかかり、回復の見込みがないとき。
　五　その他婚姻を継続し難い重大な事由があるとき。
２　裁判所は、前項第１号から第４号までに掲げる事由がある場合であっても、一切の事情を考慮して婚姻の継続を相当と認めるときは、離婚の請求を棄却することができる。

家裁実務では、民法770条１項５号の婚姻を継続し難い重大な事由が離婚原因の中核であり、１号ないし４号の具体的離婚原因はその例示であると解されている。

そこで、離婚原因の主張立証に当たっては、５号の婚姻を継続し難い重大な事由があることを中心に構成する必要がある。１号ないし４号の具体的離婚原因の存在を主張する場合であっても、５号該当性も併せて主張しておくべきである[20]。

20　武藤裕一＝野口英一郎『離婚事件における家庭裁判所の判断基準と弁護士の留意点』新日本法規（2022年）172頁。

したがって、以下では、民法770条1項5号の事由を中心に、1号ないし5号の各事由の意義や判断基準等について簡潔に説明するとともに、各事由の立証に当たり、どのような証拠収集をすることが有用かに重点を置いて説明する。

2 離婚原因と証拠収集──証拠の観点

(1) 不貞行為（民法770条1項1号）

㋐ 意義、判断基準等

　不貞行為とは、配偶者ある者が自由な意思に基づいて配偶者以外の者（異性）と性的関係を結ぶこと（性交）をいう（最判昭和48・11・15民集27巻10号1323頁〔27000467〕）。

　同性愛行為、性交渉に至らない程度の異性との親密な交際関係が判明し、それが離婚の原因となった場合は、民法770条1項1号ではなく、同項5号の事由に該当することを主張することが考えられる。なお、実際には、不貞行為の概念が狭いこともあり、多くの事例では、不貞行為の立証に成功しない場合に備えて、1号該当性とあわせて5号該当性が主張される[21]。

㋑ 証拠収集方法

　上記のとおり、判例は不貞行為を限定して解釈することから、被告が争う場合には、原告において不貞行為を立証することは容易ではない。原告としては間接証明を積み重ねるしかない[22]。

　そこで、不貞行為を推認し得る間接事実を立証すべく、不貞行為の現場写真、不貞行為の相手方とのメールやLINEやSNS等でのやりとり、ホテルやレストラン等での領収書、不貞行為の相手方との会話が録音されている録音テープ、携帯電話の受信・着信履歴、クレジットカードの利用明細書、興信所作成の素行調査報告書、車を所有している場合はETCカード

---

[21] 松川正毅＝窪田充見編『新基本法コンメンタール　親族〈第2版〉』日本評論社（2019年）101頁。
[22] 二宮周平編『新注釈民法(17)』有斐閣（2017年）451頁。

の明細やドライブレコーダーの記録等から、不貞行為がなされたであろう日時、場所、態様等を特定することが考えられる。各証拠の証明力は弱くても、間接証拠を効果的に集めれば不貞行為の事実を立証できる可能性が高まるので、これらを可能な限り集め主張立証を工夫することが重要であろう。もっとも、依頼者が配偶者の不貞行為の立証のため、その配偶者のLINE等に不正にアクセスし情報を取得するような場合には、それ自体がプライバシー侵害等の不法行為の問題となりかねないため、このような証拠の収集については代理人の立場としては注意が必要であろう。

(2) 悪意の遺棄（民法770条1項2号）

(ア) 意義、判断基準等

「悪意」とは、婚姻共同生活の廃絶を企図し、又はこれを認容する態度をいう。

また、「遺棄」とは、夫婦の同居・協力・扶助義務（民法752条）に違反してこれらを履行しないことをいう[23]。

裁判例の蓄積も多いところであり、重要な争点となるのは、同居の拒否や生活費の不払に正当な理由があるかどうかである。正当な理由がある場合には、同居・協力・扶助義務違反にはならず、「悪意の遺棄」には該当しない[24]。そして、正当な理由の有無は、別居した目的、別居による相手方の生活状況、生活費送金の有無、別居期間等を総合的に考慮して判断される（浦和地判昭和60・11・29判タ596号70頁〔27800430〕等）。

(イ) 証拠収集方法

悪意の遺棄の事実については、主として、遺棄されている本人、家族、友人、知人等、遺棄の事実を知っている人の陳述書や生活状況を客観的に証明できる通帳や生活実態のわかる写真等の客観資料によって主張立証することが考えられよう。

---

23 前掲注22・二宮編455頁。
24 前掲注22・二宮編457頁。

(3) 3年以上の生死不明（民法770条1項3号）
　㋐　意義、判断基準等
　　3年以上の生死不明とは、3年以上生存も死亡も証明できない状態をいう。

　　生死不明か否かは、単に所在不明という事実だけではなく、本人の年齢、性格、健康状態、所在不明に至るいきさつ、その後の配偶者や親族の対応などが総合的に考慮される[25]。

　　ただし、3号に関する裁判例は、昭和30年代までの、戦地からの未帰還者に関するものがほとんどであり[26]、最近の裁判例は見当たらず、ケースはあまり多くないと考えられる。

　　なお、配偶者が7年間生死不明の場合（危難に遭ったときには1年間生死不明の場合）には、失踪宣告（民法30条）により、死亡したものとみなされ（民法31条）、婚姻終了とすることができる。

　　ただし、失踪宣告は取消しが認められている（民法32条）。そこで、失踪宣告後結婚し、失踪者の生存が判明して失踪宣告が取り消された場合には、失踪者との間の婚姻が復活し、重婚の問題が生じるおそれがあることに注意が必要である。

　㋑　証拠収集方法
　　3年以上の生死不明の事実については、主として、生死不明を主張する原告、生死不明となっている人の家族、友人、知人等、生死不明に至る経緯等を知っている人の陳述書によって主張立証する。また、判明している最後の住所地の現地調査をして生存の可能性が低ければ、その調査結果を報告書等により書面化して提出することも有用である。さらに、事故や事件に巻き込まれた可能性が高い場合には、当該事故や事件の報道資料等の関係資料を提出することが考えられる。

25　前掲注22・二宮編458頁。
26　前掲注21・松川＝窪田編104頁。

(4) 強度の精神病（民法770条1項4号）

㋐ 意義、判断基準等

強度の精神病とは、必ずしもその夫婦間の精神的共同が完全に失われていること、あるいは精神病の配偶者が心神喪失の常況にあることを意味するものではなく、その精神障害の程度が、婚姻の本質ともいうべき夫婦の相互協力義務、殊に他方の配偶者の精神的生活に対する協力義務を十分に果たし得ない程度に達していることをいう（金沢地判昭和36・5・10下級民集12巻5号1104頁〔27450760〕）。

ただし、民法770条2項により、民法770条1項4号に該当する場合においても、離婚請求の許否を決するに当たっては、なお諸般の事情を考慮し、各関係者間において病者の離婚後における療養、生活などについてできる限りの具体的方策が講ぜられ、ある程度において、前途に、その方途の見込みがついたうえでなければ、婚姻関係を解消させることは不相当と認め、離婚の請求は許さない、とされている（具体的方途論、最判昭和45・3・12裁判集民98号407頁〔27451643〕）。

㋑ 証拠収集方法

強度の精神病にかかっていることを示す医師の診断書や医療記録が重要な証拠となる。

さらに、強度の精神病により夫婦の協力義務を果たせていない実態の立証をする必要がある。主として、原告本人、家族、友人、知人等、強度の精神病により夫婦の協力義務を果たせていない実態を知っている人の陳述書によって主張立証する。

また、上記のとおり、裁判所では具体的方途論が採用されている。

そこで、離婚を求める原告は、配偶者の今後の生活・療養等に配慮し、監護体制等を整えたことを裁判で主張立証する必要がある。

具体的には、これまでの裁判例においては、①国や自治体の費用による入院加療が現に行われているか、近日中に可能になること（金沢地判昭和36・5・10下級民集12巻5号1104頁〔27450760〕等）、②離婚判決と同時に療養・生活費に見合う財産分与の決定がなされ、かつ、決定どおりに義務が履行される見通しもあること（札幌地判昭和44・7・14判時578号74

頁〔27451593〕等)、③近親者その他の者による病者の引受け態勢ができていること(大阪地判昭和33・12・18下級民集9巻12号2505頁〔27440400〕等)、④原告自身、財産分与ないし離婚後の扶養として可能な限り協力する旨を表明していること(東京地判昭和39・5・30下級民集15巻5号1271頁〔27451060〕等)といった事情の1つ又は複数があれば離婚が認められている[27]。

したがって、①ないし④で記載したような事実があれば、それらを立証することが重要である。

(5) その他婚姻を継続し難い重大な事由(民法770条1項5号)

(ア) 意義、判断基準等

「その他婚姻を継続し難い重大な事由」とは、婚姻関係が深刻に破綻し、婚姻の本質に応じた共同生活の回復の見込みがない場合をいう。

その判断に当たっては、婚姻継続の意思の有無、婚姻中の両当事者の行為や態度、子の有無・状態、双方の年齢・性格・健康状態・経歴・職業・資産状況など、当該婚姻関係にあらわれた一切の事情が考慮される[28]。

婚姻継続の意思の有無は主観的要素であり、上記その他の事由は客観的要素である。

そこで、以下では主観的要素と客観的要素に分けて、証拠収集方法について説明する。

(イ) 証拠収集方法

(a) 主観的要素(婚姻継続の意思の有無)

夫婦双方が婚姻を継続する意思を失っていることを立証するためには、被告がいったんは離婚届や離婚協議書に署名押印したこと、被告が離婚調停において提出した事情説明書等で離婚に応じる旨の意向を述べたこと、被告自ら離婚調停の申立てをしたこと等を主張立証することが考えられる[29]。

---

27 島津一郎=阿部徹編『新版 注釈民法(22)』有斐閣(2008年)372頁。
28 前掲注27・島津=阿部編375頁。
29 前掲注20・武藤=野口173頁。

(b) 客観的要素

　客観的要素は多岐にわたるところ、令和5年の司法統計によれば、婚姻関係事件の申立ての動機として、最も多かったものは、性格が合わないこと、次いで暴力を振るうこと、さらに異性関係が挙げられている（最高裁判所『令和5年　司法統計年報　3　家事編』第19表）。そこで、以下ではこれら3つの要素及び、破綻の有無の認定に大きく影響する別居に関する証拠収集方法について説明する。

① 性格の不一致

　性格の不一致に起因して、婚姻関係が回復不能なまでに破綻していることを立証することが必要である。

　そのためには破綻を裏付ける様々な事由を積み重ねて主張することが必要であり、別居の事実・期間、喧嘩の事実等、性格の不和を基礎付ける事実を立証できる証拠が必要となる。

② 暴行（モラルハラスメントを含む）

　暴力の日時・場所・態様・程度、けがの有無・程度、暴力の原因等を詳しく主張立証する必要がある。

　そして、上記を立証するためには、暴行を受けた部位の写真、医師の診断書、暴行時の録音・録画物、警察・配偶者暴力相談支援センターへの通報・相談をしていればその記録等が有用である。

③ 異性関係

　証拠収集方法は、基本的に**2**(1)(イ)において記載したものと同様である。

④ 別　居

　夫婦が既に別居している場合は、その別居期間の長さが婚姻関係が破綻しているか否かの判断に大きく影響する。

　時代を経るにつれ、離婚がより容易で一般的なものとなってきており、婚姻関係の破綻を基礎付ける「相当期間の別居」の年数について、時代とともに短い期間でよいと判断される傾向にある。裁判例では、別居期間が3年以上の事案（東京高判平成30・6・20平成30年(ネ)46号公刊物未登載〔28263411〕）、3年5か月の事案（東京高判平

成29・6・28家庭の法と裁判14号70頁〔28252066〕）でそれぞれ離婚請求を認めている。

別居に関しては、別居に至る経緯及び別居期間が相当期間に及ぶことを、原告本人、親族、知人の証言等により主張立証する。別居に至る経緯は、性格の不一致、価値観の相違、性的不調和、過度の宗教活動、親族との不和など、有責行為とまではいえないような夫婦不和の原因でもよく、家裁実務上は、それなりに了解可能な理由で別居を開始し、別居期間が相当期間に及んでいる場合には、婚姻関係の破綻を認めるのが通常である[30]。

なお、家庭内別居をしている事案等において、別居の意義（いつから別居したといえるのか）が争われることが往々にしてある。法で明確に定義付けられてはおらず、一律に決まったものもないが、財産分与の基準時としての別居時について、経済的協力関係がなくなった時点ととらえる考え方があり、参考になる[31]。

経験談⑲　不貞行為の証拠！

　私が若手弁護士だったころ、「妻が不倫している。離婚したい」という相談がありました。相談者によると、「ある日、自分がいつもより早く帰宅したら妻が慌てていた。不審に思って妻のタンスを調べたら、自分が見たことのない派手な色の妻の下着、自分が使ったことのない男用のハンカチ、自分の知らないレストランのレシート、怪しいメモ書き等々が見つかった。不倫の証拠だ」とのことです。相談者が妻に離婚を申し入れたところ、妻は不倫を否定して離婚に応じないため、相談に来たそうです。

　もっと決定的な証拠はないかと尋ねると、相談者は、「決定的な証拠写真があるが、それは表に出したくない」と言うので、私は、不倫を離婚原因とするのは難しそうだなと思いました。

30　前掲注20・武藤＝野口174頁。
31　蓮井俊治「財産分与に関する覚書」ケース研究329号（2017年）109-110頁。

後日、相談者が再度相談に来ました。妻の不倫の証拠写真を持参したとのことです。
　驚きました。不倫の証拠写真というので、てっきり、不倫相手と一緒に店に入る姿、タクシーに乗車する姿を撮った写真だろうと思っていたのですが、なんと、不倫相手と一緒に写ったそのものズバリの現場写真が10枚以上。あまりの露骨さ生々しさに、私は狼狽し手は震え、赤面、絶句しました。相談者によると、妻のタンスの奥に隠されていたとのこと。
　確かに決定的証拠だ。しかし、そのものズバリの写真を裁判所に提出して問題はないのか？　提出すること自体があまりに非常識で破廉恥ではないか？　何かの罪にならないか？　怒った相手方から、精神的苦痛を受けたとして損害賠償請求されないだろうか？　弁護士として非常識で破廉恥で不謹慎で品位を欠くとして懲戒請求されないだろうか？　突然のピンチ到来で、臆病者の私は大混乱です。
　大混乱の挙句、リスク回避の観点から安全策を採用し、離婚調停申立ての際には性格の不一致を離婚原因としました。しかし、相手方が離婚原因なし、離婚しないと反論し、裁判所も離婚原因なしという雰囲気になったので、やむなく写真を提出しました。
　戦局が一変。相手方は不倫を認め、離婚を承諾し、親権は夫にということになりました。相手方代理人は不倫について何も知らなかったようで呆然としていました。
　懲戒請求されないで一安心、という話です。

経験談⑳　不貞相手との和解書の秘匿条項について

　私の依頼者は夫婦の妻側で夫に不貞をされて離婚を希望しています。夫が不貞をした件で、妻が不貞の相手方に不法行為に基づく損害賠償請求を別途行い、裁判外で和解をして金銭の支払がなされた後に、結局夫婦間で協議がまとまらずに離婚調停、離婚訴訟へと至った事案です。
　このような事案で、先の和解書で、和解の内容（特に当事者の名前や、

写真などの証拠物）について正当な理由がなければ一切口外しない、といった秘匿条項がある場合にはどのように対応すべきでしょうか。また、正当な理由がなければ、といった文言の有無によって違いがあるのでしょうか。この点、秘匿条項の正当な理由については問題になった裁判例もあるようです。なお、和解の際に、正当な理由について、当事者代理人間で協議をし、どのような場合に正当な理由があるか協議しましたが、不貞の相手方が断固として正当な理由の文言を入れるのを拒否し、結局単純な秘匿条項のみの記載となりました。

当初、依頼者の妻は、離婚調停・離婚訴訟という法的手続を希望していませんでしたが、結局、これらによらざるを得ませんでした。ところが、いざ法的手続に至った際に、離婚原因として相手方の名前や、不貞の事実を明らかにする写真を証拠提出したい、と言って聞かなくなりました。当然、代理人としては先の和解書の秘匿条項が気になりました。裁判例においては、正当な理由そのものの記載がなく、秘匿条項に反して主張立証をした場合でも結局、当該主張をする正当性があるかどうか、秘匿条項違反として評価できるかということで争われているようでした。

この点についても、和解する直前にも説明をしていましたが、依頼者としては法的手続をする以上は、どうしても改めて明るみにしたいという気持ちが先行しているようでした。

そうはいっても秘匿条項の点について万が一、別途不貞相手方から請求がされた場合にはどうするか、依頼者に相談はしてみたものの、果たしてどうなるものかと、正直、悩みました。結局、離婚調停・離婚訴訟の中で、不貞相手の氏名はアルファベット表記にし、マスキングなどを適度に入れて本人特定ができない形で配慮しました。依頼者については、秘匿条項についてのリスクと、本件についての主張立証の必要性を説明し、本当に最終的に紛争が激化したような場合には、人証調べもあることを説明すると、事案を明らかにしたい、という気持ちはひとまず落ち着いたようでした。最終的には、離婚調停で収まらず、離婚訴訟にまで進みましたが、双方が納得する形で和解が成立しましたので、離婚原因等の主張立証の点では必要十分以上であったとは考えています。

3 有責配偶者からの離婚請求

(1) 判断基準

有責配偶者からの離婚請求について、判例では、①夫婦の別居が両当事者の年齢及び同居期間との対比において相当の長期間に及び、②その間に未成熟の子が存在しない場合には、③相手方配偶者が離婚により精神的・社会的・経済的に極めて苛酷な状態におかれる等離婚請求を認容することが著しく社会正義に反するといえるような特段の事情の認められない限り、当該請求は、有責配偶者からの請求であるとの一事をもって許されないとすることはできないものと解するのが相当とされている（最大判昭和62・9・2民集41巻6号1423頁〔27800202〕）。

その後の裁判例でも、上記3要素により判断する基準が採られている。

(2) 3要素の詳細

(ア) 要素①：別居期間

(a) 意　義

有責配偶者からの離婚請求において、婚姻関係の破綻を基礎付ける「相当期間の別居」の年数については、民法770条1項5号における婚姻関係の破綻を基礎付ける「相当期間の別居」の年数の考え方と同じく、時代とともに短い期間でよいと判断される傾向にある。裁判例では、別居期間が6年間の事案（東京高判平成14・6・26家裁月報55巻5号150頁〔28080289〕）、2年1か月の事案（東京高判平成26・6・12判時2237号47頁〔28224986〕）でそれぞれ離婚請求を認めている。

ただし、この別居期間は、以下の2要件も合わせて判断されるため、明確な基準というわけではない。夫婦の年齢が低い場合や別居前の同居期間が長い場合には、比較的夫婦関係が修復されやすいと考えられるので、婚姻関係の破綻に至るとされる別居期間はその分長く必要であると判断される傾向にある。一方、夫婦の年齢が高い場合や別居前の同居期間が短い場合は、夫婦関係が修復されにくいと考えられるため、婚姻関係の破綻に至るとされる別居期間は短く判断される傾向にある[32]。

(b) 証拠収集方法

別居に関する証拠収集方法は❷(5)(イ)(b)④で説明したとおりである。
(イ) 要素②：未成熟子の存在
(a) 意　義

未成熟子とは、親の監護なしでは生活を保持し得ない子、あるいは経済的に独立して自己の生活費を獲得すべきものとしていまだ社会的に期待されていない年齢にある者をいう[33]。

家裁実務上は、未成熟子が存在するとしても、同人が高校生以上である場合には、有責配偶者の有責性の程度、別居期間の長さ、その間の子の監護状況、今後の監護態勢、経済状況等諸般の事情に鑑み、有責配偶者からの離婚請求が信義誠実の原則に反するとはいえない場合があると考えられている[34]。

ただし、身体的・精神的障害を有する子供がいる場合は、成人していても、親の監護なしでは生活を保持し得ないと判断され、未成熟子あるいはこれに準じる者とされている（高松高判平成22・11・26判タ1370号199頁〔28181415〕）。

(b) 証拠収集方法

有責配偶者から離婚請求をする場合は、単に未成熟子の存在を主張するだけではなく、子の心身の発達状況（子が障害を有する場合はその障害の状況）、夫婦関係の状態等の事由を詳しく確認して主張することが必要である。

上記事由については、主として、有責配偶者本人、家族、友人、知人等、子や夫婦関係の状態を知っている人の陳述書によって主張立証する。

32　石田健悟『離婚の実務―合意書・調停申立書・財産分与の登記申請書の書式と理論』テイハン（2022年）25頁。
33　前掲注21・松川＝窪田編111頁。
34　前掲注20・武藤＝野口192頁。

(ウ) 要素③：特段の事情の有無
　(a) 意　義
　　特段の事情の有無については、婚姻破綻についての有責配偶者の相手方の責任の態様や程度、判決に至るまでの有責配偶者の行動、婚姻費用等の支払状況、離婚給付の提案内容等の事情を斟酌して判断される傾向が強い。裁判例の現状をみる限り、婚姻費用を誠実に支払ってきた実績があり、十分な離婚給付の提案をしているような有責配偶者には、離婚請求について有利な結論が導かれる可能性が大きくなる[35]。
　(b) 証拠収集方法
　　経済的な特段の事情の有無については、有責配偶者に関しては、過去の生活費の支払状況、離婚給付の申出の有無及びその内容が、有責配偶者の相手方に関しては、生活状況・収入、離婚を拒否する理由や関係修復のための努力等が、総合的に考慮されよう[36]。
　　そこで、生活費の支払状況については家計簿や銀行口座の通帳のコピー等により、収入については源泉徴収票・給与明細書、所得証明書・課税証明書、確定申告書のコピー、税額通知書等により、生活状況、離婚を拒否する理由や関係修復のための努力等については有責配偶者の相手方、親族、知人の証言等により、それぞれ主張立証することが考えられる。

35　前掲注22・二宮編484頁。
36　前掲注21・松川＝窪田編112頁。

経験談㉑　有責配偶者からの婚姻費用の分担請求

　有責配偶者からの離婚請求は問題になるところかと思います。一方で、別居が進んでいた場合、離婚原因が不確定で、双方に言い分があるような場合には婚姻費用についてはひとまず支払うという手段を調停においてとられることがあるかと思います。いわゆる仮払として、調停においてとられているもので、例えば、月額5万円で仮払として支払い始め、最終的に調停成立時や離婚訴訟において調整するといったことかと思います。

　一方で、離婚調停と並行して婚姻費用の分担請求調停も実際にされている事案で、何が何でも支払いたくないという依頼者の希望に沿って、有責配偶者からの婚姻費用を支払わないという対応をしたことがありました。上記のとおり、婚姻費用については離婚そのものとは別に審判もされます。ある程度柔軟に支払うということが正直多かったので婚姻費用を一切認めないことがあるのか半信半疑ではありました。このような中で、婚姻費用の分担請求の調停・審判において、有責配偶者の抗弁をもって事実上、婚姻費用の分担請求は信義則上認められないということを主張立証した事案がありました。なお、裁判例においても有責配偶者の抗弁で信義則上認めないという裁判例があるようでした。もっとも、実際には、単に有責配偶者ということだけでなく、別居をしておらず同居の事案であったので、婚姻費用を別途請求することが不要である点なども主張立証しました。

　結果的には、裁判所には当方の主張に理解を示してもらえたようで、相手方が婚姻費用について保全処分もしてきたのですが、その中での裁判所の心証開示を受けて認められないと思ったのか、結果を待つまでもなく、相手方において、婚姻費用支払請求につき取り下げるということで終局しました。

Ⅲ 離婚に伴う関係

1 親権・監護権

(1) 親権の内容と親権者の指定

「親権」とは、父母が未成年の子に対して持つ身分上及び財産上の養育保護を内容とする権利義務の総称である。

未成年の子は、父母の親権に服し（民法818条1項）、親権は、父母の婚姻中は共同して行使するのが原則である（同条3項本文）。他方で、父母が婚姻関係にない場合には、その一方が単独で親権を行使する（民法819条参照）。

(2) 親権者指定の手続

　㋐　協議離婚の場合

　　原則として、父母の協議により定める（民法819条1項）。

　　もっとも、離婚することには合意しつつ、親権者の指定についての合意ができない場合には、親権者指定の調停・審判をすることになる。

　㋑　調停離婚の場合

　　通常は、離婚調停の中で、親権者を定める調停も行われる。

　㋒　裁判離婚の場合

　　離婚を認める判決を下す場合、裁判所が、親権者の指定もする（民法819条2項）。

(3) 親権者指定の基準

親権者を指定する際の基準としては、過去の監護養育状況、現在の監護養育状況、将来の監護養育の計画の3段階を意識し、子の福祉に沿うかどうかを総合的に判断している。

(ア)　監護の継続性維持の原則（主たる養育者優先の原則）

　子が一方の親の下で一定期間以上平穏に生活している場合には、その現状を尊重するのが原則である。もっとも、監護の継続性については、子の出生から現在に至るまでの全体から検討されるべきものである[37]。

　そのため、従前の主たる養育者が現在の監護者ではない場合には、従前の主たる養育者を優先すべき場合もある。

　子との関わり合いの程度や内容を示す資料としては、母子手帳、保育園・幼稚園との間における連絡帳、学校の成績表、当事者の日記などが考えられる。

(イ)　（乳幼児期における）母性優先の原則

　従前、子の乳幼児期においては、「母親」優先の原則が有力な考慮要素とされていた。しかし、次第に「母親」優先の原則の機械的な適用は好ましくないとされるようになった。

　近年では、父親が有力な監護補助者の助力を得るなどして「母性」を実現し得る場合もあることから、「母親」ではなく、「母性」優先の原則という表現が用いられるようになった。

(ウ)　子の意思

　子の年齢及び発達の程度に応じて、子の意思を考慮しなければならない。

　そのため、当事者（特に同居親）は、家庭外での子の様子を知るための資料として保育園・幼稚園との間の連絡帳、学校の成績表を提出する、別居親との関係を検討するための資料として親子間（特に別居親）との間でやりとりされた手紙など、子の意思や家庭内での子の様子を知るための資料としてそれらを記載した陳述書等を提出することになる。また、これらの資料は調査官調査の際の基礎資料ともなる。

(エ)　兄弟姉妹不分離の原則

　独立した原則ではないものの、総合判断の中で考慮される。

---

[37] その趣旨は、現在の監護の継続性のみを重視すると、父母間で子の奪い合いを助長しかねないという点にある。

(オ)　面会交流に対する寛容性重視の原則

　親権者になった場合に、非親権者と子の面会交流を認める意向があるのか否か、面会交流を認めるとして具体的にどのような内容を考えているのかを考慮するという原則である。

　そのため、当事者は、従前の面会交流の状況を示す資料（写真やメール等のやりとり、陳述書など）、自らが考える養育計画案や面会交流に関する意向を記載した陳述書を資料として提出することになる。

(4)　親権者と監護者の分離（親権と監護権の分属）

　親権者（民法819条1項）とは別に、民法766条1項が「子の監護をすべき者」を定めると規定していることから、非親権者を監護者として指定することも可能である。この場合、監護者は子の身上監護権、親権者は親権から身上監護権を除いたもの、つまり、財産管理権を有することになる。

　しかし、親権と監護権は、両者の範囲が必ずしも明確ではなく、これを分属させることは将来の紛争の元になる懸念があるため、親権と監護権を父母に分属させることは原則としてすべきではないと考えられている。

(5)　監護者指定の基準と手続

　監護者指定の基準と手続については、第3章Ⅱ**2**を参照されたい。

(6)　補論：離婚後共同親権の導入

　第213回国会において、民法等の一部を改正する法律が成立した（令和6年法律33号）。この民法改正により、父母の離婚後であっても共同親権とすることが可能となった。この改正法は、令和6年5月24日に公布され、公布日から起算して2年を超えない範囲内の日に施行される。

　また、改正法の附則2条により、この改正法は、改正法施行前に生じた事項についても適用される。

　なお、改正後の民法819条の内容は、以下のとおりである（改正部分に下線を付した）。

第1編　第4章　離　婚

（離婚又は認知の場合の親権者）
第819条　父母が協議上の離婚をするときは、その協議で、その双方又は一方を親権者と定める。
2　裁判上の離婚の場合には、裁判所は、父母の双方又は一方を親権者と定める。
3　子の出生前に父母が離婚した場合には、親権は、母が行う。ただし、子の出生後に、父母の協議で、父母の双方又は父を親権者と定めることができる。
4　父が認知した子に対する親権は、母が行う。ただし、父母の協議で、父母の双方又は父を親権者と定めることができる。
5　第1項、第3項又は前項の協議が調わないとき、又は協議をすることができないときは、家庭裁判所は、父又は母の請求によって、協議に代わる審判をすることができる。
6　子の利益のため必要があると認めるときは、家庭裁判所は、子又はその親族の請求によって、親権者を変更することができる。
7　裁判所は、第2項又は前2項の裁判において、父母の双方を親権者と定めるかその一方を親権者と定めるかを判断するに当たっては、子の利益のため、父母と子との関係、父と母との関係その他一切の事情を考慮しなければならない。この場合において、次の各号のいずれかに該当するときその他の父母の双方を親権者と定めることにより子の利益を害すると認められるときは、父母の一方を親権者と定めなければならない。
　一　父又は母が子の心身に害悪を及ぼすおそれがあると認められるとき。
　二　父母の一方が他の一方から身体に対する暴力その他の心身に有害な影響を及ぼす言動（次項において「暴力等」という。）を受けるおそれの有無、第1項、第3項又は第4項の協議が調わない理由その他の事情を考慮して、父母が共同して親権を行うことが困難であると認められるとき。
8　第6項の場合において、家庭裁判所は、父母の協議により定められた

> 親権者を変更することが子の利益のため必要であるか否かを判断するに当たっては、当該協議の経過、その後の事情の変更その他の事情を考慮するものとする。この場合において、当該協議の経過を考慮するに当たっては、父母の一方から他の一方への暴力等の有無、家事事件手続法による調停の有無又は裁判外紛争解決手続（裁判外紛争解決手続の利用の促進に関する法律（平成16年法律第151号）第１条に規定する裁判外紛争解決手続をいう。）の利用の有無、協議の結果についての公正証書の作成の有無その他の事情をも勘案するものとする。

2 養育費

(1) 養育費とは

　養育費とは子供の養育のために必要な費用のことであり、親は離婚後であっても未成熟子に対する養育費の支払義務を負っている。ただし、養育費自体に関しては民法に明文の根拠はなく、民法877条１項及び766条１項、771条等に現れている「生活保持義務」[38]の１つに位置付けられている。養育費は婚姻費用とは異なり、主に離婚後に必要となる費用である。

　養育費の具体例としては、①衣食住の費用、②教育費、③医療費などが挙げられる[39]。

(2) 養育費の始期と終期

　養育費の始期は請求時であり、一方で終期は子が未成熟子でなくなった時となるのが一般的である[40]。子が一定の年齢になり稼働能力があれば未成熟子とはいえないが、この未成熟子でなくなった時とは必ずしも成人時を指す

38　司法研修所編『養育費・婚姻費用の算定に関する実証的研究』法曹会（2019年）３頁。
39　裁判所HP「養育費請求調停」
　　https://www.courts.go.jp/saiban/syurui/syurui_kazi/kazi_07_07/index.html
40　松本哲泓『婚姻費用・養育費の算定―裁判官の視点にみる算定の実務―』新日本法規（2018年）14-15頁。

わけではなく、実務においては病弱等の理由で就労できない場合は成人していても未成熟子として扱われる[41]。

なお、成年年齢についての法改正の影響により、養育費支払の終期が「子が成年に達する日」と定められていた場合の解釈については議論の余地があるものの、一般的に子が経済的自立をする時期や経済的自立を図るべき時期について社会情勢には法改正の前後で大きな変化は生じていないのだから、未成熟子である期間については、従来のとおり満20歳に達する日までであると考えることになる[42]。

(3) **養育費の決定方法**

養育費も婚姻費用と同様に、基本的に夫婦での協議によって決定されるが、協議で合意に至らない場合には、養育費請求の調停若しくは審判を相手方の住所地を管轄する家庭裁判所又は当事者が合意で定める家庭裁判所に申し立てる。制度上ははじめから審判を申し立てることも可能だが、基本的には調停手続が先行され、調停で夫婦が合意に至らなかった場合に審判手続に移行する。

調停においては、本人出頭が原則であるが、当事者が遠隔の地に居住しているときその他相当と認めるときは、電話会議システムを利用することができ（家事事件手続法258条1項、54条1項）、養育費のみの調停については電話会議システムにより調停を成立させることも可能である（同法268条3項参照）。また、令和6年現在、当事者双方に代理人弁護士が就いていることを条件として調停手続にウェブ会議システムが導入されつつある。

申立てに当たっては、申立書[43]及びその写し各1通及び対象となる子の戸籍謄本（全部事項証明書）、申立人の収入に関する資料（源泉徴収票写し、給与明細写し、確定申告書写し、非課税証明書写し等）などの書類の提出が

---

41 前掲注40・松本15頁。
42 前掲注38・司法研修所編57-61頁。
43 養育費請求調停の申立書
　https://www.courts.go.jp/saiban/syosiki/syosiki_kazityoutei/syosiki_01_29/index.html

必要となる[44]。

　また、裁判手続を行う前に弁護士が養育費を請求することも考えられる。その場合には養育費の算定方法を把握しておく必要がある。

(4) 養育費の算定

　養育費の適正額の算定には、実務上婚姻費用の場合と同様に令和元年12月23日に改訂された標準的算定方式による計算結果をまとめた簡易算定表を参考にすることが多い。

㈦ 養育費算定表の読み方

　算定表の一覧は裁判所のHPに記載されている[45]。

　本書では例として0～14歳の子供が1人いる夫婦の場合の算定表（後掲の「養育費・子1人表（子0～14歳）」）を用いて読み方を解説する。

　表のうち、「義務者」とは養育費を支払う者のことであり、「権利者」とは養育費を受け取る者のことである。養育費は夫婦互いの収入によって異なるが、さらに収入形態について自営業者か給与所得者かによっても見方が異なる。

　算定表は夫婦それぞれの年収を基準に算定を行うが、給与所得者の場合は源泉徴収票の支払額を、自営業者の場合は確定申告書の課税される所得金額を年収として算定する[46]。また、専業主婦の場合は基本的に年収を0円として算定する。ただし、専業主婦等就労していない場合であっても、心身ともに健康で、子供が4歳程度まで成長し、病児や両親の看護が必要などの特別の事情がない限り、少なくともアルバイトは可能として、潜在的稼働能力を認め、それを年収として算定する場合もある[47]。

　具体的な算定方法としては、表のうち、縦軸が義務者の年収（万円）、

44　養育費請求調停
　　https://www.courts.go.jp/saiban/syurui/syurui_kazi/kazi_07_07/index.html
45　平成30年度司法研究（養育費、婚姻費用の算定に関する実証的研究）の報告について
　　https://www.courts.go.jp/toukei_siryou/siryo/H30shihou_houkoku/index.html
46　養育費・婚姻費用算定表について
　　https://www.courts.go.jp/vc-files/courts/file5/setumei_84KB.pdf
47　東京高決平成28・1・19判タ1429号129頁〔28244320〕。

横軸が権利者の年収（万円）を示しており、それぞれ該当する年収部分から縦軸については横線、横軸については縦線を引き、両者が交わった部分が義務者が支払うべき養育費となる。

　したがって、例えば1歳の子供がいる夫婦で、夫（自営業者）の年収が1000万円、妻（給与所得者）の年収が400万円であり、妻が夫に養育費を請求する場合、夫の支払額は月額およそ12〜14万円となる（後掲の「養育費・子1人表（子0〜14歳）」参照）。

III 離婚に伴う関係

養育費・子1人表（子0～14歳）

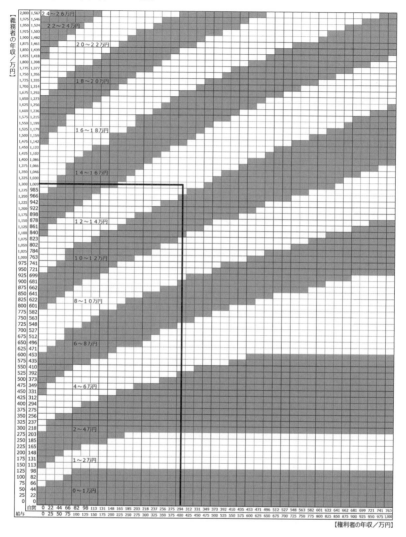

(イ) 算定表では適切な計算が困難な場合の計算方法

裁判所の簡易算定表では子供が3人以下の場合にしか対応しておらず、子供が4人以上の場合には対応していない。このように、算定表では適切な計算が困難な場合があり、この場合には、算定表の元となった算定方式を用いて計算する必要がある。

平成30年度になされた司法研究「養育費、婚姻費用の算定に関する実証的研究」によって、以下の算定方式が公開されている。

(a) 指数（1人当たり）

親　　　　　　100
0～14歳の子　62
15歳以上の子　85

(b) 養育費の計算方法

義務者の基礎収入をX、権利者の基礎収入をY、子の生活費をZとしたとき

子の生活費（Z）＝X×（子の指数）÷（義務者の指数＋子の指数）

義務者の養育費分担額＝Z×X÷（X＋Y）

(c) 基礎収入の計算方法

① 給与所得者の場合

基礎収入＝総収入×0.38～0.54（割合は下表を参照）

給与収入（万円）	割合（％）
0～75	54
～100	50
～125	46
～175	44
～275	43
～525	42
～725	41
～1325	40
～1475	39
～2000	38

② 自営業者の場合

基礎収入＝総収入×0.48〜0.61（割合は下表を参照）

給与収入（万円）	割合（％）
0〜66	61
〜82	60
〜98	59
〜256	58
〜349	57
〜392	56
〜496	55
〜563	54
〜784	53
〜942	52
〜1046	51
〜1179	50
〜1482	49
〜1567	48

　上記算定方式を基準として、15歳未満の子供が4人いる夫婦において、夫（自営業者）（年収1000万円）に対し、妻（給与所得者）（年収400万円）が養育費を請求する場合を考える。

・義務者の基礎収入（X）：1000万円×0.51＝510万円
・権利者の基礎収入（Y）： 400万円×0.42＝168万円

【子の生活費】

子の生活費（Z）＝510×（62＋62＋62＋62）÷（100＋62＋62＋62＋62）＝約363万円

【義務者が分担すべき養育費の額】

363万円×510万円÷（510万円＋168万円）＝273.05万円

12か月で割ると、

273.05万円÷12か月＝22.75万円

よって、夫が妻に支払うべき養育費は月額約23万円程度となる。

③　養育費が増加する事情

以上の算定額が養育費の目安となるが、子供の私立学校への進学や、習い事・塾代などで通常より多くの教育費がかかっている場合、相手が承諾している、又は両親の学歴、収入、社会的地位などからこれらの教育費の支出が相当といえる場合は「特別の事情」があるとして加算が認められる可能性がある。

例えば、子供や養育費を受け取る側（権利者）が病気やケガに遭い、高額な医療費がかかる場合などの特別の事情があるときには、養育費の増加が認められる場合がある[48]。

(5) 収入を示す資料の入手

調停や審判の場合には相手方から年収等を示す資料が提出されることが見込まれるが、裁判手続外で養育費の請求を行う場合には、相手方の年収を把握したうえで分担額を算定して請求を行う必要がある。

依頼人が配偶者の源泉徴収票、給与明細書（ただし、ボーナスや一時金の有無を考慮し、支給額に通勤費が含まれている場合は差し引く）、確定申告書、課税証明書等を入手若しくは把握している場合には当該資料を参考に請求額の算定を行うことが可能である。

しかし、夫婦の中には配偶者の年収をもとより把握していない場合や、夫婦仲の悪化により配偶者の年収を知ることができない場合等があり、弁護士自ら年収を示す資料を入手する必要がある。

その場合には源泉徴収票、給与明細書、確定申告書等について弁護士法23条の2による照会を行うなどして入手する必要がある。

上記手段によっても資料が入手できない場合には、調停等の裁判手続を最初から利用することが考えられる。

---

[48] 森公任＝森元みのり編著『簡易算定表だけでは解決できない養育費・婚姻費用算定事例集』新日本法規（2015年）159-161頁。

(6) 請求の実効性

調停や審判によって養育費の請求について債務名義を得た場合、「給料その他継続的給付に係る債権」については将来分まで差押えが可能（民事執行法151条の2第1項3号及び同条2項）であり、給与の半分まで差押えが可能（同法152条3項）であり、義務者が破産しても養育費については支払債務が免責されない（破産法253条1項4号ハ）など、実効性を高める特例が定められている。

3 子の引渡し（民法766条、771条）

(1) 序論

子の引渡請求を求める手続として、審判・調停（及びこれらを本案とする保全処分）による方法、人身保護法による方法が考えられる。

民事訴訟による方法（親権（監護権）の妨害排除請求権）も考えられるが、家事事件手続を用いることが実務上定着しており、あまり用いられていない。また、人身保護法による方法は、後述のとおり、要件が厳格であるため、審判・調停（及びこれらを本案とする保全処分）が最も活用されている。

(2) 審判・調停

(ア) 根拠条文

「子の監護について必要な事項」（民法766条1項）には子の引渡しが含まれており、家事事件手続法別表第二3項の審判類型として、子の引渡しを求めることができる。

民法766条は離婚後の規定であるが、別居後の父母間の監護をめぐる紛争についても民法766条が類推適用されると解するのが通説である[49]。

(イ) 判断基準、考慮要素

条文上、「子の利益」（民法766条1項）を最も優先して考慮しなければ

---

[49] 甲斐哲彦編著『家庭裁判所の家事実務と理論』日本加除出版（2021年）143頁。

ならないとされている。具体的には、「主たる監護者」、「子の意思」、「監護の継続性」、「面会交流の許容性」などの考慮要素を比較衡量して判断される[50]。

(a) 「主たる監護者」

従来は、「母親優先の原則」に従い判断されていたが、昨今の家族観の変化や父母の家庭内の役割分担の多様化等に伴い、現在の家裁実務は、「母親優先の原則」には立脚せず、「主たる監護者の基準」が用いられるようになってきた[51,52]。

「主たる監護者の基準」とは、主として子を監護してきた親を「主たる監護者」と認定し、主たる監護者の従前の監護状況や今後の監護体制に特段の問題がない限り、主たる監護者を監護者と定めるべきとする基準である。もっとも、「主たる監護者の基準」においても、現実的には母が主たる監護者と認定されることが多い[53]。

特に、乳幼児期（6歳頃まで）においては、「主たる監護者の基準」が重視され、特段の問題がない限り、主たる監護者による監護の継続性が重視される[54]。

主たる監護者であることは、他方配偶者との対比において、産休・育休の取得、衣食住の世話、傷病時の通院・看護、幼稚園・保育園や習い事の選定、対応や送り迎えなど、育児を中心的に担ってきた具体的監護実績を主張立証する。母子手帳や育児日誌等の関係資料、保育所等の関係者の陳述書などによる立証が考えられる。

(b) 「子の意思」

家庭裁判所は、子の監護に関する処分の審判をする場合には、15歳以上の子の陳述を聞かなければならない（家事事件手続法152条2項）。15歳未満であっても、裁判所は、適切な方法により、子の意思を把握するように努めている（家事事件手続法65条）。

---

50 前掲注49・甲斐編著155頁。
51 前掲注20・武藤＝野口121頁。
52 前掲注49・甲斐編著146頁。
53 前掲注20・武藤＝野口123頁。
54 前掲注49・甲斐編著157頁、前掲注20・武藤＝野口122頁。

子の意思表明能力は、おおむね小学校高学年（10歳前後以上）であればこれを有すると考えられており、実務的には、「子の意思」が判断の決め手となることが多いとされる[55,56]。

小学校入学から中学年（6歳から10歳程度）であれば、「主たる監護者の基準」を重視しつつ、「子の意思」や「監護の継続性」などの要素も加味して総合考慮される[57]。

子の意思は、家庭裁判所調査官による調査によって把握される。当事者の立証としても、子の意思がわかる日常生活における日記や手紙、動画、写真等も証拠として利用することが可能と思われる。

(c) 「監護の継続性」

「監護の継続性」は、現在では生活環境の継続性を意味すると整理されるようになり、主たる監護者との精神的つながりよりも子の住居、学校、友人関係等の社会的つながりを継続することが子の成長に好ましいとされている[58]。監護の継続性を考慮する際においても、主たる監護者の基準を覆すものではなく、あくまでも補充的な要素とされる[59]。

監護の継続性については、学校行事や子供会活動の資料、友人との写真、習い事やクラブチームなどの資料、母子手帳、育児日誌等の関係資料、関係者の陳述書による立証が考えられる。

(d) 「面会交流の許容性」

「面会交流の許容性」は、監護者としての適格性を判断する際に総合考慮される要素の1つであるが、あくまでも補充的な要素とされる[60]。

(e) 「有責性（異性関係）」

「有責性（異性関係）」そのものは、子の監護に直接関係するものではなく直ちに問題となるものではない。子の監護よりも異性関係を優先さ

55　前掲注49・甲斐編著158頁、前掲注20・武藤＝野口127頁。
56　東京高決令和2・2・18判時2473号88頁〔28283078〕、大阪高決令和元・6・21判タ1478号94頁〔28280151〕など。
57　前掲注49・甲斐編著158頁、前掲注20・武藤＝野口129頁。
58　前掲注49・甲斐編著150頁。
59　前掲注20・武藤＝野口130頁。
60　前掲注49・甲斐編著152頁。

せるなど監護に具体的な支障が生じ得るかという観点から考慮されるものである[61]。

相手方の有責性（異性関係）については、不貞行為や外泊の状況がわかるLINE、メール、領収書、日記や写真などによる立証が考えられる。

(ウ) 不服申立て

子の監護に関する処分の審判及びその申立てを却下する審判について、即時抗告をすることができる（家事事件手続法156条4号）。

(3) 審判前の保全処分

(ア) 家庭裁判所は、子の監護に関する処分についての審判又は調停の申立てがあった場合において、強制執行を保全し、又は子その他の利害関係人の急迫の危険を防止する必要があるときは、当該申立てをした者の申立てにより、保全処分を命ずることができる（家事事件手続法157条1項3号）。

審判前の保全処分の申立人は、「保全処分を求める事由」を疎明しなければならない（家事事件手続法106条2項）。「保全を求める事由」とは、「本案認容の蓋然性」と「保全の必要性」と解されている。

(イ) 「本案認容の蓋然性」

子の仮の引渡しの保全処分において本案認容の蓋然性とは、本案の子の引渡事件において申立人が子の監護者として指定される蓋然性があることを指す。

本案の結論と審判前の保全処分の結論が異なることの弊害が大きいことから、実務においては、本案とほぼ同等な審理がされている。

(ウ) 「保全の必要性」

子の仮の引渡しの保全処分の必要性とは、「子その他の利害関係人の急迫の危険を防止する必要がある」（家事事件手続法157条1項3号）ことである。

子の仮の引渡しの保全処分が発令された場合、本案の確定を待たず、直

61　大阪高決平成28・8・31判タ1435号169頁〔28251600〕。

ちに子の引渡しの強制執行をすることができる（家事事件手続法109条2項、3項、民事保全法43条、52条）。もし、本案において異なる判断がなされると、強制執行が繰り返され、その度に子に多大な負担を及ぼしてしまうおそれがある。そのため、家裁実務においては、保全の必要性は厳格に解されており、慎重な審理・判断がされているのが実情である[62]。

「子その他の利害関係人の急迫の危険を防止する必要があるとき」とは、監護開始の悪質性が顕著な場合、子に対する虐待や不適切養育が行われている場合、子が相手方による監護の下で情緒不安定になっている場合、幼少の子が主たる監護者から引き離される状況が継続している場合などが挙げられる[63]。

(エ) 疎明のための資料について

先に述べたとおり、審判前の保全処分の結論が本案の結論と異なると、子に多大な負担を与えてしまうことから、慎重な審理・判断がされており、事実上、本案と同等の主張立証が必要になろう。

虐待の有無、子の精神状態の深刻性、子の奪取の経緯の重大な違法性など、現状の監護の悪質性や問題点、子の状態が判断できる客観的な資料、相手方の従前からの監護状況など幅広く事実を主張し、できるだけ客観的な資料に基づき裏付けることで、裁判官を説得する必要があろう。

また、家庭裁判所調査官の調査が実施された場合には、その調査結果が大きな比重を持つものと思われる。

(4) 履行勧告

家庭裁判所は、権利者からの申出があるときは、調停や審判（審判前の保全処分を含む）で定められた義務の履行状況を調査し、義務者に対し、その義務の履行を勧告することができる（家事事件手続法289条1項）。

もっとも、履行勧告制度は当事者の任意の履行を促すものにすぎず、強制力を伴わない。そのため、子の引渡し請求事件で履行勧告が利用されること

---

[62] 近藤ルミ子＝西口元編著『裁判官・調査官はここを見る！親権・監護権の弁護士実務』学陽書房（2022年）224頁。
[63] 前掲注20・武藤＝野口136頁。

は少ない。迅速に権利の実現を図るために、速やかに強制執行等の活用を検討すべきである[64]。

(5) 強制執行

子の引渡しに関して、従前は固有の規定がなかったが、令和元年改正により、民事執行法に子の引渡執行固有の規定が新設された（民事執行法174条ないし176条、民事執行規則157条ないし164条）。

子の引渡しの強制執行は、直接的な強制執行（民事執行法174条1項1号）、又は間接強制（同項2号）の方法により実施される。

直接的な強制執行とは、執行裁判所の決定により執行官に子の引渡しを実施させる方法である。直接的な強制執行を実施するためには、間接強制決定が確定した日から2週間を経過したとき（民事執行法174条2項1号）、間接強制の方法による強制執行を実施しても債務者が子の監護を解く見込みがあるとは認められないとき（同項2号）、子の急迫の危険を防止するため直ちに強制執行をする必要があるとき（同項3号）のいずれかに該当する必要がある。

債権者が子を監護するとかえって子の利益に反するおそれが生じた等の事情変更に際しては、子の引渡しの債務名義に対する請求異議の訴え（民事執行法34条）及びこれに伴う執行停止の裁判（民事執行法36条）によって争うことができる。

(6) 人身保護請求

㋐ 人身保護請求制度とは

人身保護請求制度は、法律上正当な手続によらないで、身体の自由を拘束されている者を救済する手続である（人身保護法2条）。「民事又は刑事の裁判とは異つた非常応急的な特別の救済方法」（最大判昭和33・5・28民集12巻8号1224頁〔27002671〕）とされる。

人身保護請求は、特別の事情がない限り、弁護士を代理人としてこれを

---

64 前掲注62・近藤＝西口編著228頁。

しなければならない（人身保護法 3 条）。書面又は口頭をもって、被拘束者、拘束者又は請求者の所在地を管轄する高等裁判所又は地方裁判所に申し立てることができる（人身保護法 4 条）。

(イ) 顕著な違法性の要件

人身保護請求は「拘束又は拘束に関する裁判若しくは処分がその権限なしにされ又は法令の定める方式若しくは手続に著しく違反していることが顕著である場合に限り、これをすることができる」（人身保護規則 4 条）。

最判平成 5・10・19民集47巻 8 号5099頁〔25000058〕は、離婚前の父母の共同親権に服する子の引渡しを目的とする人身保護請求における顕著な違法性として、拘束者が子を監護することが子の幸福に反することが明白であること（明白性の要件）を要することを明らかにし、人身保護請求手続の利用について限定的な解釈をした。このように、最高裁が顕著な違法性の要件を限定的に解釈したことから、離婚前の子の引渡請求のための緊急かつ暫定的な手続は、子の監護に関する処分の審判及び審判前の保全処分を用いることが主流となっている[65]。

一方、最判平成 6・11・8 民集48巻 7 号1337頁〔27825881〕は、離婚後の単独親権者から非監護権者に対する子の引渡しを目的とする人身保護請求において、請求者による監護が著しく不当なものでない限り、非監護権者による拘束は顕著な違法性が認められる旨を判示した。この判例を考慮すると、離婚後の単独親権者が非監護権者に対し子の引渡しを請求する場合には、実効性の高い人身保護請求の手続の利用を検討すべきであろう。

(ウ) 補充性の要件

人身保護請求は、「他に救済の目的を達するのに適当な方法があるときは、その方法によつて相当の期間内に救済の目的が達せられないことが明白でなければ、これをすることができない。」（人身保護規則 4 条ただし書）とされており、補充性の要件が必要である。離婚前の共同親権に服する子の引渡しを目的とする人身保護請求において顕著な違法性が認められるためには、原則として、子の引渡しの審判又は審判前の保全処分が出さ

---

[65] 前掲注62・近藤＝西口編著227頁。

れていることが必要であり、まずは子の引渡しの強制執行（民事執行法174条）が不奏効に終わった場合でなければ、補充性の要件を満たさないと考えられる。

(エ) 上 告

人身保護請求についての下級裁判所の判決に対しては、控訴することはできないが、3日以内に最高裁判所に上告することができる（人身保護法21条、人身保護規則41条1項）。上告期間は、判決正本の送達の日からではなく、判決の言渡しの日から起算され、上告理由書及び上告受理申立て理由書の提出期間は、15日と短いことに注意を要する（人身保護規則41条2項）。

4 面会交流

(1) はじめに

面会交流とは、父母の離婚の前後を問わず、父母が別居状態にある場合に、子と同居せず、実際に子を監護していない親（非監護親）が、子と直接会うこと（面会）、手紙、電話、メール、インターネットを利用した通話などで連絡を取り合うこと（その他の交流）をいう。

面会交流は、従前「面接交渉」といわれていたが、平成23年法律61号によって改正された民法766条1項が「父又は母と子との面会及びその他の交流」との文言を使用したことから面会交流というようになった。

令和6年5月24日法律33号（令和6年改正法）によって改正された民法766条1項では「父又は母と子との交流」とされたが、以下では慣用に従って「面会交流」の語を用いることとする。

(2) 面会交流に関する民法の規定

(ア) 協議離婚後の親子交流

令和6年改正法によって改正される前の旧民法766条1項は、父母が協議離婚をするときは、①子を監護すべき者、②父又は母と子との面会及びその他の交流、③子の監護に要する費用（養育費）の分担、④その他の子

の監護について必要な事項は、子の利益を最優先して、父母の協議で定めるものとしていた。

改正後の新民法766条1項は、これを一部変更し、父母が協議離婚をするときは、①子を監護すべき者又は監護の分掌、②父又は母と子との交流、③子の監護に要する費用（養育費）の分担、④その他の子の監護について必要な事項は、子の利益を最優先して、父母の協議で定めるものとする。

「子を監護すべき者」を「子を監護すべき者又は監護の分掌」に変更したのは、改正民法819条によって、離婚後の父母の共同親権が認められるようになったことを受けたものである。「父又は母と子との面会及びその他の交流」を「父又は母と子との交流」にしたことには実質的な変更はない。

なお、民法766条2項は、父母の協議が調わないとき、又は協議をすることができないときは、家庭裁判所がこれを定めるとしているが、これは令和6年改正の前後で変わらない。

(イ)　審判による父母以外の親族と子との交流

改正民法766条の2は、離婚後の子の監護に関する事項について父母の協議が調わないとき（民法766条2項）又は家庭裁判所が子の監護に関する処分を命ずるとき（同条3項）において、子の利益のため特に必要があると認めるときは、民法766条1項の「子の監護について必要な事項」として、父母以外の親族と子との交流を実施する旨を定めることができるとした。

この審判の請求は、父母だけでなく、父母以外の親族もできるとされているが、父母以外の子の親族については、子の直系尊属及び兄弟姉妹以外の者については、過去に当該子を監護していた者に限るとされている（民法766条の2第2項）。

父母以外の親族と子との交流については、令和6年改正法が新たに導入したものであり、今後どのように運用されるかはにわかに予想できない。今後、規則の制定や実務の運用によって基準が明らかになるのを待つほかない。

(ウ) 裁判上の離婚の場合の面会交流

民法771条は、766条から769条までの規定は、裁判上の離婚について準用するとしている。この規定は、令和6年改正法でも存続しているので、改正後の766条及び766条の2の規定は、裁判上の離婚に準用されることになる。

(エ) 離婚成立前の親子の交流等

離婚成立前の面会交流については、従前明文の規定がなかったが、令和6年改正は、民法817条の13を新設し、協議離婚及び裁判上の離婚の場合と同様に取り扱うことを明記した。

(3) 面会交流の手続

(ア) 協議、調停及び審判

面会交流を実施するか否か、実施するとして、どのような頻度で、どのような方法で行うかは、父母の協議によって定めるのが原則である（民法766条1項）。協議が調わないとき、協議をすることができないときは、家庭裁判所がこれを定めるとされている（民法766条2項）。

面会交流を求める場合には、家庭裁判所において調停又は審判の申立てをすることができ、調停が成立しなかったときは、審判手続に移行する（家事事件手続法39条、244条、別表第二3項、272条4項）。

面会交流調停・審判の申立書の書式は以下の二次元バーコードから確認できる。

(イ) 家庭裁判所調査官の関与

子と非監護親との面会交流は、原則的には子の福祉にとって重要と考えられるが、面会交流の調停において、監護親と非監護親との精神的な葛藤などから、協議によって面会交流に関する取決めをすることが困難な場合

も少なくない。このような場合、裁判官は、家庭裁判所調査官に対し、事実の調査及び調整活動を命じ、調停委員会は、家庭裁判所調査官に対し、調停期日への立会いを命じる。家庭裁判所調査官は、行動科学の知識及び理論とそれに基づく面接技法を基盤とした専門性を発揮することにより、調停成立を促し、審判の公正に寄与している。

(ウ) 面会交流の内容

面会交流の内容については、以下の項目が検討されることになる[66]。

① 面会交流の頻度・時間
② 実施日時を固定するか否か、固定する場合における日時、代替日の設定の要否
③ 面会交流の場所
④ 子の受渡場所と方法
⑤ 同居親と別居親との間における連絡方法
⑥ 宿泊の可否、日時、時間
⑦ 学校行事等への参加の可否
⑧ 同居親、祖父母、代理人等の立会いの要否
⑨ 第三者機関の利用の要否と費用の負担
⑩ 事情変更による実施条件の変更についての協議

(エ) 支援団体

同居親が子の連れ去りなどを恐れて面会交流に消極的であるような場合には、面会交流を支援する第三者機関を利用することも検討の余地がある。

法務省のHPには、面会交流支援団体等の一覧表が掲載されているので参照されたい（下記二次元バーコードから閲覧可能）。なお、この一覧表に掲載されている団体等は、法務省があらかじめ調査したり、その信頼性を保証したりするものではないことに注意する必要がある。

---

[66] 平田厚『面会交流実施要領から理解する面会交流の条件・条項』第一法規（2022年）8頁以下。

(オ) 離婚調停との関係

　面会交流が争われる典型的なケースは、母が子を連れて家を出て、別居が開始し、離婚を請求するのに対して、父が面会交流を請求するという場合である。家事調停は、相手方の住所地に申し立てることになるので、父母の住所地を管轄する裁判所が異なる場合は、離婚調停と面会交流調停とが別々の裁判所に係属することになる。ただし、裁判実務では、双方当事者の協力により、管轄合意をし、同一の家庭裁判所で両事件が同一期日に進行できるように工夫されることが少なくない。

　なお、いずれも不成立になった場合、面会交流については審判に移行し、離婚については改めて離婚訴訟を提起することとなる。

(カ) 調停に代わる審判の活用

　家事事件手続法284条は、別表第二事件である子の監護に関する事件についても、調停に代わる審判をすることを認めている。面会交流調停において、面会交流の実施自体に争いがないものの、回数、面会交流にかかる費用の負担など、その詳細について争っているような場合には、調停に代わる審判によって、裁判所が一定の判断を示して紛争の早期解決を目指すことも考えられる。

(4) 面会交流に関する調停・審判の履行確保

　面会交流において、直接強制は認められないが、間接強制が認められるかは争いがあった。これについて、最決平成25・3・28民集67巻3号864頁〔28211017〕は、面会交流の日時又は頻度、各回の面会交流時間の長さ、子の引渡方法など監護親がなすべき給付の内容が特定されている場合には間接強制を認めることができると判示した。

　この最高裁決定を前提とすると、面会交流に関する調停条項や審判条項には、監護親のなすべき給付の内容を特定する配慮が必要となる。

(5) 面会交流事件を受任した場合の留意点

(ア) 面会交流事件は、父母間の感情的対立を反映して、調整が困難なことが多い。離婚事件と同時並行的に進められることも多いので、父母が互いに相手方に対する非難に終始しがちである。しかし、面会交流事件は「子の利益を最も優先して考慮しなければならない」(民法766条1項)。したがって、面会交流事件を受任した弁護士としても、いたずらに父母の感情に流されることなく、端的に面会交流が子の利益になるのか、利益にならないのかに焦点を当てて、主張立証をすることが肝要である。

(イ) 現在の家庭裁判所の運用は、非監護親と子との面会を認めることが一般的に子の利益になるとの認識から、特に子の不利益となる事由がない限り、面会交流を認める「原則実施論」が主流であるといわれている。これに対して、「子の利益」を積極的な要件とし、子の利益となることが積極的に認められない限り、面会交流を認めるべきではないという説も有力である[67]。

(6) 面会交流を禁止ないし制限すべき事由

(ア) 子の連れ去りのおそれがある場合

非監護親が、監護親のもとから子を連れ去るようなことがあれば、子の生活環境を大きく変えることになり、子に大きな動揺を与えかねないから、基本的に子の利益にならない。

(イ) 非監護親が子を虐待していた場合

非監護親が子を虐待していた過去があり、面会交流の際に、非監護親が子を虐待するおそれがある場合、子が非監護親に恐怖心を抱いている場合などには、面会交流を禁止ないし制限すべきであるとされる。

(ウ) 監護親が非監護親からDVを受けていた場合

監護親が非監護親から子の面前で暴力などを受けていて、それが子に対しても精神的なダメージを与え、現在も子がそのダメージから回復できていない場合、監護親が非監護親によるDVによってPTSDを発症し、面会

---

[67] 梶村太市『裁判例からみた面会交流調停・審判の実務〈第2版〉』日本加除出版(2020年)5頁以下。

交流を行うと症状が悪化して子に対して悪影響を及ぼすことが認められる場合などには、原則として面会交流を禁止ないし制限すべきであるとされる。

(エ) 子の拒絶

子の利益の観点からは、子の意思は重視すべきであるといえるが、監護親が子に影響を与えている場合、子が監護親の心情を慮って発言をしている場合、子が事実関係を誤解して発言している場合、そもそも子の年齢が低い場合などには、発言内容のみから子の本当の意思を判断することが適切でないこともあり、留意すべきである。

> ### 経験談㉒ 面会交流事件の適切な解決について
>
> 弁護士が面会交流に関する事件を受任する場合、監護親と非監護親が、感情的に双方を非難しあった結果、相当にこじれてしまうことがあるかと思います。監護親は、多くの場合、面会交流に非協力的である一方で、非監護親の中には、面会交流は認められて当然と思っている人もいるようです。
>
> 夫（非監護親）からの離婚調停申立事件において面会交流が争点となった事件において妻（監護親）の代理人となったことがありました（子は小学校の低学年の女児）。依頼者は、婚姻中の様々な事情から夫に対する感情的な忌避感が激しかったので、依頼者からは「子と面会させることなどとんでもない、考えられない」と言われてしまいました。他方、子と夫の関係は、それほど悪くなく、子ははっきりとは言いませんが、夫に会いたそうな感じもあるとのことでした。また、夫に虐待やDVなど面会交流を禁止・制限すべき明確な事由もありませんでした。
>
> 実務上、面会交流を原則的に実施すべきとの考えがあり、私も面会交流については実施するのを前提として条件面を考えざるを得ないとも思っていました。しかし、依頼者の要望とは大きな隔たりがあったため、依頼者は面会交流を認める方向の事情については全く認めたがらず調停が停滞しかねない状況になってしまいました。
>
> 面会交流の実施については、原則的にこれを認める考えのほか多岐にわ

Ⅲ　離婚に伴う関係

たるようでしたが（例えば、細矢郁ほか「面会交流が争点となる調停事件の実情及び審理の在り方―民法766条の改正を踏まえて―」家庭裁判月報64巻7号（2012年）1頁以下、さらに現役の裁判官による吉川昌寛「面会交流事件と要件事実論に関する一考察」判例タイムズ1469号（2020年）31頁もかかる議論状況の整理に詳しい）、最近では、東京家庭裁判所面会交流プロジェクトチーム「東京家庭裁判所における面会交流調停事件の運営方針の確認及び新たな運営モデルについて」家庭の法と裁判26巻（2020年）129頁において、要件事実的な考えではなく面会交流事件における具体的事実や事情を多角的に考慮し、子の利益を最優先にした審理をすべきとの運営モデルが提唱されているようでした。

　そこで、私は、依頼者に対し、徒に面会を拒んでも、子の成長のためにはあまり良くないこと、審理が長期化すると依頼者自身のためにもならないことを説明し、調停委員の説得もあって、子の利益を最優先として現実的な条件面を整えたうえで、何とか調停を成立させることができました。子の利益を最優先にするということは言葉では簡単ですが、自身の依頼者の納得を得ることは必ずしも容易ではないように思います。当事者双方の具体的な事実の主張と客観的な根拠資料を十分に検討することで、結果として依頼者の納得にもつながった面もありました。面会交流については、改めて子の利益を最優先にしたうえでの父母双方の協力があってこそ実現可能となるものかと思います。この意味で、面会交流の実施については、上記運営モデルも大いに踏まえたうえで、弁護士の役割としては、改めて具体的事案に沿った主張立証が紛争の解決に重要なのだと実感いたしました。

経験談㉓　家庭裁判所調査官の面接について

　家事事件において、調査官の調査、具体的には子の親権者・面会交流決定の判断要素となる報告書作成のため、依頼者である申立人の面接に同席しました。

　家庭裁判所調査官による調査は、東京家庭裁判所家事第6部「『東京家

裁人訴部における離婚訴訟の審理モデル』について」判例タイムズ1523号（2024年）5頁によると、親権者の決定において、監護親側では、①子が現在監護されるに至った経緯（別居に至る経緯）、②子が出生してから現在までの具体的な監護の状況、③監護親の現在の健康状態、稼働状況、経済状態、④子の生活状況、学校等での様子、健康状態、⑤監護補助者の有無及び監護補助の態様・程度、⑥自らが親権者としてふさわしい理由、⑦相手方が親権者としてふさわしくない点があればその理由、⑧今後の監護方針等を主張することになる、とされています。一方非監護親側では①別居に至る経緯、②子との同居中の具体的な監護の状況、③面会交流の状況、④非監護親の現在の健康状態、稼働状況、経済状態、⑤監護補助者の有無及び期待できる監護補助の態様・程度、⑥自らが親権者としてふさわしい理由、⑦相手方が親権者としてふさわしくない点があればその理由、⑧今後の監護の方針等を主張することになる、とされています。

　実際に同席して、調査官は生活状況や子供との関わり方、父母の紛争についての認識などを、かなり詳細に聞き取っているという印象を受けました。聞き取りでは、例えば子供との関わり方について「一緒に遊んだ」という発言に対して、その頻度や内容、子供の反応、特にどのような遊びが好きか、などを深く掘り下げ、正確な事実の把握に努めていると感じました。具体的な出来事を詳細に把握することで、要件事実的な側面にとらわれず、どのような監護環境が子の最善の利益にかなうのかを慎重に検討するために調査を行っているという姿勢が示されているようにも感じました。

　事前に調査官からも午後いっぱいはかかるというお話はあったものの、面接は長時間に及び、最終的には17時を過ぎたあたりで調査官から、再度申立人本人と直接電話でやりとりをする提案がされました。時間については、かなり長くかかることを覚悟しておいた方がよさそうです。

　特に家事事件において、事前に準備して回答を作り込むことが必ずしも良いとは言い切れませんが、かなり具体的に質問されることを念頭に置き、調査官との面接に臨むに当たっては、被面接者には事前に子供とのやりとりなどを具体的に想起していただいておくことが重要であると感じました。

5　財産分与（民法768条）

(1)　財産分与請求権の性質・算定方式・請求期間

　(ア)　財産分与請求権に含まれる3つの性質

　離婚した者の一方は、他方に対して、財産の分与を請求することができる（民法768条1項、771条）。これを財産分与といい、その法的性質としては、①婚姻中に有していた実質上共同の財産の清算分配（清算的財産分与）、②離婚後経済的自立が困難な配偶者に対する離婚後扶養（扶養的財産分与）、③慰謝料的要素（慰謝料的財産分与）が含まれる。

　慰謝料的財産分与を含むかどうかについて、学説上は見解が分かれているが、判例は離婚慰謝料請求と財産分与請求とは別個のものとしつつ、財産分与の決定において、離婚慰謝料を「一切の事情」として考慮することも認めている[68]。

　(イ)　財産分与の算定方式

　財産分与請求権には前述のとおり複数の法的性質が含まれているところ、具体的な算定方法としては、①清算的要素、扶養的要素、慰謝料的要素のすべてに影響する事情を総合考慮して、一括裁量によって分与の額及び方法を定める方式（一括裁量方式）と、②三要素のそれぞれについて分与の額及び方法を個別に算定し、これらを合算したものを分与額とする方式（個別算定方式）があり、一括裁量方式を採用する裁判例もみられる。

　しかし、財産分与を構成する三要素は、それぞれ直接の目的及び性質を異にすることから、また、算定の客観性を担保するためにも、さらには、後日の紛争を防止するためにも個別算定方式が一般的にはより妥当であるとの指摘があり[69]、近時の裁判例では、個別算定方式によることが定着しているとされる[70]。

68　前掲注22・二宮編402-403頁。
69　村重慶一＝梶村太市編著『人事訴訟の実務〈三訂版〉』新日本法規（1998年）219頁。
70　永谷典雄「清算的財産分与における清算割合の認定—民法改正要綱試案におけるいわゆる2分の1ルールを視野に入れて」家庭裁判月報48巻3号（1996年）20頁。

(ウ) 財産分与請求権の行使期間

財産分与請求権は、離婚の時から2年（令和6年改正後は5年）を経過したときは行使することができない（民法768条2項）。

(2) **扶養的財産分与について**

本項は清算的財産分与を中心に論じるものであるが、扶養的財産分与についても一項目を設けて、ここで簡単に触れることとする。

(ア) 扶養的財産分与の根拠

扶養的財産分与によれば婚姻関係の解消後も、夫婦間の扶養義務が認められることになる。その根拠としては、離婚に至った場合でも夫婦の一方が生活に困窮するおそれがあるときは、他方は婚姻の事後的効果（余後効）を負うとするものや、あるいは実質的平等や衡平を根拠として、他方を扶養する義務を負うとするものがある[71]。

(イ) 扶養的財産分与の補充性

多くの学説・裁判例は、離婚後の扶養は、共同財産の清算や離婚慰謝料の給付によっても、その額が皆無か僅少であり、配偶者であった者が生活に困窮する場合に、補充的に給付されるものであると位置付けている（補充性）。

(ウ) 特有財産に対して不動産に対する使用権を設定した裁判例

清算的財産分与は、実質的共有財産の清算を目的とするものであるから、特有財産を対象とすることができない（後述）。しかし、扶養的財産分与については、その性質上、一方当事者の特有財産を分与の対象とすることも可能である。

また、扶養的財産分与の一態様として、賃借権、使用借権などの利用権を設定することも可能であると解されており、いくつかの裁判例においては、財産分与の内容としてこれら使用権の設定を命じたものが存在する

---

[71] 前掲注22・二宮編399頁。

（浦和地判昭和59・11・27判タ548号260頁〔27453055〕、東京高判昭和63・12・22判時1301号97頁〔27803643〕、名古屋高決平成18・5・31家裁月報59巻2号134頁〔28130330〕など）。

(3) 清算的財産分与の手続（概要）

本項では、清算的財産分与について申立てから終結までの流れを概観する。

(ア) 手続の流れ

清算的財産分与は、原則として、次のプロセスを追って行われる（段階的進行モデル）。

① 分与対象財産の確定
② 分与対象財産の評価
③ 分与割合の決定
④ 分与方法・分与額の決定

(イ) 分与対象財産の確定・評価

分与対象財産の確定及び評価に当たり、東京家庭裁判所は「婚姻関係財産一覧表」をウェブサイト[72]に掲載しており、当事者には「婚姻関係財産一覧表の作成に当たっての注意事項」を参照して、同一覧表を作成するように求めている。

通常は、財産分与を申し立てた当事者又はその代理人が先行して一覧表を作成する。相手方に代理人が付いていれば、申立人から相手方代理人に対して、メール等の手段でデータを共有する。次いで、相手方が同データに追加入力を行うことで、分与対象財産と評価額に関する双方の主張を、一覧性をもって対比することが可能となる。

この段階で主な論点となるのは、①基準時の確定、②財産調査、③特有財産、④対象財産の評価である。それぞれの論点については、項を改めて追って論じる。

---

[72] 東京家庭裁判所HP「人事訴訟事件で提出する書面の書式等」
https://www.courts.go.jp/tokyo-f/saiban/tetuzuki/zinzi_soshou/index.html

(ウ) 分与割合の決定

　分与対象財産の範囲、評価額が定まったら、次に分与割合を決定する。財産形成についての当事者双方の寄与の程度に応じて割合を決定するが、実務上は、特段の事情がない限り双方の寄与割合は等しいものと考えられている（いわゆる「2分の1ルール」である）。

　2分の1を超える寄与があると主張する当事者は、その具体的な主張及び根拠となる証拠資料を提出しなければならず、対立当事者には反論・反証の機会が与えられる。なお、2分の1ルールを修正して、寄与の割合を変更する事情が認められることは極めてまれである。

(エ) 分与方法・分与額の決定

　2分の1ルールの下では、分与対象財産の総額に2分の1を乗じた額を算出し、両者の不均衡を是正するために必要な額を清算金として支払うことが、分与方法・分与額に関する基本的な考え方である。現物による分与も可能である。

　また、付随処分として、分与した財産以外の相手方の所有財産に、賃借権、使用借権などの利用権を設定することも、清算の一態様として可能であると解されている[73]。

　なお相手方の特有財産（後述）を分与の対象とすることは、清算的財産分与においては認められないが、扶養的財産分与としては可能であり、これを認める裁判例もあることは前述したとおりである。

(オ) 合意を証する書面の作成・審判手続への移行

　当事者間に合意が成立すれば、合意を証する書面（裁判手続外の協議による場合であれば私文書、調停であれば調停調書）を作成するが、調停不成立の場合には家庭裁判所の審判に移行して、裁判官の判断を仰ぐことになる。なお、当事者間に調停が成立しない場合であっても、家庭裁判所が相当と認めるときは、職権で調停に代わる審判をすることができる（家事事件手続法284条）。

73　前掲注69・村重＝梶村編著220-221頁。

(4) 清算的財産分与にまつわる問題①（基準時の確定）

次に、清算的財産分与に関する主な論点を、個別にみていくこととする。

清算的財産分与に当たっては、まず基準時を定める必要がある。ここでの基準時には、分与対象財産を確定するための基準時と、分与対象財産の評価にかかる基準時があり、それぞれ別々の時点が定められる。

(ア) 対象財産確定の基準時

清算的財産分与は、夫婦が共同生活中に形成した夫婦共有財産の清算を目的とするものであるから、対象財産確定の基準時は、特段の事情がない限り、夫婦による経済的協力関係が終了した時である別居時とされる。別居時についての争いがある場合には、当事者の一方が離婚調停を申し立てた時点を基準時とすることもある。

基準時を定めることで、基準時における財産が分与対象財産として特定されるので、次に「婚姻関係財産一覧表」等を利用して、対象財産の明細及び評価に関する合意形成を図り、以後の協議・審理を進めていく。基準時に存在する財産及び評価の立証方法については後述する。

(イ) 対象財産評価の基準時

対象財産評価の基準時は、理論的には分与時となるが、実務的には、次のように合意することが多い（前掲東京家庭裁判所HP「婚姻関係財産一覧表の作成に当たっての注意事項」参照）。

① 預貯金・負債

財産確定の基準時（一般的には別居時。以下、単に「基準時」という）における残高

② 不動産・株式等

現時点での時価（基準時後に売却した場合は売却価格）

③ 生命保険

基準時における解約返戻金額

④ 退職金

基準時において退職したと仮定した場合に支払われる金額に同居期間が就労期間に占める割合を乗じた額

(5) **清算的財産分与にまつわる問題②（特有財産）**

　夫婦の共同財産は、帰属の態様によって、次の3種類に分類される。

　① 特有財産

　　名義・実質ともに夫婦の一方が有する財産。

　　婚姻前から各自が所有していたもの、婚姻中に一方が相続、贈与などにより第三者から無償取得したもの、装身具や衣類など社会通念上各自の占有品とみられるものなどが含まれる。

　② 共有財産

　　名義・実質ともに夫婦の共有に属する財産。

　③ 実質的共有財産

　　名義は夫婦の一方に属するが、実質的には夫婦の共有に属すると評価できるもの。なお、基準時において夫婦のいずれに属するか明らかでない財産は、夫婦の共有財産であると推定される（民法762条2項）。

　清算的財産分与の対象となるのは、②の共有財産及び③の実質的共有財産である。特有財産は清算の対象とならない。

　婚姻期間中に有償で財産を取得した際に特有財産の一部が用いられた場合（例えば婚姻前の預貯金などを不動産取得費の一部に充てた場合など）、財産取得に対する特有財産による寄与部分を、清算対象財産から割合的に控除する扱いが考えられる。

　特有財産であることを主張する当事者は、特有財産であることを基礎付ける事情を、主張立証する必要がある。

(6) **清算的財産分与にまつわる問題③（対象財産の開示・調査）**

　当事者は、基準時における分与対象財産の全てを開示すべきであるが、任意の開示に応じない場合の対応が問題となる。まずは開示を求める当事者において、開示対象財産を具体的に特定する必要がある。預金口座について調査嘱託を求める事例が多いが、この際、「（他に口座が）あるはず」という探索的な請求では足りず、相応の根拠をもって具体的に当該口座の存在を指摘すべきである。

　調査嘱託の対象事項としては、基準時時点における相手方名義の預金口座

の存否及び残高を明らかにするように求めることが多い。

　基準時以前の預金取引について開示を求める（求められる）こともあるが、基準時を遡った取引履歴の開示については、必要性に疑問を呈されることが少なくない。清算的財産分与の対象財産は、あくまで基準時において現に存在するものだからである。また、取引履歴を開示することで、その使途や金銭管理のあり方をめぐって議論が紛糾することも多いため、開示することがあってもその対象範囲は基準時から1年程度遡った期間に限定することがある。

(7)　清算的財産分与にまつわる問題④（対象財産の証拠資料・評価）

　この項では、清算的財産分与の対象となる財産について、一般的に要求される証拠資料、評価方法、その他の論点を類型ごとにみていくこととする。

　㈠　不動産

　　(a)　証拠資料

　　　通常提出すべき資料は、全部事項証明書、査定書である。

　　(b)　評価額

　　　査定書によることが多い。不動産の評価額について争いがある場合には、双方から複数の査定書を提出して、評価額に関する合意を探るのが通常の進行である。

　　　合意に達しない場合には鑑定を行うことも可能だが、鑑定費用がかかるため、費用対効果を検討する必要がある。

　　　評価額に関する対立が激しい場合であって、双方当事者ともに不動産の取得を希望しないときは、当該不動産を売却し、売却代金をもって分与対象財産とする扱いも行われている。

　　(c)　住宅ローンが残っている場合の扱い

　　　①　自宅の評価額と住宅ローンの関係（特にオーバーローンの場合）

　　　　　財産分与対象財産である自宅に住宅ローンが残っていることがある。この場合、自宅と住宅ローンを一体のものとみて、自宅の評価額から住宅ローンの残額（基準時における債務残高）を差し引き、オーバーローン不動産については資産価値がないものとして、これを分与

対象から除外するという考え方がある（東京高決平成10・3・13家裁月報50巻11号81頁〔28033393〕など）。

しかし、近時の裁判例は、夫婦共同財産に積極財産と債務が存在する場合には、積極財産総額から債務総額を控除した額を清算的財産分与額とするのが一般的であると指摘されており[74]、東京家庭裁判所が採用する「婚姻関係財産一覧表」も、同様の考え方によって作成されているようである。したがって、自宅不動産の評価額と住宅ローン残高の比較だけでみたときにはオーバーローンであっても、他の積極財産の状況によってはなお分与対象となることがある[75]。

② 自宅の帰属と将来におけるローンの支払

自宅に住み続けることを希望する当事者と、住宅ローンの債務者である他方当事者とが合致しない場合（夫名義で住宅ローンの借入れをしており、妻が自宅に住み続けることを希望する場合など）、当該ローンを将来にわたり誰が負担するのか、その支払が滞った場合にはどのような法律関係が発生するのか、債務者の変更が可能か、といった問題が生じる。特に夫婦間で経済力に差があり、自宅への居住を希望する側の当事者に住宅ローンの負担能力がない場合には問題が先鋭化する。債務者は離婚後に自身が居住しない住宅のローンを負担し続けることには消極的であることが多く、住宅を売却することで債権債務関係の清算を望むことも珍しくない。

例えば、夫が就労して住宅ローンの債務者となり、登記上も単独での所有名義となっている一方、妻は就労していない（又は稼働収入が乏しい）場合において、妻から、住宅ローンは夫が負担して、妻と子供が自宅に住み続けられるようにしてほしいと要求した場合、どのような方法が考えられるかといった問題である。

当然ながら債権者である金融機関の同意がなければ債務者の変更はできず、負担能力に乏しい当事者への債務者変更について同意が得られることは考えにくい。そうすると、債務者については変更しないま

---

[74] 前掲注22・二宮編414頁。
[75] 惣領美奈子「財産分与と住宅ローン」判例タイムズ1100号（2002年）56頁。

ま、離婚当事者間の内部的合意で、債務の負担者、支払方法、住宅の利用権について決める中で、双方当事者の利害の調整を図っていくことが基本的な方針となる。

具体的には、居住を希望する当事者に自宅所有権を取得させたうえで、債務者である当事者が引き続き返済を継続する方法、若しくは、自宅に住み続ける者が債務引受（履行引受）を行って返済を負担する方法、又は、自宅所有権は債務者である当事者に帰属させたうえで、居住を希望する当事者に対して、財産分与として賃借権、使用借権の設定をすることで、居住の確保をするという方法[76]などが考えられる[77]。

当事者間における債務負担に関する合意は、債権者である金融機関を拘束するものではないから、非居住者である債務者がローンの返済を怠った場合には、金融機関が担保権を実行して居住する当事者が明渡しを迫られる可能性が残る。また、当事者間で履行引受の合意がなされたにもかかわらず、引受をした当事者が債務の返済を怠ったときは、債務者である当事者が金融機関に対する返済義務を負う。この場合は、履行引受の合意に基づき、支払をした当事者が、引受を約した者に対して、求償権を行使することが可能である。

(イ) 流動資産（預貯金）

(a) 証拠資料

預金通帳、残高証明書等、基準時の残高を示すもの。

(b) 基準時以前の払戻しについて

当事者が基準時以前の取引履歴開示を求めた場合の基本的な考え方、取扱いについては前記(6)参照。

(c) 婚姻前から保有していた預金について（特有財産の主張）

実務上、一方当事者が婚姻前から保有していた預金は特有財産であっ

---

[76] 清算的財産分与として夫にマンションの所有権を取得させたうえで、扶養的財産分与として賃借権を設定した例として名古屋高判平成21・5・28判時2069号50頁〔28161100〕、扶養的財産分与として使用借権を設定した例として名古屋高決平成18・5・31家裁月報59巻2号134頁〔28130330〕などがある。

[77] 相原佳子「財産分与における住宅問題」判例タイムズ1269号（2008年）29頁。

て、財産分与の対象から除外すべきであるとの主張が提出されることがある。この点、定期預金など婚姻前から同一性を保って預金債権が存在している場合や、婚姻前から有していた預金の預け替えをして新預金を形成したことが明らかである場合には、特有財産性を認める余地があると解される。特有財産性を認定できない場合であっても、財産形成に当たっての寄与割合や、一切の事情として考慮することが考えられる。

一方、婚姻前から保有していた口座に、婚姻後に発生した入出金が混在している場合には、特有財産性を認めることは困難なことが多い。特に、婚姻から長期間が経過している場合には、婚姻前に有していた預金は生活費等に費消されるなどして、その特有性が維持されているとは認められない、との判断になることが多いと思われる。

(ウ) 流動資産（保険）

(a) 証拠資料

保険証書、解約返戻金計算書（基準時現在）。

(b) 特有財産が含まれる場合の取扱い

当事者の一方が、婚姻前から保険料を負担して支払っている場合には、基準時における解約返戻金相当額から特有財産部分を控除した残額を、分与対象額とする。

具体的な計算方法は次のとおり。

（計算式）解約返戻金相当額×婚姻後の同居期間／基準時までの契約期間

(エ) 流動資産（有価証券）

(a) 証拠資料

証券会社発行の保管数量証明書、分与時の株価を証する資料、決算書。

(b) 閉鎖会社の場合

同族会社、個人経営の会社など、市場取引が行われていない株式については、決算書など適宜の方法で株価を算定する必要がある。この点、厳密な算定を行うのであれば、公認会計士等に株価の鑑定評価を依頼することになる。しかし、この手法をとる場合には鑑定費用等がかかるた

め、依頼者の負担という観点からは必ずしも望ましいことではない。そこで、実務上は、税理士に簡易な計算書・意見書の作成を依頼したり、その費用もかけられない場合には、決算書上の純資産価額をもとに一株当たりの価格を算出するといった簡易的な方法を用いることもある。

(オ) 債権（退職金請求権）

(a) 証拠資料

退職金計算書（基準時において自己都合退職した場合の計算書）、入社日がわかる資料。退職金計算書については、勤務先から取り寄せたうえで、この任意開示により資料とすることが多い。任意開示に応じない場合については、調査嘱託の利用も考えられるだろう（前掲(6)参照）。

(b) 特有財産が含まれる場合の取扱い

退職金の取得について夫婦の協力が認められるのは同居期間であるから、当該期間に対応する部分のみを分与対象とする。具体的には、基準時（別居時）において自己都合退職した場合の退職金相当額を試算し、そこから婚姻前の就労期間に対応する部分を控除した額を、財産分与の対象財産とする。

（計算式）基準時に自己都合退職した場合の退職金支給見込額×婚姻の日から基準時までの期間／就労開始の日から基準時までの全期間

(c) 退職時期が将来の時点である場合の扱い

抽象的には未支給の退職金も清算的財産分与の対象となり得るが、特に定年退職まで相当の期間が見込まれる場合など、どの程度の確実性があれば、分与対象財産と見ることができるのか、問題となる。

裁判例・学説には、支給の蓋然性が高い場合には、分与対象財産とすることを説くものがある[78]。

その一方で、既に退職金の取得に対して寄与をしている事実を評価して分与するのであるから、分与者が今後の自己都合退職や非行による解雇の可能性を理由に清算を拒むことを許すべきではなく、立法者意思も考慮に入れれば、将来の退職金を財産分与の対象から外すことは許され

---

[78] 松本哲泓「財産分与審判の主文について」家庭裁判月報64巻8号（2012年）117-118頁。裁判例としては東京地判平成11・9・3判タ1014号239頁〔28050111〕など。

ないとの説もある[79]。

　裁判例は、将来に支給される退職金請求権を分与対象に含める場合であっても、その算定方法、支払時期の組み合わせによって、様々な考え方をとっている。この点は次項で詳しくみていく。

(d)　将来支給される退職金の評価方法及び支払時期

　将来支給される退職金の評価方法及び支払時期については、裁判例によって以下のように様々な考え方がとられている[80]。

　① 　離婚時に退職したと仮定して、その場合の退職金のうち婚姻期間又は同居期間に対応する額を清算の対象とし、支払時期は即時とするもの。

　② 　離婚時に退職したと仮定した退職金を基準に、これの支払時期を退職金支給時とするもの。

　③ 　将来の見込額を基準に中間利息を控除するなどして現在額に引き直して清算の対象とし、支払時期は即時とするもの。なお、将来の見込額を基準に中間利息を控除した事例を紹介したものとして、原田宜子「財産分与事件の調査について―将来の退職金の財産分与をめぐる事例」ケース研究255号（1998年）44頁がある。

　④ 　実際に支給される退職手当の額を基礎として、離婚時までの勤続期間に基づいて定める割合を乗じて得られる額を清算の対象とし、支払時期は退職金支給時とするもの。

　⑤ 　将来の見込額を基準に、その支払時期を退職金支給時とするもの。

　退職金請求権の財産分与を請求する際は、将来における執行の不確実性も考慮して、支払方法・支払時期の検討に当たるべきである。一方、分与に応じる側の当事者としては、即時の支払とした場合には、実際に退職金支給を受けていないのに分与を行うことの経済的負担が大きく、

---

[79] 二宮周平「財産分与として将来の退職金の清算と、年金額を考慮して離婚後扶養を認めた事例（横浜地判平9・1・22判時1618号109頁）」判例タイムズ973号（1998年）89頁。

[80] 前掲注78・松本118頁。

将来の不支給・減額等による危険を負担することになる。いずれの立場からも、諸事情を十分に考慮して、事案に適した解決を探るべきであろう。

(8) その他派生的な問題（税金等）

　財産分与に当たっては課税関係も考慮に入れる必要がある。特に、財産分与として不動産の所有権を移転した場合には、その分与をした者に対して、譲渡所得税が課税されることは確定した判例となっているので注意である（最判昭和50・5・27民集29巻5号641頁〔21050440〕）。

　同判例の事案は特有財産の分与であったが、課税実務は特有財産か実質共有財産かを区別せず課税しており、同判例解説も両者を区別せず課税することを当然の前提としている。

　なお、離婚に伴う財産分与として特有財産に属する不動産を譲渡したのちに、分与者である自己に約2億2224万円余の譲渡所得税が課税されることを初めて知ったとして、要素の錯誤により財産分与契約の無効を主張した事案について、要素の錯誤の成否、重過失の有無について審理を尽くす必要があるとして原審判決を破棄、差し戻した事案として、最判平成元・9・14裁判集民157号555頁〔22003091〕がある（差戻審において錯誤無効が認められている。東京高判平成3・3・14判時1387号62頁〔22004261〕、同裁判例の解説として判例タイムズ790号（1992年）108頁）。

経験談㉔　医療法人の決算届等の閲覧制度を利用した証拠収集の事例

1　事案の概要

　依頼者は妻で、夫は医師です。家事調停は不調に終わり、夫婦がそれぞれ本訴及び反訴を提起し、訴訟事件から妻代理人を務めました。

　妻は、子の出産以降、育児や家事等を担い、無職・無収入で、妻名義で形成された財産はほとんどありません。なお、子は2名で、別居時はいずれも未就学児でした。

夫は、医療法人の代表理事を務め、同法人を通じてクリニックを経営していました。院長医師として臨床も行っていましたが、医師としての収入は医療法人からの役員報酬です。なお、夫が利用する不動産や自動車などの主な財産は医療法人名義でした。

争点は多岐にわたりますが、その1つが財産分与（額）でした。

2　財産分与に係る証拠収集活動

夫は、医療法人名義の財産を自由に利用して贅沢な生活を送るなどしていることがうかがわれ、適正な財産分与を検討するためには、夫婦名義となっている財産のみならず、医療法人の財務状況等を把握することが必要であると考えられました。しかし、妻は医療法人の経営に関与しておらず、情報を持ち合わせてはいませんでした。

そこで、医療法人の財務状況等を知るべく、医療法人の決算届等の閲覧制度を利用しました。

医療法人は、毎会計年度終了後3か月以内に決算届等（財産目録、貸借対照表その他）を都道府県に提出しなければなりません（医療法52条1項）。また、過去3年間の届出書類は、一般の閲覧に供されます（同条2項、医療法施行規則33条の2の12第5項）。

かかる閲覧の結果、婚姻期間中に医療法人の資産が大幅に増加していることなどが判明しました。謄写により取得した医療法人の貸借対照表等を証拠提出し、医療法人の資産増などの一切の事情を踏まえたうえでの適正な財産分与を求めたものです（本件は、最終的には訴訟上の和解が成立して終了しました）。

3　雑　感

本件において、医療法人の計算書類等を収集する方法としては、係属裁判所からの送付嘱託や弁護士会照会なども考えられます。もっとも、いずれであっても関連性や必要性等を説明しなければなりません。しかし、全く情報がない段階において、これを具体的に示し、裁判所や弁護士会による調査を実施してもらうことは容易ではありません。

これに対し、本件において活用した医療法に基づく閲覧制度では、閲覧

の理由等は特に問われません。医療法人に関する証拠を収集する方法の一例として、参考になれば幸いです。

経験談㉕　財産分与に共有マンションがあった事例

1　依頼者は、5か月ほど別居を続けていましたが、今後、婚姻を続けることはできないと離婚を決意しました。

　離婚をするに当たり、財産は、マンションがありましたが、共有であり、しかも、夫婦共働きであったことなどから、それぞれ住宅ローンがあり、ローンが大分残っていました。

　そして、こちらはマンションに居住していないにもかかわらず住宅ローンを支払い続けなければなりませんでした。

　このマンションをどうするかが、離婚に当たり大きな障害、課題になりました。

　話合いを行いましたが、解決はできませんでした。

2　そこで、家庭裁判所に離婚の調停（夫婦関係調整調停）の申立てを行いました。

　調停の中で、こちらは、離婚とともにマンションの売却による財産分与を主張しました。

　しかし、相手方は、マンションの売却を拒否し、マンションに住み続けることを主張しました。また、住宅ローン返済中であることもあり、相手方が共有持分を買い取ることもできないとのことでした。

　数回調停を行いましたが、話合いはまとまらず、やむを得ず、8か月後調停不調となりました。

3　そこで、離婚の裁判（人事訴訟）の申立てを家庭裁判所に行いました。

　裁判において、別居状態が1年8か月以上継続し、婚姻の実態がなく、しかも、婚姻継続の意思もないことから、婚姻は既に破綻しており、離婚が相当であることを主張し、また、財産分与として、マンションの売却を主張しました。

　相手方は、仮に離婚はやむを得ないとしても、マンションに住み続け

たいと主張しました。

　裁判において、裁判官の理解により、多数回にわたり話合いが継続され、弁論準備手続は、実に10回、1年8か月に及びました。

　ところで、マンション価格を調査したところ、都心のマンション需要の高まり、価格の高騰の影響により、現在のマンション価格が購入価格を大きく上回っていることが判明しました。

　そこで、相手方がマンション全部について住宅ローンの借換えを行い、財産分与として、こちらがマンションの共有持分全部を相手方に分与し、引換えに、相手方が財産分与としてこちらの住宅ローン残債務額を一括支払し、また、一定金額を支払うということにより、話合いがまとまりました。

　和解条項は、詳細に及びましたが、弁論準備手続調書（和解）を作成し、話合いによる解決ができました。

4　依頼を受けてから調停、裁判など解決までかなり時間がかかり、また、住宅ローンの借換えなど、手続が複雑・面倒ではありましたが、相手方は希望どおりマンションに住み続けることができることになり、そして何よりも、依頼者の希望である離婚と住宅ローンの解消、財産分与を得ることができ、依頼者に大変喜んでいただけました。

経験談㉖　財産分与での苦労話

　財産分与の対象となる財産は何か、という論点はいろいろな本で解説されていますが、財産分与の対象となることは明らかでもどのように分割するかで苦労をしたことがあります。

　若い夫婦の離婚事件で、離婚することに争いはなく、財産分与の対象となる不動産や自動車もなく、預貯金もほとんどありませんでした。

　しかし、2人とも海外旅行が好きで各国を旅行しては珍しいお土産を購入しており、また、ワインセラーに大量のワインが保存されていました。他にも共通して応援する野球チームのグッズなど動産類が大量にありまし

た。
　これらの動産は婚姻期間中に購入した財産ですので、財産分与の対象となることは明らかでした。しかしながら、それぞれの物品は希少性が高いものでしたので、どちらがどれを取得するか、ということでかなり揉めることとなりました。お互いにそれらの物を欲しがっていたので、売却して代金を分配するということもできませんし、そもそも希少性が高いといっても財産的価値が高いとはいえないようなものがほとんどでした。結局、現物を分けていく以外に方法はありません。
　相手方が家を出て行った側でしたので、こちら側で各部屋の写真を細かく撮影してそれぞれが希望する動産をリストアップし、双方の意見を調整するという作業を地道に進めていきました。相手方は弁護士に依頼していなかったこともあり意見調整にはかなり時間がかかりましたが、苦労の甲斐あって最終的には無事合意に至ることができました。
　理論面では苦労しませんでしたが、事務作業の膨大さにかなり苦労をさせられた事件でした。

経験談㉗　財産分与と隠し財産

　妻の依頼を受けて離婚訴訟となった事案です。相手方の夫は、当方からの財産分与の請求に対し、預金口座の有無しか明らかにせず、詳細が全くわからない状態でした。
　そこで、依頼者と改めて打合せを重ね、相手方の隠している財産はないか、思い当たる節がないか、などを確認していきました。その中で、依頼者によれば、相手方はいつも携帯電話ばかりをいじっていたことや、暗号資産のビットコインがどうとかしきりに話をしていたことが思い出されました。また、日頃から夫は、携帯電話１つで、何でもできるようなことを言っていたとのことでした。どうやら、インターネット上で資産管理をしており、個別のアカウントがわかれば弁護士会照会で回答を得られるのではないかというところまで辿りつけました。

また、年金に関してですが、夫は、上場企業に勤めていることがわかっていましたので、大手の企業であれば、確定給付企業年金が積み立てられているのではないかと思い、調べてみると、同年金が積み立てられており、こちらもすべてインターネット上で本人であれば管理できる状況であることがわかりました。

　そこで、既に離婚訴訟中であったので、相手方に対し、求釈明というかたちで、個人年金の運用方法、確定給付企業年金の有無の開示を求めました。その結果、相手方は、渋々ですが、これらのアカウント情報の該当画面のスクリーンショットを開示してきました。これ以前に、預金口座の取引履歴の提出を求めており、そこで、資産運用と思われる一定の金銭の動きがあったことも開示を後押ししたかもしれません。

　最近では携帯端末ですべての金融資産を一元化して管理できるアプリなどが利用されているようです。また、銀行などの預金口座のアプリでも、他行の預金や、クレジットカード情報や証券口座等の情報の一元化がされているようです。この点、実際に開示させることは容易ではないと思いますし、相手方のアカウントに対する不正アクセスという点は厳に慎む必要があると思いますが、常日頃から離婚相談者に対しては、相手方の財産を確認するための一定の視点としてアドバイスすることも一定程度ではあるのかと思います。

経験談㉘　財産分与における株式の評価時点

　コロナ禍で、夫がリモートで仕事をするようになり、さらに定年退職するに至り、妻は自由な時間が失われたように感じて、自ら家を出て別居が開始しました。弁護士を代理人として離婚調停を申し立て、財産分与を求めました。財産分与の対象の1つに夫が従業員持株会を介して購入していた勤務先上場会社の株式がありました。

　妻は、たまたま夫宛てに届いた従業員持株会からの年次報告書をみてこれを写真に撮っていたので、それをもとに単位未満の端株を含めて財産分

与の対象とし、その評価額の半額を支払うよう求めました。
　ところが、夫は退職して従業員でなくなっていたので、調停申立時点で、単位未満株は精算されて夫名義の預金口座に入金されており、その余の株式3500株は証券会社の夫名義の取引口座に入庫されていることが判明しました。
　当該株式の株価は、別居開始時には2600円でしたが、調停期間中に一時5000円にまで急騰し、その後下落して3200円になっていました。ところが、夫は、それ以前に、妻には相談せずに当該株式全部を1株4600円で売却し、税金及び手数料を控除した残額約1270万円が証券会社の預り金口座に入金されていました。
　妻は、証券会社の口座に入金された金額の半額を要求しましたが、夫は、別居開始時の株価2600円で算定すべきであり、税金及び手数料を控除した約717万円が財産分与の対象額であると主張しました。
　妻側の代理人は、別居開始時に夫が保有していた株式は実質的に夫婦の共有財産であり、夫が値上がり分を独り占めすることは著しく不公平であると指摘し、参考文献を提示して夫の主張を退けました。
　夫の主張は、分与の対象財産の確定の基準時と、当該財産の評価基準時を混同したものです。財産分与は夫婦の協力によって形成した財産を分与の対象とすることから、分与の対象財産の確定は、夫婦の協力が終了する別居開始時が基準となりますが、対象財産の評価をいつの時点にするかについては、当該財産の種類によって異なり、預貯金、負債等については基準時（別居開始時）の残高であるが、不動産や株式等については分与時の時価が原則で、基準時後に売却した場合には売却価格となります（東京弁護士会家族法部編『実務家が陥りやすい離婚事件の落とし穴』新日本法規出版（2020年）122頁参照）。

6 慰謝料

(1) 離婚に伴う慰謝料請求の定義、要件事実及び金額の判断基準

(ア) 離婚に伴う慰謝料請求の定義

離婚に伴う慰謝料請求とは、「夫婦の一方が、他方に対し、その有責行為により離婚をやむなくされ精神的苦痛を被ったことを理由として損害の賠償を求めるもの」である。そして、「このような損害は、離婚が成立して初めて評価されるものであるから、その請求権は、当該夫婦の離婚の成立により発生するものと解すべきである。」とされている（最判令和4・1・28民集76巻1号78頁〔28300154〕）。

(イ) 要件事実

離婚に伴う慰謝料請求事件の要件事実（岡口基一『要件事実マニュアル第5巻　家事事件・人事訴訟〈第6版〉』ぎょうせい（2020年）597頁参照）は、①原告と被告とが夫婦であったこと（離婚請求を認容する判決が確定するまでは法律上は夫婦であるから、上記参照文献の記載は、判決において離婚が認容されたうえで、さらに慰謝料請求を認容するための要件事実ということになる。実際には、訴状の請求原因の段階では、原告と被告とは〇年〇月〇日に婚姻した夫婦である、という記載をすることとなる）、②原告と被告とが離婚したこと（離婚請求を認容する判決が確定するまでは法律上は夫婦であるから、上記参照文献の記載は、判決において離婚が認容されたうえで、さらに慰謝料請求を認容するための要件事実ということになる。実際には、訴状の請求原因の段階では、原告と被告とは婚姻関係が破綻し民法770条1項1号ないし5号所定の離婚原因がある、という記載をすることとなる）、③上記②が被告の有責な行為に基づくこと、④上記③の有責な行為についての被告の故意又は過失の存在、⑤原告に精神的損害が発生したこと及びその精神的損害を慰謝するに十分な金額、ということになる。

(ウ) 慰謝料の金額の判断基準となる評価根拠事実

そもそも「離婚をやむなくされ」たことによって被った精神的損害を慰謝するための損害賠償、つまりは離婚に追い込まれたことによって被った

精神的損害に対する慰謝料であるから、そのような精神的損害の程度の評価根拠事実となり得る婚姻当事者の諸事情、すなわち、婚姻期間、年齢、当事者双方の資力、社会的地位等が慰謝料の金額を決める際の重要な要素となる。

また、暴行や不貞など違法行為（主張及び立証という点では、上記(イ)の③及び④と重複する）が離婚原因となっている場合には、その違法性の程度や違法行為が行われていた期間等も重要な要素となる。

(2) 証拠収集、証拠保全活動

上記(1)(イ)の各要件事実に沿って、次のとおり整理する。

(ア) 原告と被告とが夫婦であったこと（訴状の請求原因の段階では、原告と被告とは〇年〇月〇日に婚姻した夫婦であること）

原告と被告との婚姻の事実、その年月日及び口頭弁論終結時点まで婚姻関係が継続していること等については、婚姻から慰謝料請求時点までの一連の戸籍謄本等により立証する。

(イ) 原告と被告とが離婚したこと（訴状の請求原因の段階では、原告と被告とは婚姻関係が破綻し民法770条1項1号ないし5号所定の離婚原因があること）

(a) 民法770条1項1号（配偶者に不貞な行為があったとき）

相手方当事者である配偶者の不貞行為については、写真（スクリーンショット等を含む）、動画、録音等により立証することが考えられる。そして、その入手方法としては、調査会社（いわゆる興信所）等に依頼して現場（ラブホテルに出入りする場面など）での動画、写真及び報告書を取得して保存する（周期性等がある場合には、できる限り日時を特定して依頼することが費用の節減につながる。ただし、費用をかけて依頼した結果として現場を押さえることができず、いわゆる空振りに終わる可能性があることも念頭に置いておく必要がある。また、調査会社に依頼する経済的余裕がない場合には、相手方当事者である配偶者と面識がない友人等に依頼し、あるいは自らも同行して尾行することにより現場を押さえるべく、動画撮影又は写真撮影をするなどして証拠を確保す

ることも考える必要もあろう。ただし、その場合には、トラブルが発生する可能性やその回避のための方策も合わせて検討しておく必要がある)、相手方当事者である配偶者のスマートフォンなどに残されているメッセージアプリのメッセージに添付されている動画データ、写真データやスクリーンショットあるいはメッセージそのものを自らのスマートフォンやデジタルカメラ等で撮影する、あるいは、自らに転送するなどして確保・保存する（ただし、ネットワークを通じてデータにアクセスするような場合には、不正アクセス行為の禁止等に関する法律（以下、「不正アクセス禁止法」という）違反等により違法行為となる場合があり相応の注意をする必要がある）などの方法が考えられる。これらの証拠収集は相手方のプライバシー権等、相手方からの反論、場合によっては懲戒請求も想定されるところであり、事案ごとに、証拠の収集、さらに証拠の提出の段階での主張・立証についても違法性の有無、証拠能力の有無等について、十分な検討が必要と思われる。具体的には、詳細な事実の主張を先行して行い、相手方が否認するなどして争ってきた場合に、証拠として必要最低限度のものを提出するなどの工夫が必要であろう。

　また、ラブホテルの料金のレシート、クレジットカードによる支払の控えや同利用明細等も証拠となり得る。レシートや控えには会社名及び住所地（及び電話番号）しか表記されていないこともあるが、インターネットで検索するとラブホテル運営会社であることが判明することもある。また、ラブホテルのライター等のグッズを持っている場合もある。

　なお、相手方配偶者のSNSは、不貞行為を探知する端緒、不貞行為の周期性の手がかり、あるいは不貞行為の相手を特定するための手がかりとなることもある。不貞行為の相手と相互フォローになっていることがあるので、フォロー先とフォロワーとをチェックして、一致するアカウントについて、撮影年月日と撮影場所が共通と思われる写真データを発見できれば、重要な手がかりとなる。

(b) 　民法770条1項2号ないし5号

　同項2号（配偶者から悪意で遺棄されたとき）及び3号（配偶者の生

死が3年以上明らかでないとき）については、具体的事情により客観的証拠（書き置き、手紙、警察に捜索願いを提出した記録等）及び陳述書と原告本人尋問により立証することが考えられる。

　同項4号については、相手方当事者である配偶者の診断書により立証することが考えられる。

　同項5号は、いわゆる性格の不一致であるケースが多いと思われるが、それを裏付けるために、具体的事情により客観的証拠（メッセージアプリのやりとり、別居年月日がわかる書き置き、手紙等）及び陳述書と原告本人尋問により立証することが考えられる。

(ウ)　上記(イ)の婚姻関係の破綻が被告の有責な行為に基づくこと
　(a)　不貞行為については、上記(イ)(a)を参照。
　(b)　暴行等については、暴行を受けた結果として受傷した場合には、その受傷について可及的速やかに医師の診断を受けて診断書を取得する。また、受傷部分の写真を撮影して保存する。受傷と受診及び写真撮影との間に時間的間隔が開けば開くほど証拠としての価値が下がる可能性があることに留意する必要がある。
　(c)　受傷に至らない暴力やハラスメントと評価できる言動等の加害行為については、ICレコーダー（長時間録音が可能なもの）や相手方当事者である配偶者から見つからない状態で設置したビデオカメラなどで撮影して証拠として確保・保存することが考えられる。また、当然のことながら、ハラスメントや経済的DV等が書面、LINE等の通信アプリで行われる場合には、書面を確保して保存し、あるいは、メッセージアプリのやりとりについては年月日が記録に残る形でスクリーンショットを撮影するなどして確保し、データをクラウドに保存するなどして保全する。自らのスマートフォンの中でのみ保存していると、相手方当事者である配偶者から破壊や削除されてしまい、証拠を失ってしまうおそれがあることから、クラウドに保存し、あるいは、相談している弁護士がいるのであれば転送して預けることも検討する。

(エ) 上記(ウ)の有責な行為についての被告の故意又は過失の存在

上記(ウ)の主張立証には、おおむね被告の故意又は過失の存在を認定できる評価根拠事実も含まれると考えられる。
(オ) 原告に精神的損害が発生したこと及びその精神的損害を慰謝するに十分な金額

上記(1)(ウ)記載の慰謝料の金額の判断基準となる評価根拠事実に沿って、次のとおり整理する。
(a) 婚姻期間及び年齢について

婚姻期間については婚姻から慰謝料請求時点までの一連の戸籍謄本を申請して取得する。

年齢についても、戸籍謄本に記載されている生年月日により立証する。
(b) 当事者双方の資力について
① 当事者双方の資力については、事実上、その大部分は財産分与請求の基礎資料となっているものと思われる。しかし、婚姻関係が継続していれば将来に向けて婚姻当事者たる地位が継続してもたらすはずであった精神的安寧を喪失したことが精神的損害の評価根拠事実となり得ると考える場合には、慰謝料請求時点での相手方当事者である配偶者の収入資料も、その証拠となり得る。
② 具体的には、双方の保有資産として不動産の登記事項証明書及び評価額の資料（固定資産評価額証明書、路線価図、不動産業者作成の査定書、不動産鑑定士作成の評価書等）、賃貸不動産がある場合にはその賃料収入等が判明する賃貸借契約書、金融資産については預貯金通帳、金融機関の取引履歴又は残高証明書、証券会社発行の有価証券の取引履歴又は残高証明書、WEB口座による取引の場合にはそれらのスクリーンショット（ただし、不正アクセス禁止法2条4項に規定されている不正アクセス行為によって取得した情報である場合など違法性が明確な方法で収集された証拠である場合には、証拠能力が否定される可能性がある。夫婦の別居後に妻が夫の住居に無断侵入して無断で持ち出した大学ノートについて、証拠申

出を却下した東京地判平成10・5・29判タ1004号260頁〔28042133〕参照）並びに自宅に保管されている現金等の金額（写真も）、自動車の車検証の写し及び自動車の査定資料（評価資料）、高級宝飾品及び同保証書等の写真（物を特定できるもの。金地金はシリアルナンバー及び重量が判読できる現物の写真等）、保険証券の写し（契約内容、特に保険金額又は解約返戻金がわかるように）、相手方当事者である配偶者の直近の源泉徴収票、確定申告書の控え、課税証明書の控え等の確保が考えられる。特に相手方当事者の資料については、別居後は調査及び取得が困難になる可能性があるので、同居期間中に可能な限り確保しておくことが望ましい。少なくとも、弁護士会照会あるいは法的手続に移行した後の調査嘱託に堪えられるだけの金融機関名、支店名等の口座が「存在する」ことの証拠は保全しておくことが望ましい。

(c) 社会的地位等

　この点は、前記の源泉徴収票あるいは確定申告書の控え等により職業が判明することが多いので、これらの資料で立証可能と考えられる。また、他に資料がなければ、陳述書及び本人尋問により立証することもあり得る。

(d) 不貞行為

　不貞行為については、上記(2)(イ)参照。

(e) 暴行等

　暴行等については、上記(2)(ウ)(b)及び(c)参照。

(3) 離婚に至らせた第三者への慰謝料請求

(ア) 最判平成31・2・19民集73巻2号187頁〔28270649〕について

　離婚に至らせた第三者への慰謝料請求について、最高裁判所は「夫婦の一方と不貞行為に及んだ第三者は、これにより当該夫婦の婚姻関係が破綻して離婚するに至ったとしても、当該夫婦の他方に対し、不貞行為を理由とする不法行為責任を負うべき場合があることはともかくとして、直ちに、当該夫婦を離婚させたことを理由とする不法行為責任を負うことはな

いと解される。第三者がそのことを理由とする不法行為責任を負うのは、当該第三者が、単に夫婦の一方との間で不貞行為に及ぶにとどまらず、当該夫婦を離婚させることを意図してその婚姻関係に対する不当な干渉をするなどして当該夫婦を離婚のやむなきに至らしめたものと評価すべき特段の事情があるときに限られるというべきである。」と判示した。

(イ) 要件事実について

上記(ア)の最高裁判所判決によると、離婚に至らせた第三者への慰謝料請求権の要件事実として、「当該夫婦を離婚させることを意図してその婚姻関係に対する不当な干渉をするなどして当該夫婦を離婚のやむなきに至らしめたものと評価すべき特段の事情」の主張立証が必要となる。

(ウ) 証拠収集、証拠保全活動

上記の要件事実のうち「当該夫婦を離婚させることを意図して」の部分は、相手方配偶者の不貞相手である第三者の主観面であるから、「早く離婚して、私と結婚してほしい」等の文言が証拠としての典型例になると考えられる。具体的には、そのような文言が記載された手紙、メッセージアプリのやりとりのスクリーンショット、電子メール等が相手方配偶者のパソコンやスマートフォンに残っている場合には、それらを確保・保存することとなる。

また、相手方配偶者が別居して、当該第三者と同居（同棲）生活を開始し、継続的な内縁関係に至っている場合も、上記要件事実の重要な評価根拠事実となると考えられる。証拠としては、同居（同棲）の事実の立証方法、すなわち、同居（同棲）していることが確認できる動画、写真や調査会社（興信所）の報告書等が考えられる。

さらに、意見は分かれるかもしれないが、相手方配偶者と当該第三者とで、あたかも結婚式を挙げたかのような写真を撮影していたり、あるいは、あたかも実際の夫婦であるかのような言動をしていたりしている場合も、重要な間接事実及び間接証拠となると考えられる。

経験談㉙　不貞が原因での離婚における慰謝料の問題

　離婚に伴う慰謝料と不貞行為そのものについての慰謝料の違いは、本書でも取り上げられているところかと思います。

　本件では、離婚事件の前に、依頼者の妻と夫の不貞相手との間で和解が成立していました。夫の不貞相手が著名な人物ということから妻には多額の慰謝料が支払われました。この場合、離婚事件で別途、夫本人から離婚に伴う慰謝料の請求ができるのでしょうか。

　この点、依頼者は、離婚そのものについては不貞の慰謝料とは別なのであるから追加で請求したい、とのことでした。これに対し、相手方は、既に慰謝されるには十分な慰謝料が不貞相手から支払われているのであるから不要である、と述べました。

　この点、離婚そのものについて、不貞とは別に離婚原因があるようであれば（例えば、離婚原因として夫側のDVなどが別途あるなど）可能ということになるでしょうが、主な原因が不貞のみということであれば相手方の言い分である不真正連帯債務で弁済済みという主張も一理あるように思えます。しかし、当然のことながら依頼者は納得しませんでした。

　確かに、本件では、夫の不貞相手が著名人で高額な年収もあったという固有の理由から、相場よりもかなり高額な慰謝料が払われていたものでしたが、一方で、夫は何ら反省の態度を見せず、一銭も妻側に支払わず、婚姻費用の支払すら滞っていました。この意味で、裁判所も和解の中で、金銭を夫側に支払わせることは必要であると、早い段階で心証開示してくれました。

　この件については、最終的には、財産分与の調整や、解決金的な金銭支払の中で調整することになりました。理屈の面では、離婚に伴う慰謝料と不貞の慰謝料という点で難しい問題があるかもしれませんが、裁判所としては、紛争解決の点で、全体の中での金額調整を進めてくれる場面も多々あると思いますので、依頼者の希望をできるだけ汲めるような解決ができればと考えさせられました。

経験談㉚ SNSの情報の取得と提出

　離婚事件において、SNSなどは証拠の宝庫であり、特に依頼者は相手方名義のインターネット上のアカウントで確認できる情報に敏感で、弁護士に相談に来る前に、既に、配偶者のアカウントに無断で立ち入るなどして情報を入手しているといった状況が多々あるかと思います。また、携帯電話やパソコンといったハード機器そのもののデータか、インターネット上のクラウドにあるデータか、一見してわかりにくいものもあるように思えます。

　離婚事件の依頼者が、相談時に持参してきた離婚原因となる写真などの証拠の入手方法については、聞いてみるだけでも多種多様であり、その扱いについては慎重にならざるを得ないというのが実感です。

　例えば、携帯電話やパソコンはその最たる物で、想定されるパスワードを勝手に入力して侵入し、クラウド上のデータ保管場所から写真を入手したような場合がありました。一方で、写真自体は、クラウド上と携帯電話では重複して保存されていたようです。

　また、想定されるパスワードを入力した場合だけでなく、そもそもパスワードのロックがかかっていなかった場合、パスワードが共有されていた場合、こっそり手帳に書いてあるパスワードを盗み見て証拠を入手した場合など様々なケースが過去にもありました。いずれも不正にアクセスされたものであると相手方から主張される可能性があるかと思います。

　パソコンが共有状態になっているような場合には、不正アクセスとまではいかないまでも、アカウントを使用し、メールなどをスクリーンショットで撮影したというものもありました。さらに、携帯電話については、相手方がリビングのソファで寝ている間に、ロックがかかっていない状態のものからデータを確認したケースや、同様の場面でありますが、寝ている相手方の指を利用して指紋認証を勝手に行い携帯電話を使用できる状態にしてデータを確認したというケースもありました。

　いずれも証拠の入手方法という点では、必ずしも褒められたものではないかもしれませんが、一方で離婚事件において決め手となる証拠もあり、また、依頼者からしてみれば長年の離婚原因を何とか突き止めたといった

強い思いをもって証拠提出を求める場合があろうかと思います。このような際には、やはり代理人としては、依頼者の希望だけで証拠の提出を急ぐのではなく、単純にその行為自体が違法であるかどうかという点に気を配る一方で、立証事実全体との関係で、当該証拠の価値、その入手方法の具体的な態様や違法の程度について、戦略的に検討することも必要であると思っています。

7 年金分割（厚生年金保険法78条の2）

(1) 年金分割制度

(ア) 定　義

　年金分割制度とは、離婚時に、対象となる期間の年金の保険料納付記録を分割し、分割を受けた側は自身の保険料納付記録と分割を受けた納付記録に基づき計算された年金を受け取ることができるという制度である[81]。具体的には、離婚時の年金分割が行われると、婚姻期間中について、厚生年金の支給額の計算の基となる報酬額（標準報酬）の記録が分割されることとなり、年金額を夫婦で分割できる。

(イ) 沿　革

　厚生年金は、全国民が加入する基礎年金部分（1階部分）と賃金に応じて年金保険料を支払い、支払保険料に応じた額の年金を受給できる報酬比例部分（2階部分）から構成される。さらに、3階相当である企業年金や国民年金基金等も存在する。

　厚生年金の2階建て構造故に、次のような弊害が生じる。夫が給与所得者であり、妻が専業主婦である場合、夫が1・2階部分を受給できるのに対し、専業主婦については2階部分の受給権が存在せず、1階部分しか受給できないという弊害が生じ得る。この2階建て構造を突き通せば、夫婦が離婚する際、元妻が低年金ゆえに老後の生活に困窮することが予想さ

81　離婚事件研究会編『事例に学ぶ離婚事件入門』民事法研究会（2013年）217頁。

れ、それが、離婚を躊躇させるという要因にもなり得た。

そこで、平成16年に厚生年金保険法が改正され、婚姻期間に対応する2階部分について、夫婦間で分割が行えるようになった。

また、平成27年10月から、公務員や私学教職員も厚生年金に加入することになり、共済年金は厚生年金に統一されている（被用者年金制度の一元化）。

現在では、分割の割合は原則として2分の1とされており、家庭裁判所の決定においても、2分の1の割合による分割が命じられている（いわゆる2分の1ルール[82]）。

企業年金			3階
	厚生年金		2階
国民年金（基礎年金）			1階
第1号被保険者	第2号被保険者等	第3号被保険者	

(2) **年金分割の方法**

(ア) 年金分割の種類

年金分割には、合意分割と3号分割という2種類の分割方法が存在する。

(a) 合意分割

平成19年4月1日以後に離婚等をし、以下の条件に該当したときに、婚姻期間中の厚生年金記録（標準報酬月額・標準賞与額）を当事者間で分割することができる制度である。

① 婚姻期間中の厚生年金記録（標準報酬月額・標準賞与額）があること
② 当事者双方の合意又は裁判手続により按分割合を定めたこと（合意がまとまらない場合は、当事者の一方の求めにより、裁判所が按分割合を定めることができる）

---

82 当事者の協議により、変更することは可能だが、2分の1が原則であることを前提に調整していくこととなる。

③ 請求期限（原則、離婚等をした日の翌日から起算して2年以内）を経過していないこと

(b) 3号分割

平成20年5月1日以後に離婚等をし、以下の条件に該当したときに、国民年金の第3号被保険者であった方からの請求により、平成20年4月1日以後の婚姻期間中の3号被保険者期間における相手方の厚生年金記録（標準報酬月額・標準賞与額）を2分の1ずつ、当事者間で分割することができる制度である。また、請求に当たっては、当事者双方の合意は必要ない。ただし、分割される方が障害厚生年金の受給権者で、この分割請求の対象となる期間を年金額の基礎としている場合は、3号分割請求は認められない。

① 婚姻期間中に平成20年4月1日以降の国民年金の第3号被保険者期間中の厚生年金記録（標準報酬月額・標準賞与額）があること
② 請求期限（原則、離婚等をした日の翌日から起算して2年以内）を経過していないこと

	合意分割	3号分割
夫婦間の合意	必要　※合意できない場合は、調停・審判等により按分合意することができる	不要
分割割合	最大1/2ずつ	一律1/2ずつ
対象となる年金記録	婚姻期間全体	平成20年4月1日以降の保険料のみ対象
請求者	3号被保険者ではない方	3号被保険者
手続	夫婦双方　※裁判所手続を経た場合、単独でも可	単独でも可

(3) 年金分割を行うための手続

(ア) 年金分割の流れ

(a) 年金分割のための情報通知書

年金事務所に対して、年金分割のための情報提供請求書を提出するこ

とにより、年金分割のための情報通知書を取得できる。

なお、調停又は訴訟において、年金分割を請求する者は、年金分割のための情報通知書の提出が必要となる。

(b) 協議離婚・示談の場合

当事者が協議離婚等により合意において年金分割手続をとる場合、その合意内容を合意書や公正証書の形にすることが望ましい。

(c) 調停・審判等の場合

当事者間による話合いにて合意に達しなかった場合、どちらか一方が家庭裁判所に申立てをすることで、按分割合を定めることができる。

(d) 年金分割請求

離婚後において、当事者双方若しくはどちらか一方により、年金事務所に対して標準報酬改定請求書を提出することにより、年金分割請求を行う。

(e) 標準報酬改定通知書

年金事務所は、提出された標準報酬改定請求書を基に、厚生年金の標準報酬を改定、改定後の標準報酬を当事者双方に通知する。

(イ) 必要書類

年金事務所に提出する必要書類は以下のとおりである。

(a) 情報通知書請求—合意分割・3号分割において共通

① ㋐ 情報提供請求書にマイナンバーを記載する場合

マイナンバーカード等

㋑ 情報提供請求書に基礎年金番号を記載する場合

基礎年金番号通知書等

② 婚姻期間等を明らかにすることができる書類

戸籍謄本全部事項証明書等

(b) 合意分割

① 請求日前1か月以内に交付された2人の生存を証明できる書類

住民票等

② 年金分割の割合を明らかにすることができる書類

㋐ 公正証書の謄本又は抄録謄本

　　　　㋑　公証人の認証を受けた私署証書
　　　　㋒　年金分割すること及び按分割合についての合意書
　　③　裁判所経由にて年金分割の割合を定めた場合
　　　　㋐　審判（判決）
　　　　　　審判（判決）書の謄本又は抄本及び確定証明書
　　　　㋑　調停（和解）
　　　　　　調停（和解）調書の謄本又は抄本
　(c)　3号分割
　　①　標準報酬改定請求書
　　②　請求日前1か月以内に交付された2人の生存を証明できる書類
　　　　住民票等
㋒　年金分割手続の注意点
　(a)　準備すべきこと
　加入期間に漏れがないかを確認する。
　　①　基礎年金番号以外の年金番号があれば基礎年金番号にまとめる手続をする
　　②　厚生年金の加入記録が確認できないときは、年金事務所に期間を照会する
　　③　第3号被保険者の届出漏れがないかを確認する
　　④　厚生年金以外に共済年金に加入していないかを確認する
　(b)　分割の請求期限
　離婚成立日の翌日から2年以内に請求する[83]。
㋓　合意分割と3号分割の併用
　合意分割と3号分割において、一方を請求した場合には、他方が請求できないわけではない。婚姻期間中において、共働きから専業主婦（夫）へ、また専業主婦（夫）から共働きへとなった場合等、年金保険の加入状

83　調停・判決等で離婚が成立した場合でも、自動的に年金分割がされることはない。このような場合でも、当事者が年金分割の請求をしなければならない。離婚成立後、依頼者自身が行うような場合もあるので、期限内に手続がなされるよう十分に注意する必要がある。

況が変わることもある。そのような場合には、合意分割と3号分割を併用する必要があるので、注意しなければならない。ただし、合意分割の請求をした場合において、その婚姻期間中に3号分割の対象期間が含まれているときには、自動的に3号分割請求されることになる。

(オ)　確定拠出年金[84]

(1)(イ)において、年金制度は3階建てであることは既に述べているが、その3階部分に相当するものとして、確定拠出年金がある。この確定拠出年金は、離婚時における年金分割の対象外であるが、財産分与の対象にはなる。

(a)　企業型確定拠出年金

企業において、退職金制度の一環として採用されていることが多く、企業側が掛け金を毎月積立てし、その従業員自らが年金資産運用をしていく仕組みである。最終的には、定年退職を迎える60歳以降に、それまで積立てしてきた年金資産を一時金（退職金）として、若しくは年金として、受け取ることができるものである。毎月積立てされる掛け金は、一種の退職金前払と考えられ、毎月支払される賃金と同格とみなされる。夫婦のどちらかが将来的に取得する退職金は、他方の配偶者も寄与していると考えられるため、財産分与の対象となる。したがって、退職金制度の一環である企業型拠出年金も同様の考えから、財産分与の対象である。ただし、対象となる額については婚姻期間に対応する年金資産額だけである。

(b)　個人型確定拠出年金

個人自身が掛け金を積み立て、運用をしていくことにより、将来老後の資産を形成する年金としての性質を持っている。個人型においても、60歳以降でないと受け取ることはできず、それまでの間は、脱退や払戻しができない。しかしながら、本来預金であったものが、資産運用とし

---

[84] 企業年金等の財産分与の対象となる年金については、蓮井俊治「財産分与に関する覚書」ケース研究329号（2017年）125頁、松本哲泓『事例解説　離婚と財産分与―裁判実務における判断基準と考慮要素―』青林書院（2024年）115頁以下が詳しい。

ての形となり、貯蓄的な役割も担っていることから、財産分与の対象として考えられることが多い。その場合において、対象となるのは婚姻期間に対応する掛け金が拠出された期間のみである。その額については、確定拠出年金運営管理機関に照会することで知ることが可能である。
(カ) その他の年金
 (a) 個人年金
　年金分割の対象とはならない。しかしながら、保険会社や銀行において販売されている保険商品であり、基本的には毎月の給与等から保険料を支払しているので、財産分与の対象となる。なお、離婚時（別居時）の解約返戻金額のうち、婚姻（同居）期間に対応する部分が財産分与の対象となる。
 (b) 障害年金
　年金分割の制度の中で分割することになり、年金分割の対象となる。注意点として、年金分割を請求される側において障害年金を受給していると3号分割ができないことがある[85]。だたし、障害年金受給者の同意がある合意分割においては、分割可能となる。
　また、婚姻期間における障害年金については、財産分与の対象となるが、婚姻（同居）期間に対応する部分が財産分与の対象となる。
 (c) 国民年金基金
　現在の年金制度において国民年金基金は、3階部分に当たるため、年金分割の対象とはならない。しかしながら、離婚時において、財産分与の対象として扱うことになり、婚姻（同居）期間に対応する部分が財産分与の対象となる。

85　平成20年4月1日以降に障害年金支給の障害認定日がある場合。

第1編　第4章　離　婚

【流れ】

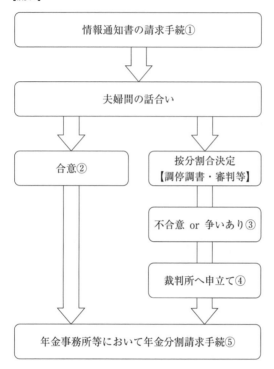

① 離婚前・離婚後どちらでも請求可能、また単独でも請求可能
② 公正証書化することも可能
③ 財産分与や離婚条件等
④ 調停・審判・離婚訴訟における附帯処分の手続
⑤ 標準報酬改定通知書を受領

(4) 年金分割の手続の期限
　(ア) 分割請求及び情報提供請求の期限の原則
　　分割請求の期限は、次に掲げる事由に該当した日の翌日から起算して2年以内である。
　　① 離婚をしたとき

② 婚姻の取消しをしたとき
③ 事実婚関係にある人が国民年金第3号被保険者資格を喪失し、事実婚関係が解消したと認められるとき
※事実婚関係にある当事者が婚姻の届出を行い引き続き婚姻関係にあったが、その後①又は②の状態に該当した場合、①又は②に該当した日の翌日から起算して2年を経過すると請求できなくなる。

(イ) 分割請求及び情報提供請求の期限の特例
(a) 次の事例に該当した場合、その日の翌日から起算して、6か月経過するまでに限り、分割請求することができる。
④ 離婚から2年を経過するまでに審判申立てを行い、本来の請求期限が経過した後、又は本来請求期限経過日前の6か月以内に審判が確定した場合
⑤ 離婚から2年を経過するまでに調停申立てを行い、本来の請求期限が経過した後、又は本来請求期限経過日前の6か月以内に調停が成立した場合
⑥ 按分割合に関する附帯処分を求める申立てを行い、本来の請求期限が経過した後、又は本来請求期限経過日前の6か月以内に按分割合を定めた判決が確定した場合
⑦ 按分割合に関する附帯処分を求める申立てを行い、本来の請求期限が経過した後、又は本来請求期限経過日前の6か月以内に按分割合を定めた和解が成立した場合
(b) 分割のための合意又は裁判手続による按分割合を決定した後、分割手続前に当事者が死亡した場合は、死亡日から1か月以内に限り分割請求が認められる。ただし、年金分割の割合を明らかにすることができる書類の提出が必要である。

8 特有財産の引渡し

(1) **特有財産性の証明**

「夫婦の一方が婚姻前から有する財産及び婚姻中自己の名で得た財産は、

その特有財産（夫婦の一方が単独で有する財産をいう。）」（民法762条1項）に当たり、財産分与の対象とならない。

　もっとも、実務上は、ある財産が特有財産に当たるのか否かについて争われることが多い。「夫婦のいずれに属するか明らかでない財産は、その共有に属するものと推定」（民法762条2項）されるので、その財産が自己の特有財産である旨を主張する者は、自己の特有財産であることを証明し、この推定を覆す必要がある。特有財産性が証明されない限り婚姻中に形成された財産であると推定され、清算の対象となる。

　特有財産性は、例えば、不動産登記簿、金融機関の通帳や取引履歴などの客観的な証拠により、その財産を取得した時期や経緯を証明し、婚姻前から有していた財産であることや、相続や贈与により取得したものであることを証明することが考えられる。客観的証拠が乏しい場合でも、贈与者からの陳述書で補充するなど、幅広い立証が必要となろう。

(2)　**離婚請求訴訟と併合提起できるか**

　特有財産の引渡請求は、人事訴訟法17条1項前段の関連損害賠償請求に含まれないと解される。そのため、離婚請求訴訟と併合提起できるかについては争いがある。

　この点につき、平成15年法律109号により廃止された旧法下において、旧人事訴訟手続法7条2項ただし書類推適用により許容した裁判例[86]、旧人事訴訟手続法15条[87]準用により許容した裁判例[88]もある。しかしながら、人事訴訟法17条が本来家庭裁判所の職分管轄に属さない通常の民事訴訟事件である関連損害賠償請求について例外的に家庭裁判所の職分管轄を認めていることに鑑みて、併合を否定する見解が有力である[89]。

---

[86]　福岡高判昭和44・12・24判タ244号142頁〔27451624〕。
[87]　人事訴訟法32条に相当する。
[88]　長野地諏訪支判昭和27・8・20下級民集3巻8号1158頁〔27450089〕、札幌高判昭和54・9・27判タ401号143頁〔28213377〕。
[89]　梶村太市＝徳田和幸編著『家事事件手続法〈第3版〉』有斐閣（2016年）570頁、松原正明編集代表『実務人事訴訟法』勁草書房（2024年）26頁、松川正毅＝本間靖規＝西岡清一郎編『新基本法コンメンタール人事訴訟法・家事事件手続法〈第2版〉』日本評論社（2024年）63頁など。

第5章

離婚事件の終了後の手続等

離婚後の戸籍、氏の変更許可

1 離婚後の夫婦の戸籍、氏の変更許可

(1) 戸　籍

　現行法においては、婚姻の届出があったときは夫婦について新戸籍を編製する（戸籍法16条1項）。また夫婦は婚姻の際夫か妻かいずれの氏を称する（民法750条）。したがって、婚姻に際し相手方の氏を名乗ることとした者が、相手の戸籍に入ることとなる。

　協議離婚と裁判上の離婚、どちらであっても離婚した場合には離婚の届出（資料①）が必要である。

　離婚の届出によって、婚姻に際し相手方の氏を名乗ることとした（相手方の戸籍に入った）者は、相手方の戸籍から除かれ、元の戸籍に戻るか、新しく戸籍をつくるか、選ぶこととなる。なお、両親の死亡等により元の戸籍には戻れない場合には、新しく戸籍をつくることになる。

(2) 氏の変更許可

　婚姻に際し相手方の氏を名乗ることとした者は、離婚によって旧氏に戻るか婚姻時の氏を引き続き名乗るか、決める必要がある。

　何らかの手続もしなければ、離婚によって旧氏に戻ることになる。婚姻時の氏を引き続き名乗るためには、離婚成立後3か月以内であれば市区町村役場に「離婚の際に称していた氏を称する届」（資料②）を提出する必要が、上記期間経過後には住所地の家庭裁判所に氏の変更許可を求める必要がある。後者の場合、必ず変更ができるわけではないことに注意が必要である。

　(ア)　離婚成立後3か月経過前に氏を変更したい場合

　　婚姻中の氏を継続して使用したい場合、「離婚の際に称していた氏を称

する届」（資料②）を、離婚成立後3か月以内に、市区町村役場に提出する必要がある。離婚届と同時に提出することも可能である。

一般的には、各市区町村役場にて届出書を入手し、これを提出する。本籍地以外の市区町村役場に提出する際には戸籍謄本が必要である。

この届出の後に、子と同一の氏にする必要がなくなった、仕事等の関係で旧氏が使用したくなった、などの理由により旧氏に戻りたい場合には、家庭裁判所の氏の変更許可が必要となるため、注意を要する。

(イ)　離婚成立後3か月経過後に氏を変更したい場合

　(a)　裁判所への許可申立て

　　離婚成立後3か月経過後に氏を変更する場合には、申立人の住所地の家庭裁判所に、氏の変更許可を申し立てる（資料③）。この場合、申立人は戸籍の筆頭者となっている必要があり、「やむを得ない事由」（戸籍法107条1項）も必要である。

　　旧氏から婚姻中の氏への変更について、長期にわたって称してきたことにより、社会生活上既にその婚氏によってのみその者の同一性が識別されるような状況になっている者が離婚し婚姻前の氏に復した場合は、その者が離婚後あまり日時の経過しない時期にその氏を婚氏に戻すのであれば、「やむを得ない事由」を一般の場合より緩やかに解して差し支えないものというべきであるとし、3か月の期間より2か月余りを経過した時点で申し立てられた氏の変更を認めた事例（東京高決平成元・2・15家裁月報41巻8号177頁〔27809226〕）がある。

　　婚姻中の氏から旧氏への変更については、人の氏は生来の氏が本来的なものであるとして、婚氏が社会的に定着していると考えられる場合においても、社会的に弊害を生じさせる事情がない限り、「やむを得ない事由」があるとして、婚姻中及び離婚後の合計27年間にわたって使用されていた婚姻時の氏から旧氏への変更を許可した事例（仙台家石巻支審平成5・2・15家裁月報46巻6号69頁〔27970516〕）があり、旧氏への変更は認められることが多いと考えられるが、必ずしも許可がされるとはいえないため注意を要する。

資料①

離　婚　届

令和　　年　　月　　日 届出

品 川 区 長 殿

受 理 令和　年　月　日 第　　号	発 送 令和　年　月　日
送 付 令和　年　月　日 第　　号	品 川 区 長

書類調査	入　力	戸籍記載	記載調査	附　票	住 民 票	通　知

		夫	妻
(1)	(よ み か た) 氏　名	氏　名	氏　名
	生 年 月 日	□昭和 □西暦 □平成　年　月　日	□昭和 □西暦 □平成　年　月　日
	住　所 (住民登録をしているところ 方書はアパート名・部屋番号を書いてください)	丁目 □番地 □番 号 方書 世帯主の氏名	丁目 □番地 □番 号 方書 世帯主の氏名
(2)	本　籍 (外国人のときは国籍だけを書いてください)	丁目 □番地 □番 筆頭者の氏名	
	父母及び養父母の氏名 父母との続き柄 (右記の養父母以外にも養父母がいる場合にはその他の欄に書いてください)	夫の父 / 母　続き柄 男 養父 / 養母　続き柄 養子	妻の父 / 母　続き柄 女 養父 / 養母　続き柄 養女
(3)	離 婚 の 種 別	□協議離婚 □調停　年　月　日成立 □審判　年　月　日確定	□和解　年　月　日成立 □請求の認諾　年　月　日認諾 □判決　年　月　日確定
(4)	婚姻前の氏にもどる者の本籍	□夫 □妻 は □もとの戸籍にもどる □新しい戸籍をつくる 丁目 □番地 □番	(よみかた) 筆頭者の氏名
(5)	未成年の子の氏名	夫が親権を行う子	妻が親権を行う子
(6)	同 居 の 期 間	□昭和 □令和 □平成 □西暦　年　月から (同居を始めたとき)	□昭和 □令和 □平成 □西暦　年　月まで (別居したとき)
(7)			
(8)	別居する前の住所	□夫の住所に同じ □妻の住所に同じ	丁目 □番地 □番 号
(9)	別居する前の世帯のおもな仕事と	□1 □2 □3 □4 □5 □6	※別表に沿って該当番号の□に✓を付けてください
(10)	夫 妻 の 職 業	(国勢調査の年…　年…の4月1日から翌年3月31日までに届出をするときだけ書いてください) 夫の職業	妻の職業
	その他		
	届出人署名 ※押印は任意です	夫	妻

住所を定めた年月日	
夫	年　月　日
妻	年　月　日

令和　年　月　日 午前 午後　時　分受領	
夫	□免 □旅 □住 □マ □その他 (　) □無 □来庁せず
不受理	□有 □無
通　知	□要 □不要
妻	□免 □旅 □住 □マ □その他 (　) □無 □来庁せず
不受理	□有 □無
通　知	□要 □不要
使者	□免 □旅 □住 □マ □その他 □無 (　)
送　付	令和　年　月　日

□復籍戸籍確認済　□新本籍確認済

連絡先	日中連絡のとれる電話番号をご記入ください 電話 夫 (　　) 妻 (　　)

Ⅰ 離婚後の戸籍、氏の変更許可

記入の注意

鉛筆や消えやすいインキで書かないでください。
筆頭者の氏名欄には、戸籍のはじめに記載されている人の氏名を書いてください。
必要なもの　調停離婚のとき→調停調書の謄本
　　　　　　審判離婚のとき→審判書の謄本と確定証明書
　　　　　　和解離婚のとき→和解調書の謄本
　　　　　　認諾離婚のとき→認諾調書の謄本
　　　　　　判決離婚のとき→判決書の謄本と確定証明書

証　　人	（協議離婚のときだけ必要です）	
署　　名 ※押印は任意です		
生年月日	□昭和　□西暦　　年　　月　　日 □平成	□昭和　□西暦　　年　　月　　日 □平成
住　　所	丁目 □番地 □番　　号 方書	丁目 □番地 □番　　号 方書
本　　籍	丁目 □番地 □番	丁目 □番地 □番

□には、あてはまるものに✓のようにしるしをつけてください。

今後も離婚の際に称していた氏を称する場合には、(4)婚姻前の氏にもどる者の本籍欄には何も記載しないでください（この場合にはこの離婚届と同時に離婚の際に称していた氏を称する届を提出する必要があります。）。

同居を始めたときの年月は、結婚式をあげた年月または同居を始めた年月のうち早いほうを書いてください。

届け出られた事項は、人口動態調査（統計法に基づく基幹統計調査、厚生労働省所管）にも用いられます。

父母が離婚するときは、面会交流や養育費の分担など子の監護に必要な事項についても父母の協議で定めることとされています。この場合には、子の利益を最も優先して考えなければならないこととされています。

・未成年の子がいる場合は、次の□のあてはまるものにしるしをつけてください。
　□面会交流について取決めをしている。　　面会交流：未成年の子と離れて暮らしている親が子と定期的、
　□まだ決めていない。　　　　　　　　　　継続的に、会って話をしたり、一緒に遊んだり、電話や手紙
　　　　　　　　　　　　　　　　　　　　などの方法で交流すること。

・経済的に自立していない子(未成年の子に限られません)がいる場合は、次の□のあてはまるものにしるしをつけてください。
　□養育費の分担について取決めをしている。　　養育費：経済的に自立していない子（例えば、アルバイト等
　取決め方法：（□公正証書　□それ以外）　　　　　　による収入があっても該当する場合があります）の衣食住
　　　　　　　　　　　　　　　　　　　　　　　　　　に必要な経費、教育費、医療費など。
　□まだ決めていない。

このチェック欄についての法務省の解説動画

詳しくは、各市区町村の窓口において配布している「子どもの養育に関する合意書作成の手引きとQ＆A」をご覧ください。
面会交流や養育費のほか、財産分与、年金分割等、離婚をするときに考えておくべきことをまとめた情報を法務省ホームページ内にも掲載しています。

 法務省作成のパンフレット  離婚届について（品川区）

日本司法支援センター（法テラス）では、面会交流の取決めや養育費の分担など問題について、相談窓口等の情報を無料で提供しています。無料法律相談や弁護士費用等の立替えをご利用いただける場合もありますので、お問い合わせください。
【法テラス・サポートダイヤル】0570-078374　【公式ホームページ】https://www.houterasu.or.jp

別表（婚姻する前の世帯のおもな仕事欄）
　1．農業だけまたは農業とその他の仕事を持っている世帯
　2．自由業・商工業・サービス業等を個人で経営している世帯
　3．企業・個人商店等（官公庁は除く）の常用勤労者世帯で勤め先の従業者数が1人から99人までの世帯（日々または1年未満の契約の雇用者は5）
　4．3にあてはまらない常用勤労者世帯及び会社団体の役員の世帯（日々または1年未満の契約の雇用者は5）
　5．1から4にあてはまらないその他の仕事をしている者のいる世帯
　6．仕事をしている者のいない世帯

必要な書類については、裁判所のHPに詳しい。一般的には、申立人の戸籍謄本（全部事項証明書）、氏の変更の理由を証する資料（婚姻前の申立人の戸籍（除籍、改製原戸籍）から現在の戸籍までのすべての謄本の提出が必要となる場合もある）、同一戸籍内にある15歳以上の者の同意書（筆頭者の氏が「○○」と変更されることにより、自分の氏も「○○」と変更されることに同意する旨が記載され、日付、署名、押印のある書類）が必要となるが、追加の書類が必要となることもある。

(b) 許可後の手続

上記許可を得たのち、申立人の本籍地又は住所地の市区町村役場に氏の変更の届出をする。必要書類については各市区町村役場に確認を要するが、一般的には、審判書謄本と確定証明書（審判をした家庭裁判所に確定証明書の交付の申請をする）、住所地の役場で行う場合には、戸籍謄本などの提出を求められることもある。

I 離婚後の戸籍、氏の変更許可

資料②

離婚の際に称していた氏を称する届
(戸籍法77条の2の届)

令和　年　月　日届出

品川区長 殿

	受理 令和　年　月　日　第　号	発送 令和　年　月　日
	送付 令和　年　月　日　第　号	品川区長
	書類調査　入力　戸籍記載　記載調査　附票　住民票　通知	

(1)	離婚の際に称していた氏を称する人の氏名 (よみかた)	(現在の氏名、離婚届とともに届け出るときは離婚前の氏名) 氏　　　　　名　　□昭和　□平成　年　月　日生
(2)	住所 (住民登録をしているところ) 方書はアパート名・部屋番号を書いてください	丁目　□番地 □番　号 方書 世帯主の氏名
(3)	本籍	(離婚届とともに届け出るときは、離婚前の本籍) 丁目　□番地 □番 筆頭者の氏名
(4)	氏 (よみかた)	変更前(現在称している氏)　　変更後(離婚の際称していた氏)
(5)	離婚年月日	□令和　□西暦　　年　月　日
(6)	離婚の際に称していた氏を称した後の本籍	((3)欄の筆頭者が届出人と同一で同籍者がない場合には記載する必要はありません) 丁目　□番地 □番 筆頭者の氏名
(7)	その他	
(8)	届出人署名 (変更前の氏名) ※押印は任意です	

□新本籍確認済	住所を定めた年月日　年　月　日	連絡先 日中連絡のとれる電話番号をご記入ください 電話 (　)

175

第1編　第5章　離婚事件の終了後の手続等

資料③—1

受付印	家事審判申立書　事件名（　　　　　　　　）
	（この欄に申立手数料として1件について800円分の収入印紙を貼ってください。）

収入印紙	円
予納郵便切手	円
予納収入印紙	円

（貼った印紙に押印しないでください。）
（注意）登記手数料としての収入印紙を納付する場合は，登記手数料としての収入印紙は貼らずにそのまま提出してください。

| 準口頭 | 関連事件番号　平成・令和　　年（家　　）第　　　　　号 |

| 　　　　家庭裁判所
　　　　　　　御中
令和　　年　　月　　日 | 申　立　人
（又は法定代理人など）
の記名押印 | 印 |

| 添付書類 | （審理のために必要な場合は，追加書類の提出をお願いすることがあります。） |

申立人

本　籍 （国　籍）	（戸籍の添付が必要とされていない申立ての場合は，記入する必要はありません。） 　　　　都　道 　　　　府　県
住　所	〒　　－　　　　　　　　　　　　　　電話　（　　　） 　　　　　　　　　　　　（　　　　方）
連絡先	〒　　－　　　　　　　　　　　　　　電話　（　　　） 　　　　　　　　　　　　（　　　　方）
フリガナ 氏　名	昭和 　　　　　　　　　　　　　　　　平成　　年　　月　　日生 　　　　　　　　　　　　　　　　令和　（　　　　歳）
職　業	

※

本　籍 （国　籍）	（戸籍の添付が必要とされていない申立ての場合は，記入する必要はありません。） 　　　　都　道 　　　　府　県
住　所	〒　　－　　　　　　　　　　　　　　電話　（　　　） 　　　　　　　　　　　　（　　　　方）
連絡先	〒　　－　　　　　　　　　　　　　　電話　（　　　） 　　　　　　　　　　　　（　　　　方）
フリガナ 氏　名	昭和 　　　　　　　　　　　　　　　　平成　　年　　月　　日生 　　　　　　　　　　　　　　　　令和　（　　　　歳）
職　業	

（注）　太枠の中だけ記入してください。
※の部分は，申立人，法定代理人，成年被後見人となるべき者，不在者，共同相続人，被相続人等の区別を記入してください。

別表第一（1/　　）

Ⅰ 離婚後の戸籍、氏の変更許可

申　立　て　の　趣　旨

申　立　て　の　理　由

別表第一（　／　）

第1編 第5章 離婚事件の終了後の手続等

資料③—2

※	本　籍	（戸籍の添付が必要とされていない申立ての場合は，記入する必要はありません。） 　　　　　　　都　道 　　　　　　　府　県		
	住　所	〒　　－ 　　　　　　　　　　　　　　　　　　　　　　　　（　　　　　方）		
	フリガナ 氏　名		大正 昭和 平成 令和	年　月　日生 （　　　　歳）

※	本　籍	（戸籍の添付が必要とされていない申立ての場合は，記入する必要はありません。） 　　　　　　　都　道 　　　　　　　府　県		
	住　所	〒　　－ 　　　　　　　　　　　　　　　　　　　　　　　　（　　　　　方）		
	フリガナ 氏　名		大正 昭和 平成 令和	年　月　日生 （　　　　歳）

※	本　籍	（戸籍の添付が必要とされていない申立ての場合は，記入する必要はありません。） 　　　　　　　都　道 　　　　　　　府　県		
	住　所	〒　　－ 　　　　　　　　　　　　　　　　　　　　　　　　（　　　　　方）		
	フリガナ 氏　名		大正 昭和 平成 令和	年　月　日生 （　　　　歳）

※	本　籍	（戸籍の添付が必要とされていない申立ての場合は，記入する必要はありません。） 　　　　　　　都　道 　　　　　　　府　県		
	住　所	〒　　－ 　　　　　　　　　　　　　　　　　　　　　　　　（　　　　　方）		
	フリガナ 氏　名		大正 昭和 平成 令和	年　月　日生 （　　　　歳）

（注）　太枠の中だけ記入してください。　※の部分は，申立人，相手方，法定代理人，不在者，共同相続人，被相続人等の区別を記入してください。

（　／　）

2 離婚後の子の戸籍、氏の変更許可

(1) 戸 籍

　子の戸籍を婚姻中の戸籍から親権者の戸籍に移動させたいときは、子の氏の変更手続をしなければならない。子の戸籍は、父母の離婚によって当然に親権者の戸籍に入るわけではなく、夫婦の離婚後も婚姻中の戸籍に残るため、仮に婚姻に際し相手方の氏を名乗ることとした者が未成年の子の親権者となった場合でも、子は当然には婚姻中の戸籍から除籍されないからである。

　なお、同じ戸籍に記載されるのは親子二世代まで（戸籍法6条、17条）であるため、婚姻前の戸籍に戻ると親子三世代にわたってしまう場合には、新たな戸籍をつくる必要がある。

(2) 氏の変更許可

　婚姻に際し相手方の氏を名乗ることとした者が未成年の子の親権者となった場合、子が親権者の戸籍に入るために、子の氏の変更許可を得る必要がある。これは、婚姻に際し相手方の氏を名乗ることとした者（離婚によって婚姻中の戸籍から除かれる親権者）が、離婚後も引き続き婚姻中の氏を称している場合であっても同様である。したがって、例えば婚姻に際し妻が夫の姓を名乗ることとしたが、離婚によって妻が未成年の子の親権者となった場合には、妻が婚姻中の氏を名乗るか否かにかかわらず、子が妻の戸籍に入るためには子の氏の変更許可が必要である。

　また、結婚又は分籍をしておらず親の戸籍に入っている成人した子が、戸籍を抜ける親の戸籍に入りたい場合にも、子の氏の変更許可が必要である。

(ア) 手 続

申立人

　子が15歳未満の場合

　子の法定代理人。自分が法定代理人ではない場合、別れた配偶者に頼まなければならない場合もあるため、注意を要する。

　子が15歳以上の場合

子本人。

申立先

子の住所地の家庭裁判所。ただし、複数の子が申し立てる場合は、そのうちの1人の子の住所地を管轄する家庭裁判所に申し立てることができる[1]。

必要書類

裁判所のHPに詳しい。基本的に必要となるのは、申立書（資料④）、申立人（子）の戸籍謄本（全部事項証明書）、父・母の戸籍謄本（全部事項証明書）（父母の離婚の場合、離婚の記載のあるもの）であるが、追加の書類が必要となることもある。

(イ) 許可された後の手続

上記の許可を得ても、当然に子の戸籍は変更されず、子の戸籍を移動するには、市区町村役場に届出をすることが必要になる。必要書類については各市区町村役場に確認を要するが、一般的には、審判書謄本が必要なほか、戸籍謄本（全部事項証明書）の提出を求められることもある。

(ウ) 上記の許可が不要な場合（民法791条）

以前子の氏の変更手続をしたときに子が未成年であったときは、子が成年に達して1年以内であれば、市区町村役場で入籍の届出をするだけで婚姻中の戸籍に入籍することができ、婚姻中の氏を称することができる。

また、親権者が再婚した場合に、親権者が再婚相手の戸籍に入り子と氏を異にする場合には、子は、父母の婚姻中に限り、上記の許可を得ないで、届出のみによって、その父母の氏を称することができる。

---

[1] 裁判所HP「子の氏の変更許可」
https://www.courts.go.jp/saiban/syurui/syurui_kazi/kazi_06_07/index.html

I 離婚後の戸籍、氏の変更許可

資料④

子の氏の変更許可申立書

受付印

（この欄に申立人1人について収入印紙800円分を貼ってください。）

収入印紙　　　円
予納郵便切手　　　円

（貼った印紙に押印しないでください。）

準口頭　関連事件番号　平成・令和　　年（家　）第　　　　号

　　　家庭裁判所　　御中
令和　　年　　月　　日

申立人〔15歳未満の場合は法定代理人〕の記名押印　　　　　　　印

添付書類　（同じ書類は1通で足ります。審理のために必要な場合は、追加書類の提出をお願いすることがあります。）
□ 申立人（子）の戸籍謄本（全部事項証明書）　　□ 父・母の戸籍謄本（全部事項証明書）
□

申立人（子）	本籍	都道府県			
	住所	〒　　－		電話　（　　） （　　　　　方）	
	フリガナ 氏名			昭和 平成 令和	年　月　日生 （　　歳）
	本籍 住所	※上記申立人と同じ			
	フリガナ 氏名			昭和 平成 令和	年　月　日生 （　　歳）
	本籍 住所	※上記申立人と同じ			
	フリガナ 氏名			昭和 平成 令和	年　月　日生 （　　歳）
☆法定代理人 （後見人） 父・母	本籍	都道府県			
	住所	〒　　－		電話　（　　） （　　　　　方）	
	フリガナ 氏名		フリガナ 氏名		

（注）　太枠の中だけ記入してください。　※の部分は、各申立人の本籍及び住所が異なる場合はそれぞれ記入してください。　☆の部分は、申立人が15歳未満の場合に記入してください。

子の氏 (1/2)

第1編　第5章　離婚事件の終了後の手続等

```
┌─────────────────────────────────────────────────────────────┐
│　　　　　　　　申　立　て　の　趣　旨　　　　　　　　　　　　│
│ ※                                                            │
│                          1　母                                │
│　申立人の氏（　　　　　）を　2　父　　の氏（　　　　　）に変更することの許可を求める。│
│                          3　父母                              │
└─────────────────────────────────────────────────────────────┘
```

(注)　※の部分は，当てはまる番号を〇で囲み，（　）内に具体的に記入してください。

```
┌─────────────────────────────────────────────────────────────┐
│　　　　　　　　申　立　て　の　理　由　　　　　　　　　　　　│
│　　　　　　　父　・　母　と　氏　を　異　に　す　る　理　由　│
│ ※                                                            │
│　　1　父　母　の　離　婚　　　5　父　　の　認　知             │
│　　2　父　・　母　の　婚　姻　　6　父(母)死亡後，母(父)の復氏 │
│　　3　父　・　母　の　養　子　縁　組　7　その他（　　　　　） │
│　　4　父　・　母　の　養　子　離　縁                          │
│　　　　　　　　　　（その年月日　平成・令和　　年　　月　　日）│
│　　　　　　　　申　立　て　の　動　機                         │
│ ※                                                            │
│　　1　母との同居生活上の支障　　5　結　　　　婚               │
│　　2　父との同居生活上の支障　　6　その他                     │
│　　3　入　園　・　入　学                                      │
│　　4　就　　　　職                                            │
└─────────────────────────────────────────────────────────────┘
```

(注)　太枠の中だけ記入してください。　※の部分は，当てはまる番号を〇で囲み，父・母と氏を異にする理由の7，申立ての動機の6を選んだ場合には，（　）内に具体的に記入してください。

子の氏 (2/2)

Ⅱ 離婚後のその他の手続等

1 年金分割

年金分割については、第4章Ⅲ**7**も参照されたい。

年金分割とは、婚姻期間中の厚生年金記録を当事者間で分割することができる制度である。

合意のみでは当然には年金分割はされず、離婚後、当事者双方又はその一方が年金事務所に対し「標準報酬改定請求書」に按分割合を明らかにすることができる書類を添付して請求を行う必要がある（3号分割のみ請求する場合は、離婚後、第3号被保険者であった方が行う）。

年金分割の請求をすると、按分割合に基づき、改定後の標準報酬が、日本年金機構から通知される。共済加入期間がある場合には共済組合等からも通知が届く。

請求期限は、原則、離婚をした日の翌日から起算して2年である。

手続については、日本年金機構HPに詳しい[2]。

2 養育費

離婚に伴う養育費の請求については、第4章Ⅲ**2**も参照されたい。

離婚後に養育費の支払が滞った場合、まずは任意の支払を求めることが多い。支払の意思がないことが明らかな場合には、内容証明郵便等によることもある。

任意の支払に応じない場合には、債務名義を得るため、養育費請求調停を

---

2 https://www.nenkin.go.jp/service/jukyu/kyotsu/rikon/20140421-04.html

申し立てることとなる。協議離婚時に公正証書を作成している場合や、裁判上の離婚において調停調書、審判調書などに養育費についての定めがあり、債務名義がある場合には、強制執行の申立てができる。

なお、家庭裁判所の調停・審判・人事訴訟で定められた事項については、家庭裁判所の履行勧告手続も利用できる。強制力はないが、費用も掛からないため、裁判所から支払の勧告を受けることで支払が期待できる場合には、検討する。

養育費の時効は原則5年である（民法166条）。なお確定判決又は確定判決と同一の効力を有するものによって確定した権利については、10年である（民法169条）が、公正証書上の貸金債権について確定判決と同一の効力を有するものには該当しないとした裁判例（東京高判昭和56・9・29東高民時報32巻9号219頁〔27442183〕）があることに注意を要する。

3 健康保険

離婚後には健康保険の切替え手続が必要である。

婚姻中、被扶養者として配偶者の健康保険に加入していた場合、自分の勤務先会社の健康保険に加入する場合には、勤務先に健康保険被保険者証資格喪失証明書を提出し、加入手続をしてもらう。自分を世帯主とする国民健康保険に加入する場合には、資格喪失から14日以内に住所地の市区町村役場にて加入手続を行う。

婚姻中、国民健康保険に加入していた場合で、自分の勤務先会社の健康保険に加入する場合には、勤務先に加入手続をしてもらったうえで、新しい健康保険証をもって国民健康保険の脱退手続を行う。引き続き国民健康保険に加入する場合にも、世帯変更又は自らを世帯主にする手続を行う。

また、離婚後、親の勤務先の健康保険の扶養に入ることや、親を世帯主とする国民健康保険に加入することができる場合もある。

4 その他

　その他、児童扶養手当の申込み、住民票の移動、印鑑登録の変更、運転免許やパスポート等の変更、銀行関係・カード等の氏名住所・請求先の変更、医療保険・生命保険の契約変更等、必要になる手続は人によって異なる。
　これらの手続については基本的に本人がすることとなり、弁護士が対応することは多くないが、必要があれば、適切に案内できるよう心掛けたい。

5 離婚後の再婚について

　令和6年4月1日施行の民法改正により、民法733条は削除され、女性の再婚禁止期間は廃止された。
　また、民法772条も改正され、婚姻の解消等の日から300日以内に子が生まれた場合であっても、母が前夫以外の男性と再婚した後に生まれた子は、再婚後の夫の子と推定することとなった。

経験談㉛　支払期間が長期にわたる養育費（相手方の連絡先・成年年齢の引下げ）

　以前に離婚調停事件を担当した元依頼者の女性（Aさん）から、十数年ぶりに連絡があり、ご相談を受けました。
　十数年前の調停事件では、当時、乳幼児だった2人の子ども（長男、二男）の親権者をいずれも母であるAさんと定め、夫であり子らの父である相手方が、子らがそれぞれ「満20歳に達する日の属する月まで」毎月養育費を支払うことなどが合意され、調停離婚が成立していました。調停成立後、ずっと、きちんと毎月の養育費が振り込まれていたのに、数か月前に長男が18歳の誕生日を迎えたところ、その翌月から、長男分の養育費が支払われなくなった、どうしたらよいか、とのご相談でした。
　2022年4月から、成年年齢が20歳から18歳に引き下げられたことから、元夫が、養育費の支払義務が18歳の誕生月までに短縮されたと勘違いした

可能性が高いと考えられ、元夫に連絡をして、調停で合意した20歳の誕生月まで支払義務があることを説明すれば解決するのではないかと思われました。

しかし、Aさんは、離婚後、元夫と一切連絡をとっておらず、住所も電話番号もわからないと言います。

離婚時の住所であった住宅は離婚の際に売却処分しているので、離婚時の住所の住民票（除票）を取得して転居先を調べようとしても、2014年6月19日以前に住民登録が抹消された住民票の除票に該当し、5年の保存期間を経過しているため入手できません（保存期間が150年となったのは2019年6月20日から）。そうすると、婚姻していたときの戸籍とその附票をたどって住所を調査するのがよいか…、などと考えながら、倉庫から取り出してきた当時の事件ファイルを見てみると、当時の元夫の携帯電話番号が記載されていました。Aさんに、その番号に電話してみたのか尋ねると、アドレス帳から消去して、そもそもその番号がわからなくなっていたとのことでしたので、まずは、Aさんからその番号に電話をしてみることにしました。

そうしたところ、電話が通じてAさんと元夫が話をすることができ、長男分の養育費の問題もすぐに解決したのでした。

養育費の支払期間は長期にわたることも多く、その終期までに、何が起こるかわかりません。依頼者においても、代理人弁護士においても、相手方の連絡先の手がかりとなり得る情報を安易に廃棄・消去しないよう気をつけるべきであると思ったのでした。

第6章

離婚後の関係

親権者・監護者の変更等

1 親権者の変更

(1) 親権者の変更が検討される場合

離婚時にいったん親権者を定めた場合であっても、その後に事情変更がある場合や従前の指定が不適当であった場合などに、親権者を一方の親から他方の親に変更することが検討されることがある。

事情変更の例としては、親権者の経済状況が変化したり、病気や事故により養育ができなくなったり、子を放置して省みない場合などが挙げられる[1]。また、親権者と監護者が異なる場合において、親権者が子を監護しないとき[2]や、子の受験などで監護者が親権を有する必要が生じたときに、子の監護者が親権者になるために親権者変更の申立てをすることがある。さらに、面会交流債務の不履行や、親権者指定の際に存在していた重要な前提事情に変化がある場合などにおいて、監護親に監護権を留保しつつ、非監護親への親権者変更を認めた事例も存在する[3]。

(2) 親権者の変更手続

離婚の際に未成年の子どもがいる場合、父母の合意で親権者を定めることができるが、離婚後の親権者の変更は、必ず家庭裁判所の調停又は審判（家事事件手続法39条、244条、別表第二8項）によって行う必要がある（民法819条6項参照）。調停前置主義の適用はなく、はじめから審判を求めること

---

[1] 清水節「親権者の指定・変更の手続とその基準」判例タイムズ1100号（2002年）155頁。
[2] 福岡高決平成27・1・30判タ1420号102頁〔28240773〕。
[3] 福岡家審平成26・12・4判時2260号92頁〔28232897〕。

もできるし、先に調停を申し立てることもできる。調停が不成立となった場合は、調停申立時に家事審判の申立てがあったものとみなされて、審判手続に移行する（家事事件手続法272条4項）。なお、子の利益のために必要があると認められるときは、現在の親権者の職務執行の停止と代行者を選任する旨の審判前の保全処分の申立てをすることができる（家事事件手続法175条3項）。

(ア) 管　轄

審判の管轄は、子の住所地を管轄する家庭裁判所である（家事事件手続法167条）。

調停の管轄は、相手方の住所地の家庭裁判所又は当事者が合意で定める家庭裁判所である（家事事件手続法245条1項）。

(イ) 申立人

親権者変更の申立人は、子の親族（一般的には父又は母）である（民法819条6項）[4]。

(ウ) 申立費用

子1人につき1200円、連絡用の郵便切手（必要枚数や内訳については、裁判所に確認する必要がある）。

(エ) 添付書類

標準的な添付書類は、申立人、相手方及び子の各戸籍謄本である[5]。その他、事情説明書、進行に関する照会回答書、送達場所等届出書などの書類が必要な場合があるので[6]、裁判所に確認する必要がある。

(オ) 手続行為能力制限の解除

親権者の指定又は変更の審判事件及び調停事件においては、子及びその父母について行為能力が制限されていたとしても、当該手続行為能力の制限は解除される（家事事件手続法168条7号、252条1項4号）。

---

[4] 裁判所HP「親権者変更調停」
　https://www.courts.go.jp/saiban/syurui/syurui_kazi/kazi_07_10/index.html
[5] 前掲注4・裁判所HP。
[6] 東京家庭裁判所HP
　https://www.courts.go.jp/tokyo-f/saiban/tetuzuki/syosiki02/index.html

(カ) 審判の不服申立て

親権者の指定又は変更の審判及びその申立てを却下する審判に対して、子の父母及び子の監護者は、即時抗告をすることができる（家事事件手続法172条1項10号）。

(キ) 戸籍届出

変更を受けた親権者は、審判確定の日から10日以内に審判謄本を添付して、その旨を戸籍届出しなければならない（戸籍法79条、63条1項）。

(3) **親権者の変更に関する判断基準**

親権者・監護者の変更は、「子の利益のため必要がある」（民法819条6項）か否かという観点から、諸事情を比較考慮して判断される[7]。考慮すべき事情は、親権者を指定する際とおおむね同様である。ただし、親権者変更の場合は、親権者指定に関する事情に加えて、現在の親権者による実際の監護実績を踏まえ、これを変更すべき事情の有無を検討して判断すべきものとされている[8]。

2 監護者の変更

離婚時に家庭裁判所が親権者と監護者を分属させた場合であっても、家庭裁判所は、その後の事情変更等により必要があると認めるときは、監護者を変更することができる（民法766条3項）。

もっとも、監護者の変更は、親権者の変更と異なり、父母の合意により変更することができる。父母の協議が調わない場合において、家庭裁判所に監護者変更の調停・審判を申し立てることになる（家事事件手続法39条、244条、別表第二3項）。

監護者の変更に関する判断に当たっては、子の福祉の観点から、監護実績・状況、監護能力・適格性（経済力、健康状態、性格、監護補助者の援助態勢等）、監護意欲・子に対する愛情、生活環境、子の意向・性別・年齢等

---

[7] 野田愛子『家族法実務研究』判例タイムズ社（1988年）187頁。
[8] 前掲注1・清水156頁。

の事情が考慮される。

3 親権者・監護者の変更に関する立証資料等

(1) 書 証

　現在の親権者による監護及び子の状況を把握する書証として、必要な期間の母子手帳、保育園や学校等の連絡帳や通知表などが考えられる。また、親の健康状態や経済状況の変化が問題となる場合は、診断書・診療録や源泉徴収票・確定申告等の収入に関する資料などを提出することも考えられる。さらに、監護親及び非監護親の双方から、親権者を決定するために必要な事項が項目ごとに記載された陳述書が提出されることもある。陳述書に記載する事項としては、監護親について①監護親の生活状況、②経済状況、③子の生活状況、④子の監護方針、⑤その他参考となる事項が求められ、非監護親については①非監護親の生活状況、②経済状況、③子の生活状況（子の生活歴及び交流の状況等）、④子の監護方針、⑤その他参考となる事項が求められる[9]。

(2) 満15歳以上の子の意見聴取

　親権者の指定又は変更の審判をする場合には、子が15歳以上であればその子の陳述を聴取しなければならない（家事事件手続法169条2項）。

　聴取の方法には特に制限はないが、子の陳述書（書証）、子の証人尋問、事実の調査における裁判官の審問、家庭裁判所調査官による調査、書面による陳述及び書面照会の方法などが考えられる。実務では、監護親から、子の陳述書が書証として提出されることで足りることもあるが、当該陳述書の提出が適当でない場合や信用性に争いがある場合は、家庭裁判所調査官の事実の調査によることとされている[10]。

9　秋武憲一＝岡健太郎編著『離婚調停・離婚訴訟〈4訂版〉』青林書院（2023年）142-143頁。
10　前掲注9・秋武＝岡編著145頁。

4 親権の喪失・停止

親権の喪失とは、親が子を虐待するなど、親権の行使が著しく困難が著しく困難又は不適当であることにより子の利益を害する場合に、その親権を喪失させるものである（民法834条）。

他方で、親権の停止とは、親による親権の行使が困難又は不適当であることにより子の利益を害する場合に、2年を超えない範囲で、その親権を停止させるものである（民法834条の2）。

経験談㉜　親権者の変更

　離婚に際し、子の親権者を父母のどちらにするかで揉めることがよくあります。本事案では、結局父母双方が譲らず、離婚訴訟の判決によって、母親が親権者に指定されました。子が小学校低学年であったことから、母親に親権を与えた方がよいと判断されたものと思われます。母親は無職で、生活も安定していなかったので、父親は判決に不服で、最高裁まで争いました。しかし結論は変わりませんでした。

　1年後、父親は、人づてに母親がほぼ毎日昼間から公園で缶ビールを数本飲んで酔っ払っていることを知り、改正前民法819条6項に基づき、家庭裁判所に親権者の変更を申し立てました。ところが、第1回調停期日までの間に、母親は子の法定代理人として、自身の両親との間で養子縁組をしたので、子の親権者は養親である祖父母になっていました（改正前民法818条2項）。そのため、父親の親権者変更の申立ては却下されてしまいました。改正前民法819条6項が規定する親権者の変更は、子の利益のために、「父母の一方から他方へ」の変更を認めるものであり、既に養親の親権に服している子について親権者の変更を認める手続は存在しないからです。

　諦めきれない父親は、子を拉致するという暴挙に出て、誘拐犯として逮捕される事態にまで発展してしまいました。親権者をどちらにするかは、あくまでも子の利益の観点から決すべきであり、夫婦の綱引きで決めるべきではないことを痛感させられた事件でした。

養育費の増減額等

1 養育費の増減等が検討される場合

　離婚時に養育費の額が、当事者の合意、調停、審判等によって定められても、その後の事情変更によって実情に合わなくなることがある。

　養育費の増減等が検討される事情変更の例としては、①失業や病気等による収入の減少、②再婚等による被扶養者の増加、③物価の大幅な高騰、④進学等に伴う教育費の増大などが挙げられる。

2 養育費の増減等に関する手続

　当事者間で改めて協議をして養育費を変更（増減等）することは可能である。当事者間での協議が困難なときは、調停又は審判により、従前の合意等を変更して、金額の増減額や終期の変更を行うことができる（民法766条3項）。調停前置主義（家事事件手続法257条）がとられているわけではないため、はじめから審判を申し立てることもできる（家事事件手続法39条、別表第二3項）。先に調停を申し立てることもできるが（家事事件手続法244条）、調停が不成立となれば、調停申立時に家事審判の申立てがあったものとみなされて、審判手続に移行する（家事事件手続法272条4項）。

　審判の管轄は、子の住所地であり（家事事件手続法150条4号）、調停の管轄は、相手方の住所地の家庭裁判所又は当事者が合意で定める家庭裁判所である（家事事件手続法245条1項）。

　申立人は、父又は母である。

　申立費用は、子1人につき1200円及び連絡用の郵便切手（必要枚数や内訳については、裁判所に確認する必要がある）である。

標準的な申立添付書類は、①対象となる子の戸籍謄本（全部事項証明書）、②申立人の収入に関する資料（源泉徴収票写し、給与明細写し、確定申告書写し、非課税証明書写し等）である[11]。その他、事情説明書、進行に関する照会回答書、送達場所等届出書などの書類が必要な場合があるので[12]、裁判所に確認する必要がある。

養育費の増減額審判及びその申立てを却下する審判に対して、子の父母及び子の監護者は、即時抗告をすることができる（家事事件手続法156条4号）。

3 養育費の増減額に関する立証資料

養育費の増減等が認められるためには、①事情変更、②従前協議等の際に予測し得なかったこと、③現行の養育費の額が不合理であることなどを立証する必要がある。

これらに関する立証資料としては、例えば、失業や病気等による収入の減少に関して、収入に関する資料（源泉徴収票写し、給与明細写し、確定申告書写し、非課税証明書写し等）などを提出することが考えられる。また、子の教育費等の増加に関しては、学費が記載された明細表や進路変更の理由等がわかる成績表などを提出することが考えられる。さらに、物価の高騰に関しては、消費者物価指数（CPI）[13]などの経済指標を提出することが考えられる。

11　裁判所HP「養育費請求調停」
　　https://www.courts.go.jp/saiban/syurui/syurui_kazi/kazi_07_07/index.html
12　前掲注6・東京家庭裁判所HP。
13　総務省統計局HP「消費者物価指数（CPI）」
　　https://www.stat.go.jp/data/cpi/

面会交流の変更・禁止

1 面会交流の変更・禁止が検討される場合

　裁判所の手続で定められた面会交流の履行を確保する手段としては、間接強制に加えて、履行勧告（家事事件手続法289条）がある。

　もっとも、面会交流を強制することによって子の利益に適う面会交流を実現させることは至難なことである。そこで、いったん定められた面会交流が実現しない場合は、その内容に問題があったものと考えて、面会交流の変更を求める調停又は審判が検討されることがある[14]。

　また、当初の面会交流が事情変更により妥当性を欠くようになった場合にも、面会交流の変更が検討されることがある。事情変更の例としては、監護親又は非監護親の再婚等による家族関係の変化、子の進学や習い事等の教育環境の変化、監護親又は非監護親の健康状態の変化、居住環境の変化などが挙げられる。

　他方で、事情の変更により子の福祉に適合しない事態となった場合には、面会交流の禁止の調停又は審判が検討されることがある[15]。例えば、非監護親による子の連れ去りのおそれがある場合、非監護親による子の虐待のおそれ等がある場合、非監護親の監護親に対する暴力等がある場合、子が拒絶する場合、監護親又は非監護親の再婚等の場合などに面会交流の禁止が検討されることがある。

14　梶村太市『裁判例からみた面会交流調停・審判の実務〈第2版〉』日本加除出版（2020年）365-366頁。
15　横浜家相模原支審平成18・3・9家裁月報58巻11号71頁〔28130967〕。

2 面会交流の変更・禁止に関する手続

　当事者間で改めて協議をして面会交流の定めを変更することは可能である。当事者間での協議が困難なときは、調停又は審判により、従前の合意等を変更することができる（民法766条3項）。調停前置主義（家事事件手続法257条）がとられているわけではないため、はじめから審判を申し立てることもできる（家事事件手続法39条、別表第二3項）。先に調停を申し立てることもできるが（家事事件手続法244条）、調停が不成立となれば、調停申立時に家事審判の申立てがあったものとみなされて、審判手続に移行する（家事事件手続法272条4項）。

　審判の管轄は、子の住所地であり（家事事件手続法150条4号）、調停の管轄は、相手方の住所地の家庭裁判所又は当事者が合意で定める家庭裁判所である（家事事件手続法245条1項）。

　申立人は、父又は母である。

　申立費用は、子1人につき1200円、連絡用の郵便切手（必要枚数や内訳については、裁判所に確認する必要がある）である。

　標準的な申立添付書類は、対象となる子の戸籍謄本（全部事項証明書）である[16]。その他、事情説明書、進行に関する照会回答書、送達場所等届出書などの書類が必要な場合があるので[17]、裁判所に確認する必要がある。

　面会交流の変更・禁止の申立てを却下する審判に対して、子の父母及び子の監護者は、即時抗告をすることができる（家事事件手続法156条4号）。

3 面会交流の変更・禁止に関して考慮される事情及び立証資料

　面会交流の変更・禁止に関する事件においても、子の利益を最優先にして具体的事情が考慮されることは、離婚時の面会交流に関する事件と同様である。

16　裁判所HP「面会交流調停」
　　https://www.courts.go.jp/saiban/syurui/syurui_kazi/kazi_07_08/index.html
17　前掲注6・東京家庭裁判所HP。

面会交流を実施することにより子の利益に反する事情があるかどうかについて考慮される具体的事情及びこれに対する立証資料としては、次の①から⑥などが挙げられる[18]。

① 安　全

児童虐待・子の連れ去り・父母間のDVなどに関する事情（安全）である。

立証資料としては、虐待・DVがされたことがわかる写真、診断書、録音データ、関係者の陳述書などが考えられる。

② 子の状況

家庭、学校等への適応を含めた子の生活状況、子の年齢や発達状況、子の心身状況、子の意向・心情などに関する事情（子の状況）である。

立証資料としては、学校の成績表や時間割、習い事や部活等のスケジュール表、医療記録や診断書、写真や動画、子の書面、関係者の陳述書などが考えられる。

③ 親の状況

監護親及び非監護親の心身状況、生活状況、経済状況、交流についての考え方、合理的理由なく面会交流を制限する監護親の言動の有無、非監護親の交流時の不適切な対応のおそれの有無、交流の実施が監護親に与える影響の有無などに関する事情である。

立証資料としては、診断書や健康診断の結果、源泉徴収票や確定申告などの収入等に関する資料、親の生活状況や就労状況がわかる日誌や勤務表、父母間のSNS・電子メール・手紙等のやりとり、関係者の陳述書などが考えられる。

④ 親子関係

別居前から現在に至るまでの監護親及び非監護親と子との関係に関する事情や従前の別居親と子との交流状況などに関する事情である。

立証資料としては、親子間のSNS・電子メール・手紙等のやりとり、関係者の陳述書などが考えられる。

18　細矢郁ほか「東京家庭裁判所における面会交流調停事件の運営方針の確認及び新たな運営モデルについて」家庭の法と裁判26号（2020年）134-135頁。

⑤　親同士の関係

別居に至る経緯、父母の互いに対する感情・葛藤状態、離婚の成否、離婚に関する法的紛争の進捗状況・対立状況などに関する事情である。

立証資料としては、父母間のSNS・電子メール・手紙等のやりとり、離婚調停や裁判等の記録、関係者の陳述書などが考えられる。

⑥　環　境

きょうだい関係、監護親の再婚、監護親の父母をはじめとする親族の影響など、子、同居親及び別居親を取り巻く環境に関する事情である。

立証資料としては、きょうだいの出生証明書、戸籍謄本、写真や動画、関係者の陳述書などが考えられる。

面会交流の禁止・制限に関する事件においては、上記の各事情に変更が生じたことを主張する必要があるところ、その具体例としては、監護親又は非監護親の再婚等による家族関係の変化、子の進学や習い事等の教育環境の変化、監護親又は非監護親の健康状態や経済状況の変化、居住環境等の変化などが挙げられる。

なお、事実の調査において家庭裁判所調査官が重要な役割を果たすことや、審判をする場合において15歳以上の子の陳述を聴かなければならないこと（家事事件手続法152条2項）、離婚時の面会交流に関する事件と同様である。

Ⅳ　その他離婚後に問題となる事項

　その他離婚後に問題となる事項

1　離婚後の財産分与

　離婚後に財産分与を求めることもできるが、財産分与請求権は離婚の時から２年経過すると除斥期間にかかり請求することができなくなるため（民法768条２項ただし書）、注意が必要である[19]。

2　離婚後の慰謝料請求

　離婚前の場合は、夫婦関係調整調停（離婚）の中で慰謝料について話合いをすることができるが、離婚後に慰謝料について当事者間の話合いがまとまらない場合には、家庭裁判所の調停手続を利用することができる[20]。この場合において調停不成立となったときは、一般の民事事件として訴訟による解決を図ることになる。

　なお、慰謝料請求権は、３年の消滅時効に服するので（民法724条１号）、注意が必要である。

3　離婚後の紛争調整

　離婚した夫婦間において、離婚後の生活に必要な衣類その他の荷物の引渡しを求める場合や、前の夫が復縁を迫って前妻の住居を訪問することから紛

19　令和６年の民法改正により除斥期間は５年となったが、公布の日（令和６年５月24日）から起算して２年を超えない範囲内において施行予定となっており、本書執筆時点では施行はされていない。
20　裁判所HP「慰謝料請求調停」
　　https://www.courts.go.jp/saiban/syurui/syurui_kazi/kazi_07_05/index.html

争が生じている場合など、離婚後の紛争について当事者間の話合いがまとまらない場合には、家庭裁判所の調停手続を利用することができる[21]。

---

21 裁判所HP「離婚後の紛争調整調停」
　　https://www.courts.go.jp/saiban/syurui/syurui_kazi/kazi_07_20/index.html

第7章

内縁関係の解消

「内縁」が問題となる場面

　弁護士が依頼者から「内縁」に関して相談を受ける態様としては、「内縁関係を解消するに際し、法律婚の離婚の規定の適用があるかどうかの相談（例えば、離婚に伴う財産分与を請求できるか等）」の類型が多い。
　そのため、本章では、「離婚」の一態様として、かかる場合の資料・証拠の調査と収集について検討する。
　なお、他にも「内縁関係が継続している状態で、法律婚と同様の取扱いを主張できるかどうかの相談（例えば、内縁関係の場合に税法上の配偶者控除が認められるか等）」や「内縁関係継続中に死別した場合に、法律婚と同様に相続関係の規定の適用があるかどうかの相談（例えば、法律婚と同様に配偶者相続権を主張できるか等）」の類型もあるが、これらの場合にも「内縁」の定義やその立証方法が問題となる点が共通するので本書の記載を参考にしていただきたい。

「内縁」とは

1 婚姻の「届出主義」

　民法上、婚姻が成立するためには、戸籍法に基づく届出が必要である（届出主義。民法739条）。そして、婚姻の効力として、同居、協力及び扶助の義務（同法752条）、婚姻費用の分担（同法760条）、財産分与（同法768条）、相続権（同法890条）などの法的な権利・義務に関する規定が置かれている。

　戸籍法に基づく届出を欠く場合、上記の法律上の婚姻とは認められず、本来であれば、婚姻を前提とする諸規定も適用されないはずである。

　しかし、旧来の家制度の下での慣行や法律知識の欠乏等の理由により届出を欠いているが、実質的には夫婦として共同生活を営んでいるような場合、婚姻に準じた保護を及ぼすべき、と考えられるようになり、「内縁」という概念が用いられるようになった。

2 内縁関係成立の要件

　内縁関係成立の要件は、法規等に明確な定義があるわけではないが、判例・学説の集積により、

　① 婚姻の意思があること（主観的要件）
　② ①に基づく共同生活の実体があること（客観的要件）

が必要と解されている（最判昭和33・4・11民集12巻5号789頁〔27002684〕）。

　ただし、①②の具体的内容は一義的に定まっているわけではない。届出を欠く理由や、紛争の態様（誰と誰の間の紛争か）、法的効果の内容などに応じて、相対的に判断する考え方[1]もあり、判例も事案により多様な判断をしている。例えば、生活実体を重視し、婚姻意思が明確でなくても内縁の成立

を認め、財産分与の類推適用を認めた事例（岐阜家審昭和57・9・14家裁月報36巻4号78頁〔27491005〕）、内縁を破棄した側の不当性が大きい場合に、同居期間が短くても内縁の不当破棄による慰謝料請求を認めた事例（京都地判平成4・10・27判タ804号156頁〔27814292〕）などがある。このため、内縁の成立を主張する際には、個々の事案の特性に応じ、判例等を十分調査することが肝要である。

3 重婚的内縁

既に法律上の婚姻をしている者が、法律上の配偶者以外と実質的な夫婦関係を築いている、いわゆる「重婚的内縁」の場合も、内縁が法的に保護されるかどうかは事案に応じて相対的に判断される。重婚的内縁関係が法的に保護されるためには、上記①②だけではなく、法律婚が破綻・形骸化し、事実上の離婚状態にあることが必要とした事例（東京地判平成3・7・18判時1414号81頁〔27811221〕）、法律婚をしている内縁の夫がさらに別の第三者と情交関係を持って内縁関係を破綻させた場合に、少なくとも当事者間においては、重婚的内縁関係は法律上保護に値するとした事例（東京地判昭和62・3・25判タ646号161頁〔27800369〕）などがある。

4 事実婚

法律婚による制約（夫婦同氏や姻族関係など）を避ける意図であえて届出をしない、いわゆる「事実婚」の場合、意図的に法律婚を回避している点で旧来型の「内縁」とは異なる。このような場合、法律婚をあえて選択しなかった以上、婚姻法規による法的保護を及ぼす必要はなく、関係解消時の処理は当事者間の合意や契約に委ねるべきとの考え方もある。しかし、近時は、共同生活の実態を重視し、内縁の保護法理を事実婚にも及ぼすべきとの

---

1 相対効果説。我妻榮『親族法』有斐閣（1961年）200-201頁、中川良延『家族法大系Ⅱ』有斐閣（1959年）303頁、二宮周平『叢書民法総合判例研究・事実婚』一粒社（2002年）18頁。

Ⅱ 「内縁」とは

説が主張されており、判例も届出がない理由について特に区別せずに「内縁」として扱っているのが実情である。

第1編　第7章　内縁関係の解消

内縁の成立を証するための証拠の調査と収集

　上記のとおり、内縁の成立要件として確立されたものはなく、紛争の態様や法的効果に応じて要件を緩和する考え方もあるものの、基本となる要素は、①の婚姻意思があることを推察させるような事実と、②の共同生活の実体を示す事実である。

　これらの証拠やその収集方法として、次のようなものが考えられる。

結婚式や食事会等により親族や友人に婚姻意思を表明した事実	式場の領収証、招待状、写真等
夫婦としての友人付き合いや冠婚葬祭等への出席	領収証、招待状、写真、手紙、LINEやメールなどのやりとりの履歴等
同居の事実	賃貸借契約書、連名の郵便物、住民票 ※住民票の続柄欄は、「同居人」のほか、「妻（未届）」「夫（未届）」との記載も可能。 「妻（未届）」「夫（未届）」であれば、同居の事実を証するだけでなく、婚姻意思をより強く主張することが可能
その他生計の同一性	住宅ローンの連帯債務者・保証人となっている契約書、日常の債務の領収書
社会保険	年金保険、健康保険等において相手方が配偶者（被扶養者）として認められている[2]場合、その旨が記載された健康保険被保険者証等の書面
子どもの存在	認知している場合は戸籍謄本、認知していない場合は同居の事実や社会生活上父親として認識されていることを示す書類（学校関係など）

2　勤務先企業によって、内縁の配偶者を扶養に入れる要件や必要書類は異なる。

Ⅲ　内縁の成立を証するための証拠の調査と収集

　上記いずれの項目についても、客観的な証憑類がない場合は陳述書で立証する。

内縁の破棄・解消の法律問題の概観

　内縁が成立した後、その関係が破棄・解消された場合、法律婚の「離婚」の場合との異同はどのように考えるべきか。
　本書の解説の順に概観すると、次のようになる。

婚姻費用	法律婚と同様に考えることが可能
親権・監護権	父が認知していれば、法律婚と同様に考えることが可能
養育費	
面会交流	
財産分与	法律婚と同様に考えることが可能
慰謝料請求	
年金分割	当事者の一方が被扶養配偶者として国民年金法上の第3号被保険者と認定されていた期間は、分割可能

　以上のとおり、子との関係において認知の有無で取扱いが異なるほかは、各項目で若干の相違はあるものの、多くの事項で、基本的には法律婚の離婚の場合に準じて考えることができる。裁判所がHPで公表している書式[3]でも、内縁関係の円満調整、内縁解消時の子の問題、財産分与や慰謝料に関する記載例が用意されている。

3　https://www.courts.go.jp/vc-files/courts/file2/2019_naien_rei_203kb.pdf
　https://www.courts.go.jp/vc-files/courts/2022/2021_rikoncyoutei_rei.pdf

内縁破棄・解消までの生活費負担

　いわゆる婚姻費用の請求は、内縁関係が成立していれば、法律婚の場合に準じ、民法760条を準用して請求可能と解されている（最判昭和33・4・11民集12巻5号789頁〔27002684〕）。

　この点、内縁を解消して別居した後は、内縁の成立要件の「共同生活の実体」を欠き、請求できなくなるのでは、との考え方もあり得るが、上記最高裁判例は、「別居中に生じたものであるけれども、なお、婚姻から生ずる費用に準じ、同条の趣旨に従い」分担すべきものと判断しており、婚姻費用に関する調停・審判の標準書式においても、内縁の場合があり得ることを前提に、内縁の場合は戸籍謄本の添付は不要、との記載がなされている。

内縁破棄・解消と子どもの問題

　内縁の場合、母親と子どもは出産により親子関係が生じるが、父親は認知しなければ法律上の父子関係が発生しない。

1　認知している場合

　認知した子があり、内縁関係が破綻した場合は、婚姻関係の破綻時と同様に、協議により親権者を定め（民法819条4項）、協議が調わなければ協議に代わる審判をすることができる（同条5項）。
　親権者がどちらになったとしても、関係解消後も認知した父は子の扶養義務を負い（民法877条1項）、同条に基づいて子が自ら扶養料の請求ができるほか、離婚後の子の監護に関する事項についての民法766条が内縁関係の解消においても準用され、養育費や面会交流を協議で定めることとなる。認知されていることの立証資料は子の戸籍謄本であり、入手に際しての困難はない。

2　認知をしていない場合

　内縁関係で、父親が子を認知していない場合は、もともと親権者は母親のみであるため、関係解消の際に親権者を定める必要はない。また、法律上の父子関係も発生しないため、扶養義務は発生せず、養育費の請求や面会交流を求めることもできない。
　関係解消時に未認知の父親に養育費を請求するためには、まず認知を求める調停をし、合意に相当する審判を得るか（家事事件手続法257条1項、277条、281条）、認知訴訟（人事訴訟法2条2号、44条）によることになる。
　認知訴訟での最も有力な立証資料はDNA鑑定で、現在鑑定を扱う機関は

複数あり、その中には弁護士共済組合の特約店もあり利用できる。

内縁破棄・解消と財産分与

　内縁関係の破棄・解消時に、法律婚の場合に準じて財産分与の請求が可能であることは判例・学説上特段異論なく認められているといえる。裁判実務においても、内縁関係の解消時に財産分与の規定を類推適用し、財産分与を手続上規定した家事審判法9条1項乙類の審判を類推適用して準財産分与の審判を求めることができる、との判断がなされている（大阪高決昭和40・7・6家裁月報17巻12号128頁〔27451163〕）。

　なお、財産分与の性質（扶養的財産分与、清算的財産分与、慰謝料的財産分与）のうち、清算的財産分与についてのみを認めた審判例もある（岐阜家審昭和57・9・14家裁月報36巻4号78頁〔27491005〕）。

内縁破棄・解消と慰謝料請求

　判例は、内縁破棄・解消時の慰謝料請求については、婚姻予約の不履行としてこれを認めてきたが、最判昭和33・4・11民集12巻5号789頁〔27002684〕は、婚姻予約の不履行という構成のほか、「内縁も保護せられるべき生活関係」であるから、「内縁が正当の理由なく破棄された場合には、故意又は過失により権利が侵害されたものとして、不法行為の責任を肯定することができる」とした。

　その後も、内縁関係の破棄・解消時に、法律婚の離婚に準じて慰謝料請求を認める解釈がなされてきているが、内縁の態様や当事者の意思が多様化する中で、当事者の関係性によっては、保護に値するものとは評価されず、慰謝料請求が認められないこともある。高裁と最高裁とで判断が分かれた事例として、最判平成16・11・18裁判集民215号639頁〔28092900〕がある。本事案は、約16年にわたり、同居はしないものの「特別の他人」として関係を続け、2人の子をもうけ、子の出生のたびに婚姻届出と離婚届出をしてきたにもかかわらず、男性が一方的に関係を解消したというもので、高裁判決が「関係継続についての期待を一方的に裏切るもの」であるとして不法行為の成立を認めたのに対し、地裁と最高裁は、意図的に婚姻を回避した当事者の意思や、共同生活をしたことがないこと、共有財産を持たないこと等から、「関係存続に関する法的な権利ないし利益を有するものとはいえない」とした。このように、内縁といってもそのあり方は多様化しており、慰謝料請求に際しては、関係性の立証とともに、判例の調査・分析も重要である。

内縁破棄・解消と年金分割

　当事者の一方が被扶養配偶者として国民年金法上の第3号被保険者と認定されていた期間については、法律婚の場合と変わりなく、年金分割が可能である（厚生年金保険法78条の2第1項、3条2項、厚生年金保険法施行規則78条、国民年金法5条7項、7条1項3号、同条2項、国民年金法施行令4条）。

第8章

同性パートナー

第1編　第8章　同性パートナー

 同性パートナーの法的問題

　法律婚をしていない関係の中には、あえて法律婚を選択しない場合のほか、同性同士であるために法律婚ができない場合もある。諸外国では同性でも制度的に婚姻が可能な場合もあるが、我が国では、自治体レベルでは同性パートナーを公認する「パートナーシップ証明制度」等が導入されている自治体はあるものの、国の制度としては制度的な婚姻は認められていない。

　同性パートナーに関しては、その関係が制度的に認められるか、という点が今日の議論の中心で、同性婚が許容されていないことの憲法違反等を問う一連の訴訟のうち、札幌地裁が初の違憲判決を出し（札幌地判令和3・3・17判時2487号3頁〔28290860〕）、その後も地裁では「違憲」「違憲状態」との判断[1]が出てきている。また、犯罪被害者給付金の支給対象に事実婚状態の同性カップルが含まれるかが争われた訴訟では、最高裁が「含まれる」との初判断を示している（最判令和6・3・26民集78巻1号99頁〔28320888〕）。

　本章では、離婚に類する場面、すなわち同性パートナーの解消の場面で、どのような紛争が生じ、証拠・資料の収集をどうすべきかを概観する。

1　東京地判令和4・11・30判時2547号45頁〔28310398〕、名古屋地判令和5・5・30平成31年（ワ）597号公刊物未登載〔28311970〕。その後、札幌高判令和6・3・14判タ1524号51頁〔28321180〕や東京高判令和6・10・30令和5年（ネ）292号裁判所HP〔28323660〕など、高裁でも同様の判決が出されている。

異性間の内縁関係との異同

　異性間の「内縁」は、従来の家制度の下での慣行や法律知識の欠乏等による場合のほか、あえて法律婚を回避する事実婚の場合など、届出を欠く理由が多様化してきているが、同性の場合には、そもそも届出をする制度がない、という点が大きな相違点である。

　同性パートナーの関係が、異性間の「内縁」と同じ基準で保護されるかどうかは、いまだ議論が定まらないが、仮に「内縁」と同様の定義（①婚姻意思があることを推察させる事実、②の共同生活の実体を示す事実）によるとすると、その関係の立証については、第7章Ⅲで述べたところと同様である。

　ただし、同性の場合、住民票の続柄欄に「妻（未届）」「夫（未届）」との記載を選択することができない自治体がほとんどのようであり、「同居人」とするほかないのが実情である。また、社会保険で同性パートナーを被扶養者とすることも現状では認められていない。

同性パートナー関係の破棄・解消時の問題

　同性パートナー関係が破棄・解消された際に、異性間の「内縁」と同様に法的保護が及ぶか。

　この問題につき、宇都宮地真岡支判令和元・9・18判時2473号51頁〔28273850〕は、同性カップルの間の関係につき、その実態が内縁関係と同視できる生活関係にあると認められる場合、内縁関係に準じた法的保護に値する利益が認められるとして、不貞行為によって関係を破棄した者に対する不法行為に基づく損害賠償請求としての慰謝料請求を認めた（ただし、本件の法的保護に値する利益の程度は、「法律婚や内縁関係において認められるのとはおのずから差異がある」とも判示している）。

　また、同事案の高裁判決（東京高判令和2・3・4判時2473号47頁〔28281925〕）も、「少なくとも民法上の不法行為に関して、互いに、婚姻に準ずる関係から生じる法律上保護される利益を有する」として同様の判断をした。

　慰謝料請求以外の財産上の問題（婚姻費用、財産分与）については、法律婚の規定を準用するのか、不法行為や契約の法理によって解決するのか、いまだ議論の途上である。また、同性パートナー関係解消時の子供との関係についても、従前の関係（実親子・養親子・同居）のあり方に応じ、今後検討していく必要がある。

第9章

渉外離婚事件

渉外家事事件の特徴

1　渉外家事事件とは何か

　渉外家事事件とは、当事者の国籍、住所、常居所、居所や婚姻挙行地など、当該事件に関係する諸要素が複数の国に関係を有する家事事件をいう[1]。渉外事件では、まずは国際裁判管轄権の存否や準拠法を確定する必要があり、その他にも法律上及び事実上、通常の国内事件にはない特殊な知見・検討が求められる[2]。

　本項では、渉外家事事件（特に渉外離婚事件）において必要となる資料・証拠をはじめ、当該事件の特徴を概説し、次項以下において、当該事件で特に問題となり得る事項について解説する[3]。

2　資料・証拠の収集

　国際裁判管轄権の存否や準拠法の特定、婚姻や出生等の基本的事実及び法律関係の確認に当たって、まずは以下の資料を確認・収集する。それ以外にも事案ごとに収集すべき資料は異なり、例えば、外国法が準拠法となる場合

1　最高裁判所事務総局編『渉外家事事件執務提要（上）』法曹会（1991年）1頁。
2　日本の裁判所の国際裁判管轄に関する事項は、人事に関する訴えの訴訟要件であり、裁判所の職権調査事項であり（人事訴訟法29条1項、民事訴訟法3条の11）、準拠法の特定は、職権探知事項であると解されるが、事件処理上、まずは当事者においてこれらの調査・検討が必要である。
3　本文の記載は、主として当事者の一方又は双方が外国籍を有する者である場合に、日本において手続を行う場合を想定している。当事者双方が日本国籍（海外居住）の場合は、通常の国内事件と同様、戸籍謄本によりその身分関係は明らかとなるうえ、準拠法は日本法となり、日本の裁判所に国際裁判管轄権が認められる（人事訴訟法3条の2第5号、家事事件手続法3条の13第1項1号）。

は、当該外国法に係る文献等の調査・収集が必要となる（詳細はⅦ参照）。

確認事項	確認・収集資料	目的等
①当事者の国籍（氏名、生年月日及び出生地の確認を含む）	戸籍謄本、旅券、在留カード[4]、出生証明書、帰化証明書等	準拠法の決定等に必要となる。なお、重国籍の確認のため、本人の生年月日及び出生場所、父母の国籍等の確認が含まれる。
②住所及び居所	住民票、在留カード等	国際裁判管轄権の存否及び準拠法の決定に必要となる。なお、常居所等の認定のため、居住目的、居住期間、居住状況、家族の有無及び住所、本人の前住所、来日時期・目的、在留資格及び期間等の確認が含まれる。
③婚姻の年月日、場所及び方式	戸籍謄本、婚姻証明書等	婚姻関係の確認のために必要となる。

3 国際裁判管轄の存否

(1) 渉外家事事件の場合、まず日本の家庭裁判所に当該事件の国際裁判管轄権が認められるか否かを検討する。この点、人事訴訟法等の一部を改正する法律（平成30年法律20号）により、家事調停・審判事件については家事事件手続法において、人事に関する訴えについては人事訴訟法において、それぞれ国際裁判管轄に関する規律が整備された（詳細はⅢ参照）[5]。

なお、離婚の準拠法が日本法となる場合は、日本の協議離婚によることが可能であるが、日本の協議離婚は裁判所での手続ではないため、国際裁

---

4 在留カードは、3か月を超えて日本に在留する外国人（中長期在留者）に交付される。在留カードには、氏名、生年月日、性別、国籍・地域、住居地、在留資格、在留期間、就労の可否など、出入国在留管理庁長官が把握する情報の重要部分が記載され、記載事項に変更が生じた場合は変更の届出が義務付けている。また、16歳以上の者は顔写真が表示される。
5 国際裁判管轄権が認められる場合、次に日本のいずれの家庭裁判所に管轄があるか（土地管轄）を確認することになる。その確認方法は、原則として国内事件と同様である（人事訴訟法4条等、家事事件手続法4条、245条等）。

判管轄を問題とする必要はない[6]。ただし、後述のとおり、当該協議離婚が外国において承認されるかどうかは別問題である[7]。
(2) 国際裁判管轄権に加え、手続法上、以下の点にも留意が必要となる。
　(ア) 当事者が外国に居住している場合、裁判所からの文書送付は通常、送達の方法によることになるが、日本の裁判権を外国において行使することになるから、国際司法共助の手続によることになる。この点は、外国からの裁判文書の送付等を含め、Ⅱにおいて詳述する。
　(イ) 国際私法上、「手続は法廷地法による」との原則が妥当し、手続法上の問題は、原則として当該事件を取り扱う裁判所の所在地法に従えばよいと一般に理解されている。しかし、単純に国内の手続法を適用すればよいというものでもなく、渉外事件では、準拠法となる外国の実体法（準拠実体法）と国内の手続法（法廷地手続法）との調整が必要となる（「適応問題」と呼ばれる）。この点については、主として家事調停の可否及び調停前置主義の適用の有無につき、Ⅳにおいて詳述する。

4　準拠法の特定

　日本の裁判所に国際裁判管轄権が認められる場合、日本の国際私法の規定に従って当該事件に適用すべき準拠法を決定する必要がある。渉外事件の準拠法については、法の適用に関する通則法（以下、「通則法」という）や扶養義務の準拠法に関する法律で規律されている（詳細はⅤ参照）。

6　大江忠『要件事実国際私法(2)国際家族法・準拠法の適用過程』第一法規（2021年）60頁。
7　日本の離婚が外国において承認されない場合、日本では離婚が成立し、当該外国では婚姻関係が継続するという、いわゆる跛行的法律関係（跛行婚）が生ずるおそれがある。

5 事件処理上の留意点

　日本の裁判所に国際裁判管轄権が認められ、準拠法が特定できた場合でも、当該事件を処理するに当たっては、日本で離婚手続を進めるべきか否か、進める場合にどのような離婚の方法を選択すべきかなど、以下のような観点からも検討を行う。

(1) **離婚手続の進行の適否・時期等**

　(ア)　外国人が日本に在留するためには、在留資格が必要となる[8]。当事者の一方又は双方が外国籍を有する場合、日本で離婚手続を進めるべきか否かを検討するうえで、当該外国人の在留資格や期間、離婚手続中又は離婚後の在留資格変更の要否や可否に加え、今後の日本での在留予定・希望などを確認・検討する必要がある。例えば、当事者が「日本人の配偶者等」（日本人の配偶者である場合、出入国管理及び難民認定法（以下、「入管法」という）別表第二）や「家族滞在」（就労系や留学の在留資格を有する外国人の扶養を受ける配偶者の場合、同法別表第一の四）の在留資格を有する場合、離婚手続を進めることにより配偶者の協力を得られず、婚姻の実体[9]が伴わないなどとして在留期間の更新許可を得られない場合がある[10]。また、離婚に至った場合は、離婚した日から14日以内に出入国在留管理庁長官に届出をする必要がある（入管法19条の16第3号）。いずれの場合も在留資格の変更が必要となる[11]。そのため、

8　在留資格に関しては、山脇康嗣『詳説　入管法と外国人労務管理・監査の実務〈第3版〉』新日本法規（2022年）に詳しい。

9　これらの在留資格に係る「配偶者」とは、現に婚姻が法律上有効に存続している者に限られる。また、法律上の婚姻関係が成立していても、互いに協力し、扶助しあって社会通念上の夫婦の共同生活を営むという婚姻の実体が伴っていない場合は、これらの在留資格該当性は認められないと解されている（「日本人の配偶者等」につき、最判平成14・10・17民集56巻8号1823頁〔28072738〕）。

10　「家族滞在」については3か月以上、「日本人の配偶者等」については6か月以上、配偶者の身分を有する者としての活動を行わないで在留している場合、在留資格の取消事由となる（入管法22条の4第1項6号、7号）。なお、「日本人の配偶者等」については、実務上、離婚調停及び離婚訴訟の係属中は、「6月」の在留期間の更新が認められることが多い。

当事者が継続して日本での在留を希望するときは、他の在留資格への変更可能性の有無、変更可能な在留資格、変更時期などを検討し、離婚手続を進めるべきか否か（そのタイミングを含む）の方針を決定する。

(イ) 当事者が既に本国に帰国しているか、早晩帰国してしまう可能性がある場合は、国際裁判管轄権の問題のほか、外国送達の問題が生じ得る。また、特に離婚給付が問題となる事案において、目ぼしい財産が海外にある場合は、将来的な強制執行の可否やそれに要する時間・費用等も考慮する必要がある。

(2) **離婚の方法の選択**

(ア) 離婚の準拠法は、通則法27条、25条で規律されているところ、離婚の準拠法という場合、離婚の許否、離婚の原因及び離婚の効力のほか、離婚の方法（離婚に裁判や公的機関の決定を要するか等）が当該法制に服する[12]。この点、日本法では、協議離婚（公的機関の決定を経ない当事者の合意又は協議による離婚）が認められるが、外国ではこのような協議離婚を認める法制は多くない。離婚の準拠法が外国法となり、当該外国法が裁判離婚しか認めない場合は、少なくとも上記協議離婚の方法によることはできない。

(イ) 離婚の準拠法が日本法となる場合は、日本の協議離婚の方法によることは可能である。しかし、準拠法として日本法が適用されることと、準拠法が日本法となる場合に日本法に従ってした協議離婚や調停離婚等が外国人当事者の本国において承認されるかどうかとは、別問題である[13]。例えば、日本の協議離婚が外国人当事者の本国において承認されない可能性が高いのであれば、通常、当該協議離婚の方法は避けることになる。なお、実務上、調停事件では、外国における承認可能性を考慮

---

11 就労系の在留資格（「技術・人文知識・国際業務」）のほか、「留学」、「定住者」などの在留資格への変更を検討することになる。なお、「定住者」の在留資格については、いわゆる「婚姻破綻定住」（婚姻継続中の場合）や、「離婚定住」、「日本人実子扶養定住」（離婚後の場合）などの告示外定住と呼ばれる類型についても検討する必要がある。

12 櫻田嘉章＝道垣内正人編『注釈国際私法第2巻』有斐閣（2011年）45頁。

し、「本調停は、日本国家事事件手続法第268条により、確定判決と同一の効力を有する。」旨付記されることが一般的であり、また、本国において調停離婚が承認されない懸念がある場合は、合意ができた場合でも調停に代わる審判（家事事件手続法284条）とすることを裁判所に求めることもある[14]。

以上のように、在留資格の問題、解決に見込まれる時間や費用、外国での承認可能性その他諸要素を総合的に考慮し、日本において手続を進めるべきか否か、進める場合はどのような方法によるべきかを検討・判断することになる。

(3) その他留意事項

外国人当事者から的確に事実関係を把握し、資料・証拠を収集し、手続や方針等を協議・説明し、当事者の意思確認を確実に行うためには、当事者の日本語能力が高い場合は別として、相談時から、信頼できる通訳に同席してもらうことを検討すべきである。また、当事者の習慣や社会的背景、家族に関する考え方や権利意識、宗教上の倫理観、紛争解決に対する姿勢などの相違に配慮し、事件処理に当たることも必要と考えられる。

13　なお、ある外国が裁判離婚しか認めていない法制であっても、当該外国の離婚法制と、当該外国が国外の家事事件の内容をどのように承認するかの問題とは別問題であり、直接には関係しないため、その点も留意が必要である。外国人ローヤリングネットワーク編『実践Q＆A142問 渉外家事事件の実務 LNFメーリングリストから』日本加除出版（2024年）62頁。

14　日本の協議離婚・調停離婚等の外国における承認可能性については、前掲注12・櫻田＝道垣内編61頁以下に、様々な国の例が紹介されている。

外国判決の承認について

1 外国判決の承認の問題

(1) 緒　論

　外国の裁判所が下した判決が日本においても判決としての効力を認められるか否か（外国判決の承認の問題）については、次の4要件を満たす場合に限り、日本における判決としての効力を有すると定められている（民事訴訟法118条、人事訴訟法1条、家事事件手続法79条の2）。

　① 当該外国裁判所に裁判権が認められること（民事訴訟法118条1号）
　② 敗訴した被告が公示送達によらないで訴訟の開始に必要な呼出しなどの送達を受けたこと、又はこれを受けなかったが応訴したこと（同条2号）
　③ 判決の内容及び訴訟手続が日本の公序良俗に反しないこと（同条3号）
　④ 相互の保証のあること（同条4号）

　例えば相手方が外国で一方的に離婚判決をとってしまったという場合、①当該外国裁判所が本件離婚についての国際裁判管轄権を有するかどうか（1号）、②相談者への送達が適式になされたかどうか（2号）、③一方的な判決の内容・訴訟手続であった場合には日本の公序良俗に反するのではないか（3号）、といった点が特に問題となる。また、④一般的に当該外国と日本の裁判所との間の相互保証があるかどうか（4号）という点も、問題となり得る。

(2) **各要件**

(ア) ①裁判管轄（民事訴訟法118条1号）について

　まず、1号の要件を満たすためには、判決国がその事件について国際裁判管轄権（間接的一般管轄権）を有すると認められなければならない。

　どのような場合に当該判決国に国際裁判管轄権があるといえるかは、当事者間の公平や裁判の適正・迅速を図るという理念に照らして条理により判断され、財産関係事件については「基本的に我が国の民訴法の定める国際裁判管轄に関する規定に準拠しつつ、個々の事案における具体的事情に即して、外国裁判所の判決を我が国が承認するのが適当か否かという観点から、条理に照らして判断すべきもの」とされる（最判平成26・4・24民集68巻4号329頁〔28221877〕、最判平成10・4・28民集52巻3号853頁〔28030790〕）。

　離婚訴訟における国際裁判管轄権は、原則として被告の住所地に認められ、例外的に、原告が遺棄された場合、被告が行方不明である場合その他これに準ずる場合には、原告の居住国に国際裁判管轄権が認められることになる（最大判昭和39・3・25民集18巻3号486頁〔27001929〕）。

(イ) ②送達（民事訴訟法118条2号）について

　2号の要件を満たすためには、(i)敗訴の被告が訴訟の開始に必要な呼出し若しくは命令の送達（公示送達その他これに類する送達を除く）を受けたこと、又は(ii)これを受けなかったが応訴したことが必要である。これは、十分な防御の機会を与えられずに敗訴した被告を実質的に保護するための要件であり、被告が現実に訴訟手続の開始を了知することができ、かつ、その防御権の行使に支障のないものでなければならない。そのため、公示送達のほか、公示送達と同程度に防御の機会の付与の可能性が乏しい送達しかなされなかった場合にも当該要件を満たさないとされる。

(ウ) ③公序良俗（民事訴訟法118条3号）について

　3号は、外国判決の内容が公序良俗に反しないだけではなく、その手続（判決の成立）が公序良俗に反しないことも必要であるとしている。

　公序良俗に反するとされた例として、日本で婚姻し、日本で結婚生活を送ってきた日本人とオーストラリア人夫婦の離婚に関し、有責配偶者であ

るオーストラリア人が、本国で訴訟を提起して得た離婚認容判決について、当該判決は公序良俗に反し、日本では判決として承認することができないとした事例がある（東京家判平成19・9・11家裁月報60巻1号108頁〔28140143〕）。日本と異なり、オーストラリアでは離婚請求者の有責性を問わず、婚姻関係が破綻しているか否かに着目して離婚を認める破綻主義を採用している。当該事案は、オーストラリアの破綻主義によれば離婚が認められたが、日本の法理を適用すれば離婚が認められない可能性があり、判断が分かれ得た。前記判決は、破綻主義に基づいて判断された離婚認容判決がすべて公序良俗に反するということではないと断ったうえで、本件夫婦は日本で婚姻し日本で生活をしてきた以上日本における離婚事案といえなくもないと指摘し、当該事案におけるオーストラリア人からの離婚請求は信義則上認められないと判示した。

(エ) ④相互の保証（民事訴訟法118条4号）について

4号の相互の保証は、例えば、A国とB国のうちA国のみが我が国の判決を承認し、B国はこれを承認しないのであれば、我が国もA国の判決のみを承認しB国の判決は承認しないことにするという相互主義を実現するための要件である。

判例は当初この要件を厳格に解していたが、現在では、我が国の裁判所がしたこれと同種類の判決が同条各号所定の条件と重要な点で異ならない条件の下に効力を有する場合には相互の保証があると解している。

(3) 戸籍実務との関係

外国で日本人を当事者の一方又は双方とする裁判離婚が成立し、あるいはその国の方式に従って離婚が成立したとしても、日本の市区町村長・在外公館は当該事実を把握することができない。そして、これを放置すれば戸籍の記載内容と事実の不一致が生じるため、日本人当事者が外国において裁判離婚ないしその国の方式に従って離婚した場合には、3か月以内に在外公館に証書の謄本を提出する必要がある。市区町村長は、報告的届出がなされた場合（戸籍法41条、77条、63条）、これが我が国の法律上有効に成立したものかどうか審査したうえ、受理するかどうかを決定する。

Ⅱ　外国判決の承認について

　こうした外国裁判所の離婚判決に基づく離婚の届出に当たっては、原則として、判決の謄本、判決確定証明書、敗訴した被告が呼出しを受け又は応訴したことを証する書面（判決の謄本によって明らかでない場合）並びにそれらの訳文の添付を求められる。離婚届に添付された判決の謄本等によって審査し、その判決が民事訴訟法118条に定められる要件を欠いていると明らかに認められる場合を除き、届出を受理して差し支えないとされている（昭和51年1月14日民二第280号民事局長通達）。

(4)　**無効な外国判決に対する不服申立ての方法**
　無効な外国判決に対する不服申立ては、当該外国判決が日本法上効力の生じないことを前提として、自身の目的を達するために採る手続の中で行われる。外国の離婚判決無効の訴えを提起する方法も考えられるが（東京地判昭和63・11・11判時1315号96頁〔27804595〕）、このような確認訴訟は、確認判決の性質にそぐわないと疑問を呈する裁判例がある（前掲東京家判平成19・9・11）。

国際裁判管轄権に関する問題

1 離婚の国際裁判管轄

(1) 調停・調停に代わる審判

　日本の裁判所は、離婚調停について、①当該調停を求める事項についての訴訟事件又は家事審判事件について日本の裁判所が管轄権を有するとき（家事事件手続法3条の13第1項1号）、②相手方の住所（住所がない場合又は住所が知れない場合には、居所）が日本国内にあるとき（同項2号）、③当事者が日本の裁判所に家事調停の申立てをすることができる旨の合意を書面（電磁的記録を含む）によりしたとき（同項3号、同条2項）に、管轄権を有するものとされている。

　ただし、上記の規定により管轄権を有する場合であっても、日本の裁判所が審理及び裁判をすることが適正かつ迅速な審理の実現を妨げ、又は申立人と相手方との間の衡平を害することとなる特別の事情があると認めるときは、その申立ての全部又は一部が却下されることがある（同法3条の14）。

(2) 訴　訟

　離婚訴訟については、①被告の住所（住所がない場合又は住所が知れない場合には、居所）が日本国内にあるとき（人事訴訟法3条の2第1号）、②当事者の双方が日本の国籍を有するとき（同条5号）、③原告の住所が日本国内にあり、当事者が最後の共通の住所を日本国内に有していたとき（同条6号）、④原告の住所が日本国内にあり、他の一方が行方不明であるとき、他の一方の住所がある国においてされた訴えに係る身分関係と同一の身分関係についての訴えに係る確定した判決が日本国で効力を有しないときその他の日本の裁判所が審理及び裁判をすることが当事者間の衡平を図り、又は適

正かつ迅速な審理の実現を確保することとなる特別の事情があると認められるとき（同条7号）に、管轄権を有するものとされている。

ただし、調停の場合と同様、上記の規定により管轄権を有する場合であっても、日本の裁判所が審理及び裁判をすることが当事者間の衡平を害し、又は適正かつ迅速な審理の実現を妨げることとなる特別の事情があると認めるときは、その訴えの全部又は一部が却下されることがある（同法3条の5）。

2　離婚の準拠法

(1)　離婚に関する準拠法

日本人と外国人との離婚においては、離婚原因や離婚の効力、離婚の方法等、離婚に関していずれの国の法律が適用されるのか、離婚における準拠法を決定しなければならない（詳しくはⅤにて後述する）。これについて通則法27条は次のように定めている。すなわち、①夫婦の本国法が同一であるときはその共通本国法によること、②その法律がない場合において夫婦の常居所地法が同一であるときはその共通常居所地法によること、③共通本国法も共通常居所地法もないときは夫婦に最も密接な関係にある地の法律（密接関連地法）によること（以上、通則法27条本文による25条準用）、ただし、④夫婦の一方が日本に常居所を有する日本人であるときは、日本の法律によること（通則法27条ただし書）とされている。

前記②の「常居所」とは、単なる居所とは異なり、人が相当長期間にわたって居住する場所のことである。その認定は、居住の年数、目的、状況等の個別具体的事情を総合的に勘案してなされる。実際に日本で問題となるケースは、一方当事者が日本に住む日本人であることが多く、この場合には、前記に基づいて日本法が適用されることになる。

(2)　離婚の方式に関する準拠法

準拠法で裁判外の離婚が認められた場合、その方式が問題となる。例えば、日本では、協議離婚の「方式」は、本籍地又は所在地の市区町村長に対して離婚届を提出するという方法が採られている（戸籍法25条、27条、28

条、76条)。

　この点に関して通則法34条は、親族関係に関する法律行為の方式について、当該法律行為の成立について適用すべき法又は行為地法に適合する方式によるとしている。日本において日本人と外国人の夫婦が協議離婚しようとする場合、いずれにせよ日本の方式、すなわち市区町村長への届出によって行うことになる。

その他の渉外離婚事件における国際民事手続法の問題

1 離婚の国際的効力

(1) 緒　論

　日本において日本人と外国人とが離婚する場合には、実質的要件については、通則法27条ただし書により日本法が準拠法となり（離婚の方式については通則法34条による）、日本の民法に基づいて離婚することで日本法上の効力が生じることになる。

　一方で、当事者の本国法上の離婚が成立したこととなるのかは当該国の法律によって定まる。本国法上離婚自体は認められていても、協議離婚の方法による離婚が認められていない国の場合、協議離婚の方法で離婚をしても本国法上離婚の効力は生じない等の事態も生じ得る。

(2) **日本においてした離婚の外国法上の効力**

　(ア)　協議離婚

　外国においては協議離婚の制度がある国は少なく、協議離婚制度を持たない国では日本の協議離婚に離婚としての効力を認めないところもあるので注意が必要である。

　(イ)　調停離婚・審判離婚

　日本の調停及び審判は日本においては確定判決と同一の効力を有するとされている（家事事件手続法268条1項、281条、287条）。しかしながら、日本の調停や審判は非訟手続であり比較法的にみてもかなり独特のものであることから、外国での承認の可能性について十分予測できないともいわれる[15]。

　そこで、実務上は、調停離婚の場合に外国での承認の可能性に配慮して

「日本法によれば調停調書は確定判決と同一の効力を有する」旨を付記する扱いがとられることもある。また、調停調書の承認の可能性に疑問がある場合には審判離婚を活用するのが望ましいともされる[16]。
　(ウ)　裁判離婚
　当該外国における外国判決の承認制度、すなわち日本の民事訴訟法118条に相当する規定がどのようになっているかによって、日本の離婚判決がその国で法的効力を認められるか否かが決せられる（Ⅱを参照）。実際の事件の処理に当たっては当該外国法の専門家による調査等を行い確認する必要がある。
　(エ)　本国法が離婚を認めない場合
　従来、宗教上の理由で離婚を認めなかった国も、近年法改正を行って離婚を認める傾向にあるものの、依然として離婚を認めない国もある。この場合でも、日本法上は通則法27条によって選択された準拠法の要件を満たしさえすれば離婚をすることが可能である。

2　外国人夫婦の離婚

(1)　離婚の準拠法

　離婚の実質的成立要件（以下、「実質的要件」という）の準拠法については、①第一に夫婦の本国法が同一であるときにはその法律（共通本国法）によること、②共通本国法がない場合において夫婦の常居所地法が同一であるときにはその法律（共通常居所地法）によること、③共通常居所地法もないときは夫婦に最も密接な関係のある地の法律（密接関連地法）によることとされている（通則法27条、25条）。なお、④通則法27条ただし書では、日本に住む日本人が当事者である場合、常に日本法の適用を受ける。また、離婚の方式の準拠法については、離婚の成立について適用すべき法（前記①～④の方法で選定した準拠法）又は行為地法に適合する方式によるものとされている（通則法34条参照、準拠法について詳細はⅤ参照）。

15　最高裁判所事務総局編『渉外家事事件執務提要（下）』法曹会（1992年）25頁。
16　前掲注15・最高裁判所事務総局編23頁。

(2) 夫婦の本国法が同一である場合

外国人夫婦の本国法が同一であれば、準拠法は両名の本国法となる。その場合の離婚の方式については、両名の本国法又は行為地法である日本法によることになる。

そのため日本の方式により、日本の市区町村長宛てに協議離婚の届出を提出して、受理してもらうこともできる。この場合、実質的要件の準拠法は本国法とされているため、両名の本国法を認定するための国籍証明書等や婚姻の事実を明らかにする書類のほか、実質的要件として、夫婦の本国法により協議離婚をすることができる旨の証明書を提出する必要がある（平成元年10月2日民二第3900号民事局通達）。

(3) 夫婦の本国法が同一でない場合

外国人夫婦の本国法が同一でない場合、離婚の実質的要件の準拠法は、夫婦の常居所地法が同一であるときはその法律によることになり、さらに共通常居所地法がない場合には、密接関連地法によることになる（Ⅴ参照）。

離婚の方式の準拠法については、行為地法である日本法によることが認められており、日本法では協議離婚が認められているので、協議離婚をすることができる。その場合の方式も日本の方式に従って行うことができるので、市区町村長宛てに離婚届を提出する方法を採ればよい。ただし、この場合には、市区町村長は協議離婚の届出を直ちに受理することはできず、監督法務局長に受理、照会を行わなければならない。監督法務局長から法務省本省への照会が必要とされる場合もあり、その場合は一定の時間を要する。

(4) 日本における離婚の手続

上述のとおり、日本において離婚が成立しても、それによって自動的に母国の外国においても当然に離婚が成立するというわけではない（領事館等での手続が必要となる場合が多い）。

また、日本の離婚手続としては夫婦間で離婚の合意がなされていても、準拠法となる外国法では裁判離婚しか認められていない場合や相手方が離婚に同意しない場合は、離婚の裁判を提起することになる。この場合、国際裁判

第1編　第9章　渉外離婚事件

管轄が日本にあるかどうかが問題となるが、夫婦双方が日本で生活しているのであれば問題なく日本の裁判所に国際裁判管轄権が認められ、日本の裁判所を利用することができる（Ⅲ参照）。

　日本では調停前置主義がとられているので家庭裁判所に離婚の申立てをすることになるが（家事事件手続法257条1項）、準拠法が協議離婚を認めていない場合には非訟として扱われ得る調停離婚によることは適切ではない。そのため、離婚の合意ができている場合には、調停ではなく家事事件手続法284条による離婚の審判の申立てを認め、同条の審判は裁判離婚のみを認める準拠法の方式に適うとして審判がなされた裁判例がある（横浜家審平成3・5・14家裁月報43巻10号48頁〔27811693〕）。

国際私法に関する問題

1　国際私法・準拠法とは

　渉外家事事件においては、関係する複数の国又は法領域における実体法規の中から、当該事件と最も密接な関係に立つ法規を選択・適用し、その事案を解決することが求められる。当該事件に適用される実体法規を準拠法といい、準拠法の選択方法を一般的に指定する法律を国際私法という。国際私法に関する法規としては、通則法や、扶養義務の準拠法に関する法律（昭和61年法律84号）がある。

2　離婚の準拠法

(1)　離婚の準拠法に関する規律

　離婚の準拠法については、通則法27条が規律し、①夫婦の共通本国法がある場合はその法により、②共通本国法がないときは、夫婦の共通常居所地法がある場合はその法により、③夫婦の共通本国法及び共通常居所地法のいずれもない場合は、夫婦の密接関係地法による（通則法27条本文、25条）。ただし、④夫婦の一方が日本に常居所を有する日本人である場合は、日本法が準拠法となる（同法27条ただし書）[17,18]。

17　離婚の方式（形式的要件）については、通則法34条により、離婚の準拠法のほか、行為地（離婚地）の法による。離婚の準拠法が日本法となる場合や協議離婚を認める外国法が準拠法となる場合で日本において離婚する場合、方式についても日本法によることができ、その場合、戸籍法の規定に従い、離婚の（創設的）届出によることになる。

<離婚の準拠法>

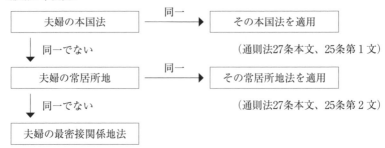

※ただし、夫婦の一方が日本に常居所を有する日本人の場合、日本法を適用（通則法27条ただし書）。

(2) **共通本国法（上記(1)①）**

(ア) 国籍に基づいて夫婦それぞれの本国法を決定し、それが同一であれば、その本国法が準拠法となる。そのため、まずは当事者の国籍を確認する必要がある（確認すべき資料は、Ⅰ参照）。本国法の決定に当たり留意すべき点は、以下のとおりである。

(イ) **重国籍者の本国法（通則法38条1項）**

当事者が複数の国籍を有する場合（重国籍）がある。その場合、当事者がどの国の国籍を有するかを確認し、その者の本国法を特定することになる。

この点については、通則法38条1項が規律し、①複数の国籍のうちの1つが日本国籍である場合は、日本法がその者の本国法となる（同項ただし書）。それ以外の場合は、②国籍を有する国のうちに常居所がある場合はその国の法律が、③常居所がないときは当事者に密接な関係のある国の法律が、本国法となる（同項本文）。

(ウ) **地域的不統一法国に属する者の本国法（通則法38条3項）**

当事者の本国が地域により法律を異にする国（地域的不統一法国）であ

---

18 離婚の準拠法の決定では、反致（日本の国際私法によれば外国法が準拠法となる場合でも、当該外国法の国際私法に従えば日本の法律によるべきときは日本法を準拠法として適用するというルール）は適用されないため、その検討は不要である（通則法41条ただし書）。

る場合がある。例えば、連邦制を採用するアメリカやカナダ、連邦制は採用していないが地域（イングランド、スコットランド等）により法が異なるイギリスなどがその例である。

　この場合については、通則法38条3項が規律し、①「その国の規則に従い指定される法」があればその法が、②そのような規則がない場合は、当事者に最も密接な関係がある地域（例えば、出身地や、現在又は過去の常居所など）の法が、その者の本国法となる（例えば、アメリカの場合、本国法は、「アメリカ法」ではなく、「ニューヨーク州法」などと特定されることになる）。なお、アメリカやカナダには、同法38条3項にいう「規則」はないと一般に理解されている（横浜地判平成10・5・29判タ1002号249頁〔28041374〕〔アメリカ〕、東京高決平成29・5・19家庭の法と裁判12号58頁〔28260133〕〔カナダ〕）。

(エ)　人的不統一法国に属する者の本国法（通則法40条）

　当事者の本国が民族や宗教ごとに適用すべき法を異にする国（人的不統一法国）である場合があり、例えば、インドやインドネシア、マレーシア、パキスタン、エジプト、イランなどの諸国がそれに属する。

　この場合は、通則法40条1項が規律し、①「その国の規則に従い指定される法」があればその法が、②そのような規則がない場合は、当事者に最も密接な関係がある地域の法が、その者の本国法となる。

(3)　**共通常居所地法**（上記(1)②）

　本国法に基づいて準拠法を決定することができない場合は、夫婦それぞれの常居所を探求し、それが同一であれば、その共通常居所地法が準拠法となる。ただし、夫婦の一方が日本に常居所を有する日本人の場合は、常に日本法が準拠法となることは、前記のとおりである（通則法27条ただし書）。

　常居所とは、人が常時居住する場所であり、単なる居所とは異なり、相当長期にわたって居住する場所である。常居所の認定は、居住年数、居住目的、居住状況等の諸要素を総合的に勘案してなされる[19,20]。

(4) 共通密接関係地法（上記(1)③）

　本国法及び常居所で準拠法を決定できない場合、夫婦に最も密接な関係がある地の法（共通密接関係地法）が問題となり、当該法が準拠法となる。密接関係地法について明確な判断基準があるわけではないものの、例えば、かつての共通本国法や共通常居所、継続的な婚姻生活地、婚姻締結地、夫婦双方の子の常居所などの諸要素を考慮することになる[21]。

(5) 準拠法の特定

　以上の検討を踏まえ、個別具体の離婚事件に適用されるべき準拠法を特定する。日本法が準拠法となるのは、以下の場合である。

① 夫婦のいずれもが日本国籍の場合
② 夫婦の一方が日本国籍でその者の常居所が日本である場合
③ 夫婦の一方が日本国籍で、その者の常居所が日本でなく、夫婦の共通常居所地もないが、共通密接関係地が日本である場合
④ 夫婦が異なる国籍で夫婦の共通常居所地が日本である場合
⑤ 夫婦が異なる国籍で夫婦の共通常居所地はないが、共通密接関係地が日本である場合

3　財産分与の準拠法

　財産分与請求権は、離婚に伴って発生するものであり、準拠法は、離婚の場合と同様、通則法27条により規律される（最判昭和59・7・20民集38巻8号1051頁〔27000009〕）。よって、離婚の準拠法と同じ法が、財産分与の準拠法となる。

19　前掲注1・最高裁判所事務総局編20頁。
20　なお、協議離婚の場合、市区町村では、離婚の準拠法の確認のため、「法例の一部を改正する法律の施行に伴う戸籍事務の取扱いについて」（平成元・10・2民二3900号通達）に従い、当事者双方の常居所の認定を行っている。ただし、これはあくまで戸籍事務上の判断基準であり、裁判所による常居所の判断を拘束するものではない。
21　前掲注12・櫻田＝道垣内編32頁。

4 離婚に伴う慰謝料の準拠法

離婚に伴う慰謝料請求には、①離婚そのものによる慰謝料（離婚自体慰謝料）と、②個々の不法行為を原因とする慰謝料（離婚原因慰謝料）とがある[22]。

離婚自体慰謝料（①）については、離婚と不可分であり、離婚の準拠法と同様、通則法27条が適用されると解されている（最判昭和59・7・20民集38巻8号1051頁〔27000009〕、横浜地判平成3・10・31家裁月報44巻12号105頁〔27811373〕）。

他方、離婚原因慰謝料（②）は、不法行為に関する通則法17条が適用されると解されている。この場合、加害行為の結果が発生した地の法（ただし、その地における結果の発生が通常予見することのできないものであったときは、加害行為が行われた地の法）による。

5 親権及び親子交流

離婚に伴う親権者・監護権者の決定については、親子間の法律関係の問題として、通則法32条を適用すべきとされている（東京地判平成2・11・28判タ759号250頁〔27808841〕。親子交流にも同条が適用されることにつき、京都家審平成6・3・31判時1545号81頁〔27828427〕参照）。親子間の法律関係の準拠法は、通則法32条に従い、①子の本国法が父又は母の本国法（父母の一方が死亡し、又は知れない場合は、他の一方の本国法）と同一である場合には子の本国法により、②その他の場合には子の常居所地法による[23]。未成年者か否かは、子の本国法によって決まる（通則法4条1項）。

なお、準拠法となる外国法上、離婚後の共同親権制度が採用されているときは、離婚後の親権者を指定する必要がない場合があるうえ、詳細な共同監

---

22 小河原寧編著『人事訴訟の審理の実情〈第2版〉』判例タイムズ社（2023年）52頁。
23 親子間の法律関係の準拠法の決定についても、反致の適用はない（通則法41条ただし書）。

護・養育計画について定める場合もある[24]（Ⅶも参照）。

6　養育費の準拠法

　養育費の準拠法は、扶養義務の準拠法に関する法律により規律される。同法2条によれば、①扶養権利者（養育費の場合、子）の常居所地法により、②扶養権利者の常居所地法によればその者が扶養義務者から扶養を受けることができないときは、当事者の共通本国法により、③当該法によれば扶養権利者が扶養義務者から扶養を受けることができないときは、扶養義務は日本法による。

　外国法が準拠法となる場合、外国においても、日本の「標準算定方式・算定表」[25]のように、養育費の算定表・計算表等が整備されていることがあり、その調査・検討が必要となる場合がある。なお、扶養の程度は、適用すべき外国法に別段の定めがある場合でも、扶養権利者の需要と扶養義務者の資力を考慮して定めるとされていることにも留意が必要である（同法8条2項）。

24　矢野謙次「外国籍同士の夫婦の離婚事件における子の共同監護・養育計画」戸籍時報850号（2024年）38頁。なお、本文記載の東京高決平成29・5・19家庭の法と裁判12号58頁〔28260133〕は、カナダ・ノバスコシア州法を準拠法として詳細な監護計画を定めた事例（ただし、子の監護者の指定申立等事件）である。
25　https://www.courts.go.jp/toukei_siryou/siryo/H30shihou_houkoku/index.html

渉外離婚事件の審理

1 相手方が離婚に同意している場合―協議離婚の方法

(1) 国際裁判管轄・準拠法

　相手方が離婚に同意している場合、裁判所を利用する必要がないため、基本的には国際裁判管轄は問題とならない。離婚の準拠法については通則法27条に従って判断し、その結果準拠法が日本法となる場合には、通常の日本人同士の離婚と同様に協議離婚（民法763条）の手続を踏むことも可能である。なお、通則法27条に従って判断をした結果、外国法が準拠法となることもある。この場合には、準拠法となる外国の法律に従って離婚をしなければならない。

(2) 協議離婚における手続の処理方法

　協議離婚をする場合、日本法の方式に基づいて市区町村長宛てに離婚届（通則法34条、民法764条、765条）を提出することになる。夫婦の一方が日本人であり、その日本人配偶者が日本に常居所を有するものと認められる場合は、その場で協議離婚の届出を受理してもらうことができる（平成元年10月2日民二3900号法務省民事局長通達）。ここでいう常居所の認定についても、住民票の写し（発行後1年以内のものに限る）を提出すれば、我が国に常居所があるものとして取り扱われる（同通達）。

(3) 協議離婚を選択する際の注意点

　日本のように、当事者間の合意のみで離婚が成立するという協議離婚制度を採用する国は決して多くない。協議離婚の方法では相手方の本国法上離婚が成立しないとされる場合、相互に離婚に同意していても、次に述べるよう

にあえて裁判所を関与させる方法を選択する必要が生じる。

2 日本にいる相手方が離婚に反対している等の場合―協議離婚以外の方法

(1) 国際裁判管轄・準拠法

相手方が離婚に反対している場合、裁判所を利用する必要が生じるため、国際裁判管轄を検討すべきである。ただし、相手が日本にいる場合には被告の住所地に管轄があるという原則に基づいて、日本の裁判所に国際裁判管轄が認められる。

また、準拠法についても、一方当事者が日本に住む日本人である場合には、日本法が準拠法となるため、日本民法に基づいて離婚の可否が判断される。つまり、通常の日本人同士の離婚と同じく扱われ、協議離婚以外の方法としては、裁判離婚（民法770条）、調停離婚又は審判離婚（家事事件手続法244条、284条）によることになる。

(2) 調停離婚・審判離婚・裁判離婚

調停は、相手方の住所地を管轄する家庭裁判所又は当事者が書面（電磁的記録を含む）による合意で定めた家庭裁判所に申し立てる（家事事件手続法245条）。ただし、調停は、最終的に双方が合意をしないと離婚をすることができない。家庭裁判所で調停が成立しない場合で相当と認めるときは、職権で離婚の審判に至ることもある（同法284条）。

調停前置から訴訟に至る流れは日本人同士の離婚と基本的に同様である。

日本の裁判所の離婚判決が日本以外の国（相手方の本国法等）においても有効な離婚判決としての効力が認められるかどうかについては、Ⅳにて既述した。

Ⅵ 渉外離婚事件の審理

3 相手方が日本におらず、離婚に同意していない場合

(1) 日本に国際裁判管轄が認められる場合

㋐ 国際裁判管轄・準拠法

相手方が離婚に同意しないまま本国へ帰ってしまった等、相手方が日本から出国してしまった場合には、裁判によって離婚を求めるほか方法がなく、日本の裁判所で離婚に関する裁判をすることができるかが問題となる。

前述のとおり、原告の住所が日本国内にあり、当事者が最後の共通の住所を日本国内に有していたときや、被告が行方不明であるときには、その事実が証明されさえすれば、原則として日本の裁判所に国際裁判管轄が認められる。それ以外の事情の場合には、「当事者間の衡平や適正・迅速な審理の実現」の観点から、日本に国際裁判管轄を認める必要性と許容性を基礎付ける具体的事実を主張すれば、日本の裁判所に国際裁判管轄が認められる可能性がある。

次に、準拠法については、日本人配偶者が日本にいる場合には日本法が適用されることになるので（通則法27条ただし書）、日本法に基づいて離婚が判断される。相手が離婚に同意していない場合の離婚の手順については、前記のとおり、調停を経て裁判をすることになる。

㋑ 調停を経ない裁判手続

ただし、外国にいる相手が行方不明である場合には、調停を申し立てたとしても相手が出頭する見込みはない。このような場合には、調停を申し立てずに離婚の訴えを起こし、その際に「調停に付することが適当でない」事件である旨を説明すれば、調停手続を経ずに裁判をすることも可能である（家事事件手続法257条2項ただし書）。

(2) 日本に国際裁判管轄が認められない場合

日本の裁判所に管轄が存しない場合には、被告の住所地原則に基づいて、その相手方が居住している外国で離婚の手続をとることになる。この場合、当該外国ごとに離婚制度が異なるため、まずは当該外国の在日大使館で情報

を集める等、外国法調査の必要が生じる。

4　離婚に伴う財産分与、養育費や慰謝料請求について

(1)　財産分与、養育費、慰謝料の国際裁判管轄・準拠法

　国際裁判管轄については原則として相手方の住所によるので、夫婦の双方が日本にいる場合には、問題なく日本の裁判所を利用することができる。離婚に伴う財産分与の請求の準拠法についてはⅣにて既述した。

(2)　準拠法で離婚給付が認められていない場合

　財産分与や慰謝料の準拠法がそれらの離婚給付を認めない外国法になる場合には、通則法42条によって公序良俗に反し得るので、当該外国法が適用されない可能性がある。もっとも外国法の中には、財産分与請求権を認めていなくとも離婚に伴う慰謝料請求を認めるところがあり、このような場合、財産分与請求権を認めていないからといって安易に公序違反を理由として外国法の適用を排除するのではなく、慰謝料は財産分与と実質的に同一の結果を生じせしめるものであるから、諸般の事情からみて、外国法の下で支払われるべき慰謝料の額が我が国の離婚給付についての社会通念に反して著しく低額である場合には、その適用は公序に反するとされる（最判昭和59・7・20民集38巻8号1051頁〔27000009〕。これは旧法の韓国民法に関する判例で、現在の韓国民法では財産分与請求は認められている（韓国民法839条の2））。

5　夫婦間の婚姻費用の分担について

(1)　婚姻費用分担の準拠法

　国際結婚した夫婦間における婚姻費用の分担については判例上、「扶養義務の準拠法に関する法律」により準拠法を決めることとされている（神戸家審平成4・9・22家裁月報45巻9号61頁〔27826897〕、熊本家審平成10・7・28家裁月報50巻12号48頁〔28040082〕、東京高決平成30・4・19判時2403号58頁〔28262062〕）。

なお、学説上は、婚姻の効力の問題として通則法26条により準拠法を定めるとする説が有力である。扶養義務の準拠法に関する法律2条によると、扶養義務は、①まず扶養権利者の常居所地法によって定め、②それでは扶養権利者が扶養義務者から扶養を受けることができないときは当事者の共通本国法によって定め、③それでも扶養権利者が扶養を受けることができないときは日本の法律によって定めることになっている。この規定によると、婚姻費用の分担を求める側が日本に住んでいた場合（常居所がある場合）には、その人が日本人であるか否かにかかわらず、日本法によるということになる。

(2) **国際裁判管轄―相手方の住所地原則に対する例外**

国際裁判管轄の判断に関しては他の請求と基本的に同様であるが、相手方の住所及び居所が日本にない場合でも、扶養権利者の住所が日本国内にあるときはなお管轄が認められる（家事事件手続法3条の10、3条の13第1項2号）。

これは、婚姻費用分担事件は一般の身分関係事件よりも強く請求者の利益を保護しなければならないことから申立人の住所国に管轄を認めるべきであるとする趣旨によるものと解される[26]。

---

26 前掲注15・最高裁判所事務総局編15頁参照。

外国離婚法制の概要

1 調査方法

(1) 渉外事件において外国法が準拠法となる場合、当該外国法に係る調査が必要となる。まずは文献等において、法制の概要を把握し、適用法令を特定する。そのうえで、外国語の文献調査を含め詳細な調査を行うことになるが、文献上の情報は最新の内容が反映されていない可能性があるため、外国政府や裁判所のウェブサイトにより法令や書式、ガイドライン等を確認し、必要に応じ、現地弁護士への照会を行う。その際、改正の有無、法改正がある場合は改正内容、新法の施行時期、経過規定の内容等についても確認する。

(2) 本書執筆時点において参考となる文献は、例えば、以下のものがある。
＜日本語の文献＞
・木村三男監修『全訂新版 渉外戸籍のための各国法律と要件Ⅰ～Ⅵ』日本加除出版（2015年～2017年）
　※ただし、出版年が古く、最新情報が反映されていない可能性がある。
・「ハーグ条約関連資料」（外務省ウェブサイト[27]）
　※国際的な子の奪取の民事上の側面に関する条約の主要締結国の家族関係法令及び概説が掲載されている。
・「戸籍時報」日本加除出版（毎月発行）
　※各国の外国家族法令の邦訳や解説等が連載されている。
・外国人ローヤリングネットワーク編『実践Q&A142問 渉外家事事件の実務 LNFメーリングリストから』日本加除出版（2024年）

---

[27] https://www.mofa.go.jp/mofaj/ca/ha/page22_001672.html

- 『戸籍六法』テイハン（毎年改訂出版）
  ※韓国、中国、台湾、フィリピンの家族関係法令が掲載されている。
- 秋武憲一＝岡健太郎編著『離婚調停・離婚訴訟〈4訂版〉』青林書院（2023年）238頁以下
  ※韓国、中国、アメリカ、ベトナム、フィリピン、ブラジルの家族法に関する概説が記されている。

＜外国語の文献＞
- James Stewart（ed）, *Family law*（Fifth edition, Thomason Reuters 2021）
  ※55か国・地域の法令に関する解説が記載されている。
- 外国政府・裁判所のウェブサイト（法令・書式）
  ※最新法令等を把握するため、確認が必要である。

＜外国弁護士に対する照会＞
以下は、渉外家族法に関わる実務家団体であり、当該ウェブサイトから各国・地域の弁護士を検索することが可能である。
- International Academy of Family Lawyers（IAFL）[28]
- American Academy of Matrimonial Lawyers（AAML）[29]

2 アメリカ・ニューヨーク州

(1) アメリカの離婚法制

アメリカは、連邦制が採られ、州ごとに離婚法の内容が異なる。離婚原因や離婚の手続等についても相違があるが、協議離婚は認められず、裁判手続による必要があることは共通している。ただし、当事者が離婚・離婚条件等に合意している場合に裁判所がその合意を承認する手続が設けられるなど、手続の簡素化が図られている州もある[30]。

---

[28] https://www.iafl.com
[29] https://www.aaml.org
[30] 秋武憲一＝岡健太郎編著『離婚調停・離婚訴訟〈4訂版〉』青林書院（2023年）241頁。

(2) **離婚について**[31]

(ア) ニューヨーク州離婚法の実体面を規律する主な制定法は、家族関係法(Domestic Relations Law[32]。以下、「DRL」という)であり、§170(1)から(7)までの7つの離婚事由を法定している。例えば、同(4)では、一方当事者が他方当事者以外の者との間で、自発的に、性交、口淫性交、又は肛門性交、不貞を行ったことを離婚事由とし、これに対し、§171は、他方が不貞を宥恕した場合等の4つの抗弁事由を規定している。

もっとも、ニューヨーク州では、長らく有責主義が維持されてきたものの、2010年に破綻を理由とした離婚事由が認められ、§170(7)では、少なくとも6か月間、夫婦間の関係性において修復不可能な程度の破綻が継続していることが離婚事由と規定されている。そして、実際は、§170(7)以外の離婚事由該当性が問題となることはほとんどないとされている。

(イ) ニューヨーク州では、裁判外紛争解決手続として、当事者間の話合いを前提とする「調停」等の手続が存在する。当該調停は、制定法上の根拠を有さず、同席調停を基本とするなど日本の調停とは異なるものであるが、裁判所のウェブサイトで案内がされており、調停において合意がされた場合は、当事者間に争いがない離婚事件と同様、当該合意内容に基づき、裁判所に必要書類を提出することで離婚判決を得ることができる。これらの事情から、ニューヨーク州法を準拠法とする場合でも、日本において離婚調停を行うことは可能と考えられる[33]。

(3) **子の監護について**[34]

裁判所は、親の離婚において、子(未成年)の監護及び扶養に関する決定

---

31 白木敦士「ニューヨーク州離婚法の概説(5)、(11)」戸籍時報828号(2022年)11頁、835号(2023年)11頁。
32 https://www.nysenate.gov/legislation/laws/DOM
33 ただし、当該調停離婚が本国で承認されるか否かは別問題である。外国人ローヤリングネットワーク編『実践Q&A142問 渉外家事事件の実務 LNFメーリングリストから』日本加除出版(2024年)123頁参照。
34 白木敦士「ニューヨーク州離婚法の概説(7)」戸籍時報830号(2022年)4頁。

を行わなければならない（DRL§240⑴(a)）。未成年とは、18歳未満の者である（DRL§2）。

監護権の内容は、法的監護権（legal custody）と身上監護権（physical/residential custody）とに分かれる。前者は、子の利益を代理して主要な決定を行う親の権限として、後者は、子を自らと同居させる権利と、日常生活のケアを行い子を監督する義務との複合的な概念として説明される。

子の監護権は、「子の最善の利益（the best interest of the child）」に基づいて決せられる。離婚後の監護につき、制定法及び判例法上、単独監護と共同監護のいずれが原則であるとは言及されていない。ニューヨーク州の裁判所は、高葛藤事案では、離婚後の共同監護を認めることに消極的であるとされるが、共同監護とする場合に取り決めるべき事項について、その詳細な書式やガイドラインが設けられている[35]。

⑷ **財産分与について**[36]

ニューヨーク州は、婚姻当事者が、婚姻期間中にその名義で取得した財産について、その名義人の所有に帰するという夫婦別産制を採用している。婚姻解消に伴う財産分与は、次の3つのステップを経て検討される。

第1に、分与の対象となる財産の確定を行う。ニューヨーク州では、各当事者が保有する財産は、離婚に際して、婚姻財産（marital property）と固有財産（separate property）のいずれかに分類され、分与の対象となるのは婚姻財産のみである。第2に、婚姻財産の評価が問題となる。第3に、評価額が確定された婚姻財産を、双方当事者に、様々な要素を考慮し、いかなる割合で配分するかを決する。

---

35 例えば、Supreme Court of the State of New York, County of New York（https://www.nycourts.gov/forms/matrimonial/ParentingPlanForm.pdf）。共同親権・監護を採用する多くの国では、ウェブサイト上にて、養育計画の書式やガイドラインが設けられており、養育計画の策定に当たっては、これらの資料を活用することが有益である。
36 白木敦士「ニューヨーク州離婚法の概説⑹」戸籍時報829号（2022年）2頁。

3 ベトナム

(1) 離婚について

(ア) ベトナムにおける離婚に関する問題については、2014年6月19日制定の婚姻家族法（法律番号52/2014/QH13。以下、「法」という）が規律する。

(イ) ベトナム法上、離婚は、裁判所の関与が必要であり、日本法のように純粋に当事者間の合意のみに基づく協議離婚は認められない。

離婚を求める配偶者は、裁判所に離婚の申請をすることができる（法51条1項）。裁判所は、当事者に和解を勧め（法54条）、和解が成立しないときは、夫婦に家族内暴力があり又は夫婦の権利、義務[37]に対して甚大な違反があって婚姻が深刻な状況に陥り、共同生活を持続できず、婚姻の目的を達成することができない根拠が認められる場合には、離婚を認容することができる（法56条1項）。ただし、妻が妊娠し、出産し又は12か月未満の子を養育している場合、夫は離婚の請求はできない（法51条3項）。なお、ベトナム法では、完全な破綻主義又は無責主義を採用している[38]。

(ウ) ベトナム法では、当事者が真意で離婚に合意し、財産分与や、妻と子の正当な利益を踏まえて養育等について合意したと認められるときは、裁判所は協議離婚を認めることができる（法55条）。したがって、準拠法がベトナム法の場合も、日本において調停手続を経ることは可能と考えられる[39]。

---

[37] 離婚原因の基礎となる「夫婦の権利、義務」として、同法上、夫婦相互扶助尊重義務（法19条1項）、夫婦同居義務（同条2項）、夫婦名誉等尊重義務（法21条）、夫婦信仰尊重義務（法22条）、夫婦職業等参加扶助義務（法23条）が規定されている。

[38] 木村三男監修『全訂新版 渉外戸籍のための各国法律と要件Ⅴ』日本加除出版（2017年）778頁（ただし、旧法に関する解説）。

[39] 日本の調停離婚は、ベトナム国内にて承認・登録が可能と理解されている（外国人ローヤリングネットワーク編『実践Q&A142問 渉外家事事件の実務 LNFメーリングリストから』日本加除出版（2024年）147頁。

(2) 子の養育について

離婚後の子について、ベトナム法上、父母は離婚後も、未成年者の子の監護・養育義務を負っており（法81条1項）、日本法におけるような離婚時の（単独）親権者の指定（民法766条1項）は問題とならない。

他方、離婚後も夫婦が同居することは通常考え難く、離婚時に、夫婦の一方が「子の直接養育者」となることについて合意するものとされ、合意できないときは、裁判所は、あらゆる側面において子の利益を考慮し、直接的に子を養う片側の親を「指定する又は委ねる」決定を下すものとされている（以上につき、法81条2項）。そして、ベトナム法81条3項は、母が監護等するのに十分な条件がない場合を除き、月齢36月未満の子の養育者は母と指定されるものとされている。

(3) 財産分与について

離婚時の財産分与については、裁判所は、合意により又は合意できない場合は折半の原則に基づき、法が定める諸要素に基づき解決するものとされ、夫婦共有（共同）財産を折半とする旨法文上明確にされている（法59条1項、2項）。また、ベトナム法では、当該夫婦共同財産として、夫婦の共同財産の建造、維持及び発展に対する貢献の功労、家族内の妻、夫の勤労は、有所得勤労とみなされる、と規定されている（法59条2項b）。

国際結婚と子の連れ去り（ハーグ条約）

1 ハーグ条約の概要・特徴

(1) ハーグ条約とは

　ハーグ条約は、正式名を「国際的な子の奪取の民事上の側面に関する条約」という。同条約は、子の不法な連れ去り[40]又は不法な留置[41]がされた場合に当該子をその常居所を有していた国に返還することや、国境を越えた親子の面会交流（親子交流）の実現のための協力を定めた条約である。2024年8月1日現在、世界103か国が同条約を締結している。

　日本は、2014年4月1日に同条約を締結し、その国内実施法として「国際的な子の奪取の民事上の側面に関する条約の実施に関する法律」（平成25年法律48号。以下、「実施法」という）が整備された。同法は、国境を越えて連れ去られた子の返還や国際的な面会交流について、日本国の裁判所における手続[42]や中央当局の役割[43]などを定めている。

(2) ハーグ条約の適用対象

　ハーグ条約は、以下の事案に適用されるため（実施法13条、18条、27条、

---

[40] 連れ去りとは、子をその常居所を有する国から離脱させることを目的として当該子を当該国から出国させることをいう（実施法2条3号）。

[41] 留置とは、子が常居所を有する国からの当該子の出国の後において、当該子の当該国への渡航が妨げられていることをいう（実施法2条4号）。

[42] 裁判所のハーグ条約実施法関連サイトでは、実施法に関連し、同法に基づく裁判手続の解説や書式が掲載されている。https://www.courts.go.jp/tokyo-f/saiban/hague/index.html

[43] 外務省のハーグ条約に関するウェブサイトでは、ハーグ条約及び同実施法に関する解説に加え、外務省に対する援助申請に係る詳細な説明・書式が掲載されている。https://www.mofa.go.jp/mofaj/gaiko/hague/

148条)、まずは当該事実を確認することが必要となる。

① 子が16歳未満であることが必要である（条約4条）。連れ去り時又は留置開始時に子が16歳未満であっても、返還手続等の途中で子が16歳に達した場合、同条約は適用されない。
② 父母及び子の国籍に関係なく、国境を越えた子の連れ去り又は留置に適用される。同条約は、連れ去り等が国境を越えていれば、日本人夫婦の間でも適用される。他方、連れ去り等が国内にとどまるのであれば、外国籍夫婦の間であっても適用されない。
③ 子の連れ去り又は留置開始の時に、子の常居所地国と現在の所在地国のいずれもが条約締結国であったことが必要である（条約35条）。ハーグ条約の締結国の最新情報は、外務省ウェブサイト[44]などで確認可能である。

(3) 実務上の用語と事案の種類

(ア) ハーグ条約事件では、実務上、子を連れ去り又は留置した親を「TP（ティーピー）」（Taking Parent）、子を連れ去られ又は留置された親を「LBP（エルビーピー）」（Left Behind Parent）と呼称する。

(イ) ハーグ条約に基づく子の返還又は面会交流[45]を求める事案では、インカミングケース（incoming）とアウトゴーイングケース（outgoing）がある。

インカミングケースとは、子がその常居所地国から日本に連れ去られ、又は日本に留置されている事案である。子の返還及び面会交流を求める手続は、日本の裁判所で行われる。本項では、インカミングケース（特に子の返還事件）を中心に概説する。

アウトゴーイングケースとは、日本に常居所を有していた子が他の条

---

44 前掲注43参照。
45 ハーグ条約に基づく面会交流事件の手続は、国内事件の場合と大差はない。ただし、ハーグ条約に基づく面会交流事件の場合、LBPが中央当局から返還援助決定又は日本国面会交流援助決定を受けている場合、又は子の返還の申立てをした場合は、子の住所地に応じ東京又は大阪家庭裁判所にも当該面会交流調停（審判）事件の管轄が認められている（実施法148条）。

第1編　第9章　渉外離婚事件

約締結国に連れ去られ、又は留置されている事案である。アウトゴーイングケースでは、日本に所在するLBPは、日本国の中央当局（後述）を経由し、又は連れ去られ若しくは留置された先の締結国の中央当局に直接援助申請を行うことができ、当該国の弁護士に依頼するなどして、当該国の裁判所において当該国の法律に従って手続を遂行する[46]。

2　中央当局と援助申請

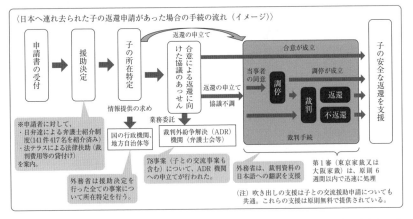

外務省領事局ハーグ条約室「ハーグ条約（国際的な子の奪取の民事上の側面に関する条約）の実施状況」（2024年11月1日）[47]4頁より抜粋

(1) ハーグ条約締結国は、ハーグ条約上の義務の履行機関として、中央当局を指定することが求められている（条約6条）。日本は、外務大臣を中央当局に指定し（実施法3条）、外務省領事局ハーグ条約室が実務を担っている。

(2) LBPは、子の所在地国の中央当局に直接又は自国の中央当局を経由し、

46　日本の弁護士は、日本に所在するLBPを日本サイドから支援することが可能である。外務省領事局ハーグ条約室は、アウトゴーイングケースに対応できる弁護士リストを作成しており、一定の要件を満たしていれば、同リストへの登録に応募することが可能である。

47　https://www.mofa.go.jp/mofaj/files/100012143.pdf

ハーグ条約に基づく手続を行うための援助申請をすることができる（条約9条、実施法4条、11条、16条、21条）。援助申請は、中央当局からの支援を受けながら迅速に手続を進めるため、早期に行うことが望ましい[48]。援助決定を得るには、書類に不備がない場合、通常、申請から2週間程度を要する。

(3) 弁護士は、当事者の代理人として、①中央当局に対する援助申請を行うことはもちろん、②中央当局の担当者との連絡・調整を担うことが可能である。

①の援助申請については、外国に居住するLBPが日本国の中央当局の支援を受けたいと考える場合、援助申請書に必要事項を記入し[49]（返還援助申請書の書式として、【書式1】参照）、指定された添付書類とともに提出する（使用言語は、日本語又は英語に限られ、それ以外の言語の文書等については翻訳文を付する必要がある）。

添付すべき書類の一覧は、【書式2】記載のとおりであり、代理人となった場合は、早期に当該書類・資料を収集する。援助申請書の書式・記載例及び添付書類の詳細については、外務省のウェブサイト[50]に掲載されている。

②の連絡・調整については、①の申請書に「弁護士等の情報」を記載する箇所があり、「中央当局からの連絡先」として「本欄の弁護士等」又は「どちらでも良い」の欄をチェックすれば、②についても委任状の提出なく代理可能である。他方、②のみを代理する場合は、中央当局に委任状を提出する。特定の書式はなく、委任事項に「外務省案件番号〇−〇〇〇〇〇の件につき、外務省領事局ハーグ条約室との連絡・調整に関し、申請者

---

48 ただし、インカミングケースの場合、外国にいるLBPは、自身で自国の中央当局に対して援助申請を行っていることがあり、日本の弁護士に接触がある時点では既に援助決定を受けている場合がある。

49 子の返還申請は「返還援助申請書」を、面会交流の援助申請は「面会交流援助申請書」をそれぞれ提出する。その書式は、後掲注50の外務省ウェブサイトの「申請のてびき・申請書」を参照。

50 申請のてびき・申請書（https://www.mofa.go.jp/mofaj/ca/ha/page23_002074.html）

第1編　第9章　渉外離婚事件

【書式1】
様式第一（第二条関係）

返還援助申請書

≪注意事項≫
- 記載前に「返還援助申請の手引き」をお読みの上、同要領の指示に従って記載してください。
- 可能な限り詳細に記載してください。
- 様式内の該当する□には、手書きの場合チェック☑を入れ、パソコンで入力する場合は選択して■としてください。

1 申請者					
氏名又は名称	日本語	フリガナ／漢字 姓		名	
	英語	姓	ミドルネーム（あれば）	名	
	その他言語（あれば）	言語名／姓		ミドルネーム（あれば）／名	
生年月日		年	月	日	
国籍			職業		
子との関係	□ 父　　□ 母　　□ その他（　　　　　　）				
住所若しくは居所又は事務所の所在地	国名／フリガナ／住所（日本国外の場合、可能な限り英語及び現地語を併記してください。）				
電話番号	＋（　国番号　）－（0）　－　　－				
携帯電話番号	＋（　国番号　）－（0）　－　　－				
ファックス番号	＋（　国番号　）－（0）　－　　－				
電子メールアドレス	＠				
身分証明書情報	身分証明書の種類	発行国及び発行機関名	番号	有効期限　年　月　日	
弁護士等の情報（本申請に関し弁護士等に依頼している場合のみ）					
氏名	日本語	フリガナ／漢字 姓		名	
	英語	姓	ミドルネーム（あれば）	名	
事務所の所在地	国名／フリガナ／住所（日本国外の場合、可能な限り英語及び現地語を併記してください。）				
電話番号	＋（　国番号　）－（0）　－　　－				
ファックス番号	＋（　国番号　）－（0）　－　　－				
電子メールアドレス	＠				
資格	国名	資格名			
中央当局からの連絡先	□ 本欄の弁護士等　　□ 申請者　　□ どちらでも良い				

Ⅷ 国際結婚と子の連れ去り(ハーグ条約)

2 申請に係る子						
氏名	日本語	フリガナ 漢字 姓		名		
	英語	姓	ミドルネーム(あれば)		名	
	その他言語 (あれば)	言語名	姓	ミドルネーム(あれば)		名
別名 (あれば)		フリガナ 姓		名		
生年月日		年		月		日
国籍			性別	□ 男	□ 女	
出生地 (日本国籍の場合、本籍地)	国名		住所(日本国外の場合、可能な限り英語及び現地語を併記してください。)			
連れ去り、留置前の常居所	国名		住所(日本国外の場合、可能な限り英語及び現地語を併記してください。)			
	子が常居所に居住していた期間、その他特記事項があれば記載してください。					
現在の 住所又は居所 (判明していれば)	国名		住所(日本国外の場合、可能な限り英語及び現地語を併記してください。)			
電話番号	国番号 + ( ) - (0) - -					
携帯電話番号	国番号 + ( ) - (0) - -					
ファックス番号	国番号 + ( ) - (0) - -					
電子メールアドレス	@					
旅券情報 (保有する全ての旅券の情報を記載してください。)	発行国		番号		有効期限 年 月 日	
身分証明書情報 (旅券情報を記載できない場合のみ)	身分証明書の種類	発行国及び発行機関		番号	有効期限 年 月 日	
身体的特徴	身長	体重		髪の色	目の色	
	その他					
その他、所在を特定するために有用な情報	例:追加的な情報を提供できる可能性のある人物(氏名、住所、電話番号、電子メールアドレス、子との関係)、通っている可能性のある保育所、幼稚園、学校、病院等					

第1編　第9章　渉外離婚事件

3　子の連れ去りをし、又は留置をしていると思料される者					
氏名	日本語	フリガナ			
		漢字　姓		名	
	英語	姓		ミドルネーム（あれば）	名
	その他言語（あれば）	言語名	姓	ミドルネーム（あれば）	名
別名（あれば）		フリガナ			
			姓		名
生年月日			年	月	日
国籍				職業	
子との関係		□父　　□母　　□その他（　　　　　　　　　　　）			
出生地（日本国籍の場合、本籍地）		国名	住所（日本国外の場合、可能な限り英語及び現地語を併記してください。）		
住所又は居所（判明していれば）		国名	住所（日本国外の場合、可能な限り英語及び現地語を併記してください。）		
電話番号		＋（	国番号 ）－（0）	－	－
携帯電話番号		＋（	国番号 ）－（0）	－	－
ファックス番号		＋（	国番号 ）－（0）	－	－
電子メールアドレス				＠	
旅券情報（保有する全ての旅券の情報を記載してください。）		発行国	番号	有効期限 年　　月　　日	
身体的特徴		身長	体重	髪の色	目の色
		その他			
ドメスティック・バイオレンス（ＤＶ）被害の主張		□　子の連れ去りをし、若しくは留置をしていると思料される者はＤＶ被害を主張している、又は主張する可能性がある。 □　ＤＶ被害を主張しておらず、今後も主張する可能性はない。			
子との同居		□　子の連れ去りをし、若しくは留置をしていると思料される者は現在も子と同居している、又は同居している可能性がある。 □　現在は子と同居していない。			
その他、所在を特定するために有用な情報		例：追加的な情報を提供できる可能性のある人物（氏名、住所、電話番号、電子メールアドレス、連れ去りをし、又は留置をしていると思料される者との関係）、勤務先等			

Ⅷ 国際結婚と子の連れ去り（ハーグ条約）

4 子の常居所地国の法令に基づき申請者が子についての監護の権利を有し、かつ、子の連れ去り又は留置により当該監護の権利が侵害されていることを明らかにするために必要な事項				
子の常居所地国の法令に基づき、申請者が子についての監護の権利を有していることに関する説明	根拠法令　法律名		条文番号		
^	説明					
子が連れ去られ、又は留置された日時、場所及び状況	日時	年	月	日
^	場所：国名		具体的な場所	
^	状況			
監護の権利が侵害されている状況	例：子の連れ去りをし、若しくは留置をしていると思料される者、又は子と同居している者からの連絡の有無、子を返さないという意思表示があったかどうか等			

第1編 第9章 渉外離婚事件

5 子と同居していると思料される者

※ 子の連れ去りをし、又は留置をしていると思料される者（上記3に記載した者）以外に子と同居している可能性がある者の情報を記載してください。

氏名	日本語	フリガナ				
		漢字 姓		名		
	英語	姓		ミドルネーム（あれば）	名	
	その他言語（あれば）	言語名	姓	ミドルネーム（あれば）	名	
別名（あれば）		フリガナ				
		姓		名		
生年月日		年		月		日
国籍			職業			
子との関係		□ 父　　□ 母　　□ その他（　　　　　　　　　　　　）				
出生地（日本国籍の場合,本籍地）		国名	住所（日本国外の場合、可能な限り英語及び現地語を併記してください。）			
住所又は居所		国名	住所（日本国外の場合、可能な限り英語及び現地語を併記してください。）			
電話番号		国番号 + （　　　）－ (0)　　　　－				
携帯電話番号		国番号 + （　　　）－ (0)　　　　－				
ファックス番号		国番号 + （　　　）－ (0)　　　　－				
電子メールアドレス		@				
旅券情報（保有する全ての旅券の情報を記載してください。）		発行国	番号	有効期限 年　　　月　　　日		
身体的特徴		身長	体重	髪の色	目の色	
		その他				
ドメスティック・バイオレンス（DV）被害の主張		□ 子と同居していると思料される者はDV被害を主張している、又は主張する可能性がある。 □ DV被害を主張しておらず、今後も主張する可能性はない。				
その他、所在を特定するために有用な情報		例：追加的な情報を提供できる可能性のある人物（氏名、住所、電話番号、電子メールアドレス、子と同居していると思料される者との関係）、勤務先等				

Ⅷ　国際結婚と子の連れ去り（ハーグ条約）

6　その他		
関連する係争中の民事手続	日本国内	裁判所名／事件番号等／詳細
	日本国外	国名／裁判所名／事件番号等／詳細
関連する刑事訴追の有無		□ 子の連れ去りをし、若しくは留置をしていると思料される者、又は子と同居していると思料される者は刑事訴追されている。（該当する場合、詳細を記載） 　　国名 　　詳細 □ 刑事訴追されていない。 □ その他（　　　　　　　　　　　　　　　　　　　　　　　　　　）
所在の特定		□ 中央当局による子及び子と同居している者の所在の特定を希望する。 □ 中央当局による所在の特定を必要としていない。
中央当局が講ずべき措置 （子の日本国からの返還援助申請の場合のみ）		＜複数選択可＞ □① 合意による子の返還の実現を目指すため、中央当局から、子と同居している者に連絡を取り、協議のあっせんその他の必要な措置を講ずることを希望する。 □② 裁判所への申立てによる子の返還の実現を目指すため、子及び子と同居している者の所在が特定された際には、子と同居している者の氏名の開示を求める。 （②のみを選択した場合、どちらか一方を選択してください。） 　　□ 所在の特定等に必要な範囲で、中央当局が、子と同居している者と連絡を取っても差し支えない。 　　□ 中央当局が、子と同居している者と接触しないことを希望する。
その他、中央当局への要望等		

第1編　第9章　渉外離婚事件

外　務　大　臣　殿

　　　　　　　　　　　　　　　　　　　　　　　　　　年　　　月　　　日

　この申請書及び添付書類の記載は事実に相違なく、

（必ずどちらか一方を選択してください。）

　□　国際的な子の奪取の民事上の側面に関する条約第8条、及び国際的な子の奪取の民事上の側面に関する条約の実施に関する法律第4条第1項に基づき、日本国から日本国以外の条約締約国への子の返還を実現するための援助（外国返還援助）を申請します。

　□　国際的な子の奪取の民事上の側面に関する条約第8条、及び国際的な子の奪取の民事上の側面に関する条約の実施に関する法律第11条第1項に基づき、日本国以外の条約締約国から日本国への子の返還を実現するための援助（日本国返還援助）を申請します。

Ⅷ　国際結婚と子の連れ去り（ハーグ条約）

【書式2】

返還援助申請書　添付書類一覧表

≪注意事項≫
➢ 本表の記載方法及び個別の添付書類についての説明は「返還援助申請のてびき」を御参照下さい。

1．添付書類

整理番号	添付	添付書類の名称
①	☐（必須）	申請者の本人確認書類の写し（申請書記載の住所と同一の住所が記載されているもの）
②	☐	申請に係る子の旅券又は身分証明書等の写し
③	☐	申請に係る子の常居所地国に当該子が常居所を有していたことを明らかにする書類の写し
④	☐	申請に係る子の写真
⑤	☐	申請に係る子の連れ去りをし、又は留置をしていると思料される者の旅券又は身分証明書等の写し
⑥	☐	申請に係る子の連れ去りをし、又は留置をしていると思料される者の写真
⑦	☐	申請者が申請に係る子についての監護の権利を有している根拠となる申請に係る子の常居所地国（日本国返還援助申請の場合は日本国）の法令の関係条文
⑧	☐（必須）	申請者が申請に係る子についての監護の権利を有していることを証明する官公庁等若しくは法令に基づく権限を有する者から発行された書類又は関係者における合意を証する書面その他これに類するものの写し
⑨	☐	申請者が有している申請に係る子についての監護の権利が当該子の連れ去り又は留置により侵害されていることを明らかにする書類その他これに類するものの写し
⑩	☐	申請に係る子と同居していると思料される者の旅券又は身分証明書等の写し
⑪	☐	申請に係る子と同居していると思料される者の写真

2．書類を添付できない理由等についての説明

整理番号	書類を添付できない又は代わりの書類を添付している理由等

※欄が不足する場合は、別紙を添付して下さい。

の代理人として行う一切の件」と記載すれば足りる（【書式3】）。委任状[51]は、外国に居住するLBPからEメール添付により送付してもらい、これをEメール又はFAXにより中央当局に提出する（原本は、必要に応じ、追って郵送して提出する）。

(4)　日本国の中央当局は、中立的立場から双方当事者への支援を実施している。例えば、日弁連の弁護士紹介制度[52]、子の所在の特定、当事者との連絡、裁判外紛争解決（ADR）機関[53]の紹介と利用に対する支援、裁判手続等に対する翻訳支援、面会交流支援機関の紹介と利用に対する支援、DV被害者に対する支援、返還時の子の安全確保等の支援が行われる。

(5)　日本では、中央当局による援助開始決定を受けていることは、裁判手続開始の要件とはされていない。この点、通常は、援助開始決定を得た後、裁判手続を開始することが多いものの、子の返還申立てに時間的制約がある場合（例えば、援助決定を待っていては、子の連れ去り又は留置開始の時から1年以上を経過する可能性がある場合。実施法28条1項1号参照）は、まずは裁判所に対する返還申立てを先行すべき場合もある。

3　子の返還申立事件（インカミング）の概要

(1)　手続の特徴

⑺　子の常居所地国への返還

　ハーグ条約は、子の親権や監護権については、（連れ去られ又は留置された先の所在地国ではなく）子の常居所地国の法令に基づいて決定される

51　外国人の場合、委任状は署名のみで足り、捺印は不要である（外国人ノ署名捺印及無資力証明ニ関スル法律1条（明治32年法律50号））。

52　ハーグ条約事件については、指定の研修を受講するなど一定の要件を満たしていれば、日弁連のハーグ条約事件に対応する弁護士名簿に登録され、日弁連による弁護士紹介の対象弁護士となることができる（詳細は、日本弁護士連合会ウェブサイト参照：https://www.nichibenren.or.jp/activity/resolution/hague.html）。

53　ADRは、2024年8月1日現在、東京の三弁護士会をはじめ6つの団体・機関が外務省から委託を受けて実施している（https://www.mofa.go.jp/mofaj/fp/hr_ha/page22_001006.html）。例えば、第一東京弁護士会の国際家事ADRについては、https://www.ichiben.or.jp/bengoshi/adr/kokusai.html参照。

VIII 国際結婚と子の連れ去り（ハーグ条約）

【書式3】

委 任 状
(Power of Attorney)

年　月　日
(YY/MM/DD)

住　所
(Address)＿＿＿＿＿＿＿＿＿＿＿＿＿＿＿＿＿＿＿＿＿＿

委任者
(Name)＿＿＿＿＿＿＿＿＿＿＿＿＿＿＿＿＿＿＿＿＿＿
　　　　　　　　　　　　　　　　　　　　signature

私は、次の弁護士を手続代理人と定め、下記事件に関する各事項を委任します。
I appoint the following Attorney-at-Law as my legal counsel, and entrust the matters relating to the case mentioned below.

　　　　　　弁護士 ○○○○
　　　　　　（Attorney-at-Law ○○○○）
　　　　　住所　〒○○○-○○○○
　　　　　　　東京都○○区○○○丁目○番地○
　　　　　　　○○○法律事務所
　　　　　　　TEL　03-○○○○-○○○○
　　　　　　　FAX　03-○○○○-○○○○

　　　　　　　　　　　　　　記

委任事項
(Entrusted Items)

　外務省案件番号【○-○○○○○】の件につき、外務省領事局ハーグ条約室との
連絡・調整に関し、申請者の代理人として行う一切の件
In relation to case number [○-○○○○○], all matters including the communication, etc. with the Central Authority of Japan for the Hague Child Abduction Convention, Ministry of Foreign Affairs of Japan on behalf of the applicant.

　　　　　　　　　　　　　　　　　　　　　　　　　　　以上

ことが基本的に子の利益に合致するという考えを基礎としている。したがって、子の返還手続は、当該子の親権や監護権について決定するものではなく（条約19条）[54]、また、ハーグ条約に基づき命じられる子の返還は、あくまで常居所地国への返還であり、LBPの元への返還ではないことに留意する必要がある[55]。

(イ) 子の迅速な返還

ハーグ条約事件では、子を迅速に常居所地国に返還することが原則である（条約11条）。実施法の定める返還事由に該当すれば、返還拒否事由が認められない限り、常居所地国への返還が命じられる。後述のとおり、子の返還申立事件を管轄する東京・大阪の両家庭裁判所では、申立てから6週間以内に決定を行う審理モデルを策定・運用している（実施法151条参照）。

(2) 裁判管轄と委任状

(ア) 裁判管轄

子の返還事件の管轄は、①子の住所・居所が東京・名古屋・仙台又は札幌の各高等裁判所の管轄区域内にある場合は、東京家庭裁判所、②大阪・広島・福岡又は高松の各高等裁判所の管轄区域内にある場合は、大阪家庭裁判所である（実施法32条1項。同条2項も参照）。ただし、第一審については合意管轄が認められ、当事者は東京家庭裁判所又は大阪家庭裁判所のいずれかを管轄裁判所とすることができる（実施法36条）。

なお、中央当局の援助決定を受けている場合、子及びTPの住所・居所がわからないときは、裁判所が中央当局への調査嘱託（実施法83条）により子らの住所等を把握し、申立書の写しを送達する。その場合、LBPは、申立書に住所等を具体的に記載することなく、特定できる範囲で記載す

---

54 日本の家庭裁判所に親権者の指定や子の監護に関する処分についての審判が係属している場合や、日本の家庭裁判所における離婚訴訟の中でこれらの事項も審理されている場合は、子の返還申立てを却下する裁判が確定しなければ、その家庭裁判所はこれらの事項について裁判をすることができない（実施法152条）。
55 子の返還事件の申立ての趣旨及び決定主文はいずれも、「相手方は、○○○（子）を○○○（国名）に返還せよ。」となる。

(イ) 委任状

裁判所に提出する委任状は、ハーグ条約に基づく子の返還事件の場合、特別委任事項があるため留意が必要である（実施法52条2項、【書式4】）。

インカミングケースは、外国に居住するLBPから委任状の原本を郵送により取得する必要があり、取得までにある程度の時間を要する。そのため、子の返還事件の委任状のほか、中央当局に提出する委任状、出国禁止命令・旅券提出命令（後述）の委任状を一度に郵送してもらうことが便宜である[56]。

(3) 子の返還事由と返還拒否事由[57]

(ア) 返還事由について

(a) LBPは、以下の各要件（実施法27条1号～4号）を主張・立証する必要がある。

① 子が16歳に達していないこと（1号）

② 子が日本国内に所在していること（2号）

③ 常居所地国の法令によれば、当該連れ去り又は留置が申立人の有する子についての監護の権利を侵害するものであること（3号）

④ 当該連れ去りの時又は当該留置の開始の時に、常居所地国が条約締約国であったこと（4号）

---

[56] その他に、ハーグ条約事件の調停手続と併せて離婚等について合意をする可能性がある場合は、夫婦関係調整調停申立（離婚）事件に係る委任状を取得しておくことが考えられる。

[57] 返還事由・返還拒否事由について、①日本の裁判例の動向については、依田吉人「ハーグ条約実施法に基づく子の返還申立事件の終局決定例の傾向について」家庭の法と裁判12号（2018年）27頁や西谷祐子「日本における子奪取条約の運用と近時の動向について」家庭の法と裁判26号（2020年）48頁に加え、例年開催される「日弁連ライブ実務研修」（ハーグ条約実施法及び実務の解説）にて最新の動向を把握する。②条約締結国の裁判例については、ハーグ国際私法会議のデータベース（INCADAT、https://www.incadat.com/en）や、日本弁護士連合会「『国際的な子の奪取の民事上の側面に関するハーグ条約』関係裁判例についての委嘱調査報告書（改訂版）」（2019年）https://www.mofa.go.jp/mofaj/files/000465215.pdf等を参照する。

【書式4】

㊞

手続代理委任状

○○○○年○○月○○日

住　所　_____

委任者　_____㊞

私は、次の弁護士を手続代理人と定め、下記の事件に関する各事項を委任します。

　　　　弁護士　○○○○
　　　　住所　〒○○○-○○○○
　　　　　　　東京都○○区○○○丁目○番地○
　　　　　　　○○○法律事務所
　　　　ＴＥＬ　03-○○○○-○○○○
　　　　ＦＡＸ　03-○○○○-○○○○

記

第1　事件
　　申立人　　○○　○○○
　　相手方　　○○　○○○
　　裁判所　　東京／大阪家庭裁判所
　　事件名　　子の返還申立事件

第2　委任事項
　1　第1記載の事件について、申立人／相手方手続代理人としてする一切の件
　2　子の返還の申立ての取下げ又は和解
　3　終局決定に対する即時抗告、国際的な子の奪取の民事上の側面に関する条約の実施に関する法律（以下「法」という。）108条1項の抗告若しくは111条2項の申立て又はこれらの取下げ
　4　法122条3項に規定する出国禁止命令申立て又はその取下げ
　5　法144条の同意
　6　代理人の選任

以上

(b) 実務上問題となることが多いのは、常居所地国の所在と監護の権利の侵害の有無（3号）、及び留置の開始時期（4号）である。

(i) **常居所地国の所在**[58]

常居所地国の認定は、多くの決定例では、居住期間、居住目的、居住に至った経緯、居住状況等の諸要素が総合的に考慮され、事案に応じて個別具体的に判断されている（東京高決平成31・3・27判タ1478号101頁〔28280179〕等）。

その際、例えば、子の出生以来の生活場所、両親の仕事や子の通学・通園の状況、LBPの主張する国で子が生活するに至った経緯、同国以外の国に子が転居する予定や転居に向けた具体的準備の有無・程度、滞在資格の有無等が考慮要素として取り上げられ、連れ去り又は留置開始の時点で、子が引き続き相当長期間にわたってLBPの主張する国に居住することが想定されていたといえる場合は、当該国が常居所地国であると認定される傾向にある。

(ii) **監護の権利の侵害の有無**[59]

「監護の権利」は、ハーグ条約上の概念であるが、「子の監護に関する権利、特に、子の居所を決定する権利を含む。」（条約5条a）と規定されているほかは、条約及び実施法上、明確な定義は置かれていない。裁判所の決定例では、LBPが居所指定権や子の国外転居に対する同意権又は拒否権を持つ場合、実施法27条3号にいう「監護の権利」を有しているとされた例がある。いずれにせよ、常居所地国の法令により連れ去り又は留置開始時にLBPが監護の権利を有していたかが問題となる以上、当該国の法令の内容等につき、文献や裁判例の調査が必要となる（調査方法等については、Ⅶ参照）。

(iii) **留置の開始時期**[60]

留置の開始時期は、返還事由の有無を認定する際に問題となるほか、後述する返還拒否事由（実施法28条1項1号、2号）を判断する

---

58 前掲注57・依田28頁。
59 前掲注57・依田29頁。
60 前掲注57・依田29頁以下。

際の基準時としての意味を持つ。

　留置の開始時期については、子を監護している父母が子を常居所地国へ返還しない意思を示したと客観的に判断できる時点で認められる傾向にある（大阪高決平成27・8・17判タ1450号102頁〔28261556〕）。例えば、父母の一方が往復航空券による復路の予約を取り消して失効させ、常居所地国に戻らないことを他方に伝えた時点をもって留置が開始されたと認められた例がある。

(イ) 返還拒否事由
　(a) 返還事由に該当するとしても、以下のいずれかの返還拒否事由（実施法28条1項1号〜6号）が認められる場合、LBPの子の返還申立ては却下される[61]。
　　① 連れ去り又は留置開始の時から1年以上経過した後に裁判所に申立てがされ[62]、かつ、子が新たな環境に適応している場合（1号）
　　② 申立人が連れ去り又は留置開始の時に現実に監護の権利を行使していなかった場合（当該連れ去り又は留置がなければ申立人が子に対して現実に監護の権利を行使していたと認められる場合を除く）（2号）
　　③ 申立人が連れ去り若しくは留置の開始の前にこれに同意し、又は事後に承諾した場合（3号）
　　④ 常居所地国に返還することによって、子の心身に害悪を及ぼすこと、その他子を耐え難い状況に置くこととなる重大な危険がある場合（4号、実施法28条2項）
　　⑤ 子の年齢及び発達の程度に照らして子の意見を考慮することが適当である場合において、子が常居所地国に返還されることを拒んでいる場合（5号）

61　ただし、実施法28条1項1号、2号、3号又は5号に該当する事実があっても、一切の事情を考慮して常居所地国に子を返還することが子の利益に資すると認められる場合は、裁判所は子の返還を命ずることができる（裁量返還、同条1項ただし書）。
62　中央当局に対する援助申請や裁判外紛争解決（ADR）機関に対する協議のあっせん申立ては、実施法28条1項1号の申立てには該当しない。

⑥　常居所地国に子を返還することが人権及び基本的自由の保護に関する基本原則により認められない場合（6号）

(b)　実務上特に争点となる頻度が高いのは、上記3号、4号及び5号の各返還事由である。

(ⅰ)　実施法28条1項3号の返還拒否事由（事前同意・事後承諾）[63]

留置の同意又は承諾があるといえるためには、LBPにおいて子が新たな居住地に定住することを承認し、子の返還を求める権利を放棄したことが客観的な証拠により認定される必要がある（大阪高決平成27・8・17判タ1450号102頁〔28261556〕）。日本に一時帰国滞在することを了承していたといったものでは足りず、子が相当長期間にわたって日本に居住し続けることまでの了承が必要とされる（東京高決平成30・5・18判タ1472号115頁〔28280176〕）。

(ⅱ)　実施法28条1項4号の返還拒否事由（重大な危険）[64]

実施法は、同号の返還拒否事由の有無を判断するに当たり考慮すべき事情のうち、比較的多く想定され、かつ重要なものを同条2項各号に列挙し、裁判規範の明確化と当事者の予測可能性の確保を図っている[65]。

実施法28条2項の事情のうち、最も重視されているのはLBPの暴力等のおそれである（同項1号）[66]。基本的に、過去にLBPが子又はTPに対して行った暴力等を認定し、当該事実から常居所地国に子が返還された場合に同様の暴力等が行われるおそれがあるか否かを推認する方法で判断がなされる[67]。暴力等については、一定の継続性が認められ、その存在が客観的な資料（裁判所のDV保護命令、警察・児童福祉機関作成の報告書等）によって裏付けられることが必要である（大阪高決平成29・7・12判タ1454号73頁〔28263028〕、東京高決平成

63　前掲注57・依田30頁以下。
64　前掲注57・依田31頁。
65　金子修編集代表『一問一答　国際的な子の連れ去りへの制度的対応』商事法務（2015年）128頁。
66　同項2号に規定する監護困難事情については、前掲注57・依田34頁以下参照。
67　前掲注57・依田31頁以下。

31・2・28判タ1476号82頁〔28280171〕等）。

　なお、子が常居所地国に返還された場合に同様の暴力等が繰り返されるおそれがあるとしても、同国におけるTPや子の生活を保護するための法制度が存在し、かつ当該制度によってLBPによる暴力等のおそれを十分払拭できるといえる場合は、結果的に、LBPによる暴力等のおそれはないと判断されている（東京高決平成27・3・31判タ1450号113頁〔28261445〕、東京高決平成27・7・14判タ1457号130頁〔28264427〕等）。

(iii)　実施法28条1項5号の返還拒否事由（子の異議）[68]

　子の異議は、常居所地国に返還されることに対する異議であり、LBPの元に返還されることに対する異議でないことに留意が必要である（子がTPと一緒に生活したいとか、TPと離れたくないと述べているだけでは、同号の異議には該当しない）。

　また、子が常居所地国に返還されることについて異議を述べているとみられるような場合でも、直ちに実施法28条1項5号に該当すると判断するのではなく、家庭裁判所調査官による事実の調査（実施法88条）の結果も踏まえ、子の異議の内容、性質及び強度等とともに、子がそのような異議を述べるに至った背景事情等も検討したうえ、子が、常居所地国に返還されることについて、様々な要素を熟慮して異議を述べたものか否かを判断することが必要であると解されている（大阪高決令和2・12・8判タ1505号59頁〔28300147〕）。

68　前掲注57・依田34頁以下。

Ⅷ 国際結婚と子の連れ去り（ハーグ条約）

(4) 手続の流れ（「6週間モデル」）
手続の流れのイメージ図

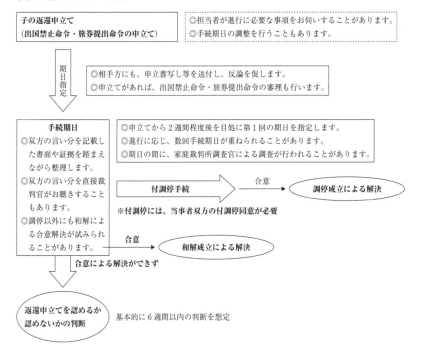

東京家庭裁判所・大阪家庭裁判所「ハーグ条約実施法による子の返還申立てをされる方へ」[69]3頁より抜粋

　ハーグ条約に基づく子の返還手続は、申立てからおおむね6週間以内を目処に終局決定に至ることができるような運用が行われており（「6週間モデル」と呼ばれる）、以下のようにタイトなスケジュールの下で実施される。

　(ア) 子の返還申立て（LBP）

　　子の返還手続は、LBPが申立書を家庭裁判所に提出する方法によって行う（実施法70条1項）。

　　LBPは、子の返還申立書において、①実施法27条各号の返還事由、②予想される争点及び当該争点に関連する重要な事実、③返還事由及び予想さ

---

[69] https://www.courts.go.jp/tokyo-f/vc-files/tokyo-f/01NEW/kaji/h2-1a-1.pdf

れる争点ごとの証拠を記載し（国際的な子の奪取の民事上の側面に関する条約の実施に関する法律による子の返還に関する事件の手続等に関する規則（以下、「実施法規則」という）34条1項）、証拠書類があるときはその写しを申立書に添付する（同条2項）[70]。

子の返還手続を申し立てる場合、実務上、申立前に、LBPから裁判所の担当係（東京家庭裁判所家事第1部3係、大阪家庭裁判所家事第2部甲係）に連絡し、申立予定日の連絡（申立予告）と申立書のドラフトを送付することが行われ、その際、事実上の期日調整が行われる。「6週間モデル」の下、早期に争点を把握し、期日を確保するためである[71]。

(イ)　第1回期日とTPの対応

第1回期日は、申立てから約2週間前後に指定される。同期日では、申立書と答弁書その他証拠書類の内容を踏まえ、争点整理が実施される。

TPは、答弁書において、①申立ての趣旨に対する答弁、②申立書に記載された事実に対する認否、③実施法28条1項各号に掲げる事由であって答弁を理由付けるもの、④予想される争点及び当該争点に関連する重要な事実、⑤返還拒否事由及び予想される争点ごとの証拠を記載しなければならず（実施法規則41条1項）、争点についての証拠書類を答弁書に添付する必要がある（同条2項）。当初から実質的な主張・立証が求められ、「追って主張する」という対応は基本的に想定されていない。

答弁書の提出期限は、第1回期日の約1週間前に指定されるため、TPの代理人となった場合、限られた日数で上記の各事項につき主張を整理し、それを裏付ける証拠を準備することが求められる。

(ウ)　第2回期日と家庭裁判所調査官による事実の調査

第2回期日は、第1回期日から約3週間後に指定される。同期日では、

70　裁判所に提出する文書は、日本語以外で書かれたものはすべて日本語の翻訳文を付する必要がある。この点、中央当局の援助決定を受けている場合、1期日1回を原則として、中央当局に翻訳を委託することができる（ただし、納品までに10日〜2週間程度を要するため、委託する場合は、早期に対象文書を選定・準備する必要がある）。

71　LBPが来日する場合は、来日可能な日程等についても併せて調整することになり、LBPの代理人となった場合、その点もLBP本人に事前に確認する。

事実の調査や当事者に対する審問等が実施され、同期日にて審理が終結し（実施法89条ただし書）、決定日が決められる（実施法90条）。

当事者に対する審問では、主尋問、反対尋問、補充尋問が行われるが、事前に陳述書が提出されていることを前提に、主尋問と反対尋問はいずれも10～15分程度（通訳を要する場合は別途調整）とされることが通常であり、重要な争点に絞って実施される。

家庭裁判所調査官による事実の調査が実施される場合、第1回期日と第2回期日の間に、調査官による子との面会や家庭訪問、学校訪問などが行われる。また、状況に応じ、同調査官立会いの下、LBPと子との試行的交流が実施されることもある。

(エ) 付調停

当事者双方が合意すれば家事調停に付される（実施法144条）。調停委員会は、裁判官1名、男女各1名の家事調停委員から構成される。調停期日は、第1回期日から第2回期日の前後に合計6回程度指定され、その多くは、朝から夕方まで終日実施される。

調停では、多くの場合、両当事者に対し、子を常居所地国に返還する場合と返還しない場合の双方について、各条件の検討が求められる。例えば、返還する場合であれば、その具体的時期・方法、費用負担、常居所地国における返還後の子とTPの居住地、常居所地国における子の監護に関する判断までの監護のあり方や面会交流のルール、LBPが常居所地国においてTPに対して刑事訴追をしている場合はその対処等である。他方、返還しない場合は、LBPと子との面会交流に関する諸条件等である。

調停では、子の返還・不返還のほか、離婚や親権、養育費、財産分与等について協議される場合がある。実際、これらの事項に関する協議内容が、子の任意の返還・不返還に影響を及ぼすこともある。東京家庭裁判所では、当事者間で離婚や親権者等に関する合意ができた場合、別途、当事者から夫婦関係調整調停を申し立てることにより、子の返還申立事件に係る調停と同じ期日において、同一の調停委員会の下で調停を成立させることを可能とする運用を行っている。

子の返還申立事件が調停に付された場合に、調停が成立し、又は調停に

代わる審判（家事事件手続法284条）が確定した時は、子の返還の申立ての取下げがあったものとみなされ（実施法147条）、子の返還申立事件は終了する[72]。

(オ) 　審理集結、終局決定

前述のとおり、第2回期日において審理が終結され、決定日が決められる。実務上、調停による話合いによる解決の見込みがある場合、終局決定日が少し先に指定され、第2回期日後も引き続き調停が開かれることもある。調停が成立しない場合、裁判所は、終局決定をする（実施法92条）。

(5) 　**出国禁止命令及び旅券提出命令の申立て**

LBPは、子の返還申立事件の係属中にTPが子を日本国外に出国させることを防ぐため、同係属中の裁判所に対し、子を日本国から出国させることを禁止する出国禁止命令の申立て、及び子名義の旅券（パスポート）を外務大臣へ提出することを命ずる旅券提出命令の申立てを行うことができる（実施法122条）。実務上、これらの申立ては、子の返還申立てと同時にされることが通例であり、前記のとおり、代理人としては、当該申立ての委任状を返還申立事件の委任状と同時に取得しておくべきである。

出国禁止命令が発令された場合、子の返還申立てについての決定が確定するまでの間、TPが子を日本国外に出国させることが禁止される。また、旅券提出命令が発令された場合、TPは、所定の期間内に子名義の旅券を中央当局に提出する必要があり、出国禁止命令の効力を失うまで、中央当局が当該旅券を保管する（実施法131条）。

(6) 　**強制執行（代替執行・間接強制）**

子の返還決定が確定したにもかかわらず、TPが任意に子を返還しない場合などには、LBPは、第一審の家庭裁判所に強制執行を申し立てることがで

---

[72] 国によって制度は様々ではあるものの、日本の裁判所で合意した内容を常居所地国で強制執行力を持たせるため、外国の裁判所に対し、ミラーオーダー（常居所地国の裁判所が、日本の裁判所における合意内容と鏡像のように同じ内容の裁判・命令を下すこと）等を申請することもある（ただし、その場合、現地弁護士に当該制度の存否、取得に要する時間・費用等を確認する必要がある）。

きる[73]（実施法134条）。ただし、子が16歳に達した場合は、強制執行はできない（同法135条）。

ハーグ条約に基づく強制執行は、代替執行（民事執行法171条1項、民法414条2項）又は間接強制（民事執行法172条1項）により行うこととされている（代替的作為義務）。

この点、強制執行手続について、子の返還の実効性確保のため、「民事執行法及び国際的な子の奪取の民事上の側面に関する条約の実施に関する法律の一部を改正する法律（令和元年法律2号）」により、民事執行法及び実施法が改正された。例えば、①旧法下では、代替執行に当たって間接強制を必ず先行して実施する必要がある（間接強制前置）とされていたところ、改正法では、当該要件が緩和され、一定の場合に間接強制は不要とされるに至った（民事執行法174条2項、実施法136条1号〜3号）。また、②旧法下では、代替執行の実施に当たって子と債務者（TP）が同席することが必要とされていたが、当該同時存在の要件も撤廃された（ただし、債務者（LBP）の出頭は原則とされている。民事執行法175条5項、実施法140条）。

73　子の返還決定後、子の返還方法等の詳細を協議するため、裁判外紛争解決（ADR）機関（前掲注53）によるあっせん手続を活用することも考えられる。

第10章

婚姻・離婚の無効・取消し

婚姻の無効・取消し

1 婚姻の無効・取消しの意義

　婚姻も当事者の意思に基づく法律行為であるため、無効・取消しが問題となる。しかし、婚姻の効力が否定されると、当事者や子はもちろん、第三者との関係においても、契約等の一般の法律行為の無効・取消しとは異なる重大な影響が生じることになる。

　そのため、民法は、婚姻が無効となる場合を限定するとともに（民法742条柱書）、婚姻の取消しによって婚姻の効力を否定する場合には、その効力は遡及しないものとした（民法748条1項）。

2 婚姻の無効

(1) 婚姻の無効原因（民法742条）

　㋐　婚姻意思の不存在（1号）

　「婚姻をする意思」（婚姻意思）とは、婚姻届を提出しようとする意思に加え、社会生活上夫婦と認められる関係を作ろうとする意思があることをいう（実質的意思説）[1]。

　また、婚姻意思は、届出のときに存在していることを要する（例えば、婚姻届作成後届出前に翻意した場合は、婚姻意思を欠く）。

　㋑　届出をしないこと（2号本文）

　民法は「当事者が婚姻の届出をしないとき」も婚姻は無効であるとする

---

[1] 伝統的通説である。判例も、婚姻については、実質的意思説を基本としている。学説・判例の状況については、松川正毅＝窪田充見編『新基本法コンメンタール親族』日本評論社（2015年）〔前田陽一〕38-39頁。

が（民法742条2号本文）、通説は、届出のない婚姻については、不成立であると解している[2]。

(2) 無効な婚姻の追認

当事者が無効な婚姻を追認した場合、当該婚姻は、婚姻の届出時に遡って有効となる[3]。

(3) 婚姻無効の性質・効果

婚姻無効については、当該婚姻は、当然に無効である[4]。

つまり、婚姻に伴う効力ははじめから生じなかったことになる（遡及効）。その結果、例えば、夫婦間に子が出生していても嫡出子とはならない。

また、婚姻の当事者のみならず、利害関係を有する第三者も婚姻の無効を主張することができる[5]。

(4) 婚姻無効の調停・合意に相当する審判

婚姻の無効の訴えは、「人事に関する訴訟事件」であり、調停前置主義が適用される（家事事件手続法244条、257条1項）。

したがって、婚姻の無効を主張する者は、まず家庭裁判所に婚姻無効確認の調停を申し立てなければならない。

なお、第三者が本調停を申し立てる場合、夫婦双方を相手方とする必要がある。夫婦の一方が死亡した場合には、第三者が本調停を申し立てることはできない（家事事件手続法277条1項ただし書参照）。

婚姻無効確認の調停では、当事者による処分になじまないという身分関係の性質上、当事者間に争いがない場合でも、当事者の合意にそのまま効力を

---

[2] この立場からは、民法742条2号は、「ただし書」を導くための規定であり、"民法739条2項の要件を欠く不完全な届出があっても、それが受理されれば婚姻は有効になる"という点に意味があるということになる。
[3] 最判昭和47・7・25民集26巻6号1263頁〔27000545〕。
[4] 婚姻無効の性質については、当然に無効であると解する説と訴えによって遡及的に無効になると解する説がある。しかし、いずれの立場に立っても、婚姻無効の効果に違いはない。
[5] 最判昭和34・7・3民集13巻7号905頁〔27002556〕。

認めることができず、家庭裁判所により「合意に相当する審判」（家事事件手続法277条）がされることになる。

合意に相当する審判が確定した場合、その審判には、対世効が認められる（家事事件手続法281条、人事訴訟法24条1項）。

(5) 婚姻無効の訴え[6]

上記のとおり、婚姻無効の訴えは、婚姻当事者のみならず、無効を主張する利益のある限り、第三者も提起することができる。

訴えの相手方は、次のとおりである（人事訴訟法12条）。

① 夫婦の一方が提起するとき：他方の配偶者（1項）
② 第三者が提起するとき：夫婦双方（夫婦の一方が死亡したときは、生存配偶者のみ）（2項）
③ ①・②で相手とすべき者が死亡したとき：検察官（3項）

また、婚姻無効の訴えの管轄は、身分関係の当事者が普通裁判籍を有する地又はその死亡の時にこれを有した地を管轄する家庭裁判所である（人事訴訟法4条1項）。

(6) 婚姻無効と戸籍の訂正

判決で婚姻無効が確定した場合には、確定日から1か月以内に判決謄本を添付して戸籍の訂正を申請しなければならない（戸籍法116条参照）。

また、審判によって婚姻無効が確定したときも、同様に解されている。

3 婚姻の取消し

(1) 婚姻の取消原因

婚姻の取消原因は、民法744条、745条及び747条に列挙されたものに限ら

---

[6] 婚姻無効の訴えについては、「確認の訴え」であると解するのが民法学の多数説であり、判例である。これに対して、訴訟法学では、これを形成の訴えであると解するのが多数説である。この点については、前掲注1・松川＝窪田編〔前田陽一〕41頁、前田陽一＝本山敦＝浦野由紀子『LEGAL QUEST Ⅵ 親族・相続〈第7版〉』有斐閣（2024年）53頁参照。

れる（民法743条）。これらの取消原因は、その内容に応じて、公益的取消しと私益的取消しの２つの類型に分けられる。

　㈎　公益的取消し（民法744条、745条）

　不適法な婚姻届が誤って受理された場合に、そのような反社会的な婚姻を公益的な観点から取り消すものである。

　具体的には、次の３つの場合がある。

・婚姻適齢違反の場合（民法731条違反）
・重婚の場合（民法732条違反）
・近親婚の場合（民法734条～736条違反）

　㈏　私益的取消し（民法747条）

　婚姻の意思表示をした当事者を保護するものである。

　私益的取消原因としては、「詐欺又は強迫による婚姻の取消し」（民法747条）がある。

⑵　**婚姻取消しを主張できる者（取消権者）**

　婚姻の取消しの取消権者は、各取消原因に応じて次のとおりである。

　㈎　公益的取消し（民法744条）

・婚姻適齢違反の場合；婚姻の各当事者、その親族、検察官
・重婚の場合；婚姻の各当事者、その親族、前婚の配偶者、検察官
・近親婚の場合；婚姻の各当事者、その親族、検察官

　なお、検察官の取消権は、一方配偶者の死亡により消滅する（民法744条１項ただし書）。

　㈏　私益的取消し（民法747条）

　婚姻の意思表示をした当事者を保護するものである。

・詐欺又は強迫による取消しの場合；詐欺又は強迫を受けた当事者[7]

7　詐欺・強迫を受けた婚姻当事者が死亡した場合、その相続人が生存配偶者に対して婚姻の取消訴訟を提起することができるか否かが問題となる。この問題については、死亡した婚姻当事者の相続人による取消権は否定すべきであるという学説がある（前掲注１・松川＝窪田編［前田陽一］47頁、大村敦志『家族法〈第３版〉』有斐閣（2010年）138頁［注35］）。なお、養子縁組取消訴訟につき、原告死亡後の相続人による訴訟承継を否定した最判昭和51・７・27民集30巻７号724頁〔27000315〕も参照。

(3) **婚姻取消しの相手方**

婚姻取消しの相手方は、次のとおりである（人事訴訟法12条）。

① 夫婦の一方が提起するとき：他方の配偶者（1項）
② 第三者が提起するとき：夫婦双方（夫婦の一方が死亡したときは、生存配偶者のみ）（2項）
③ ①・②で相手とすべき者が死亡したとき：検察官（3項）

(4) **取消権の消滅**[8]

婚姻の取消しについては、取消権の消滅時効に関する規定（民法126条）を含めて、民法総則中の法律行為の取消しに関する規定の適用はない。

(ア) 公益的取消し

各取消原因に応じて、次のとおりである。

・婚姻適齢違反の場合

不適齢者が適齢に達したときは、取消権は消滅する（民法745条1項）。もっとも、不適齢者本人については、適齢に達してから3か月間は、追認をしない限り、取消権が認められる（同条2項）。

・重婚の場合

期間の経過によって取消権が消滅することはないが、実際には、婚姻を取り消す法律上の利益がない等の理由で、婚姻の取消しが否定される場合がある。

(a) 「死亡・離婚」による「前婚」解消後の取消し

この場合、重婚状態が解消した（重婚としての瑕疵がなくなった）ことを理由に、後婚の取消請求は否定される[9]。

(b) 「重婚者死亡」による「前婚・後婚」の同時解消後の取消し

この場合、後婚配偶者の相続権を失わせる実益があるため、検察官以外の者の取消権は消滅しない。

---

8 前掲注1・松川＝窪田編〔前田陽一〕42-47頁、前掲注6・前田＝本山＝浦野56-57頁参照。
9 裁判例として、東京地判昭和36・12・20下級民集12巻12号3067頁〔27450817〕参照。

(c) 「離婚」による「後婚」解消後の取消し

この場合、重婚状態の解消などを理由に、後婚の取消しを一般的に否定するのが学説の多数説である。

判例は、婚姻取消しの効果が離婚の効果に準じること（民法748条、749条）を理由に、「特段の事情」がない限り離婚した後婚を取り消す「法律上の利益」はないとする[10]。

・近親婚の場合

一方配偶者の死亡により検察官による婚姻取消しの請求はできなくなるが（民法744条1項ただし書）、それ以外の事由で取消権が消滅することはない。

(イ) 私益的取消し

詐欺又は強迫を受けた当事者が、詐欺を発見し、若しくは強迫を免れた後3か月を経過し、又は追認をしたときは、取消権は消滅する（民法747条2項）。

また、相手方配偶者が死亡した場合であっても、検察官を相手方として婚姻の取消訴訟を提起できるかに否かについては、否定説と肯定説が対立している[11]。

(5) **婚姻取消しの性質・効果**

婚姻の取消しは、その効果を対世的・画一的に確定する必要があるため、公益的取消し、私益的取消しのいずれであっても、家庭裁判所に対する訴えによる（民法744条1項、747条1項）。

婚姻取消しの審判や判決が確定した場合、判決等には対世効が認められる（人事訴訟法24条1項）。

---

10 最判昭和57・9・28民集36巻8号1642頁〔27000072〕。前掲注6・前田＝本山＝浦野56頁（民法748条2項、3項が問題となる場合には、判例のいう「特段の事情」による後婚の取消しが認められる余地があるとする）参照。

11 前掲注1・松川＝窪田編〔前田陽一〕46-47頁、前掲注6・前田＝本山＝浦野56-57頁参照（いずれも取消権は消滅しないとする）。また、青山道夫＝有地亨編『新版注釈民法(21)親族(1)〈復刊版〉』有斐閣（1989年）〔中尾英俊〕328頁は、婚姻当事者の一方の死亡による婚姻解消の場合は取消権の行使を認める一方、離婚による婚姻解消の場合は取消権の行使はできないとする。

婚姻取消しは、一般の法律行為の取消しとは異なり、将来に向かってのみ効力が生じる（民法748条1項）。

もっとも、一方配偶者が死亡した後に婚姻が取り消された場合、その効力は当該配偶者の死亡時に発生し、生存配偶者の相続権は消滅すると解されている[12]。

また、婚姻期間中に得た財産・利益については、不当利得の法理に準じて返還する必要がある（民法748条2項、3項）。

その他、婚姻の取消しは、将来に向かって婚姻関係を解消する点で離婚に類似するため、離婚に関する規定が準用される（民法749条）。

(6) 婚姻取消しの調停・合意に相当する審判

婚姻の取消しの訴えは、「人事に関する訴訟事件」であり、調停前置主義が適用される（家事事件手続法244条、257条1項）こと、婚姻を取り消すことについて当事者間に争いがない場合でも直ちに調停成立とはせず、一定の要件のもとに合意に相当する審判が出されること（家事事件手続法277条1項）、合意に相当する審判が確定した場合、その審判には、対世効が認められること（家事事件手続法281条、人事訴訟法24条1項）などは、婚姻無効の場合と同様である。

(7) 婚姻取消しの訴え

基本的には、婚姻無効確認の訴え及び婚姻取消しの調停と同様であるので、それらの項目を参照されたい。

(8) 戸籍の訂正

婚姻取消しの判決等が確定した場合には、その確定した日から10日以内に判決等の謄本及び確定証明書を添付して、婚姻取消しの届出をしなければな

---

[12] 中川善之助＝泉久雄編『新版注釈民法(26)相続(1)〈復刊版〉』有斐閣（1992年）〔中川良延〕282頁、前掲注1・松川＝窪田編〔前田陽一〕48頁、二宮周平『家族法〈第5版〉』新世社（2019年）49頁、窪田充見『家族法』有斐閣（2019年）48頁、前掲注6・前田＝本山＝浦野58頁参照。

らない（戸籍法75条、63条）。

離婚の無効・取消し

1 離婚の無効・取消しの意義

協議離婚(民法763条)は、離婚の基本形である。

協議離婚が成立するための実質的要件は離婚意思の存在であり、形式的要件は離婚の届出である。

離婚も法律行為の一種であるから、形式上は離婚の届出がなされていても、そもそも離婚の意思が不存在であれば無効であるし、その意思表示に瑕疵があれば取消しの対象となる。

2 離婚の無効

(1) 無効原因

婚姻の無効原因とは異なり、離婚の無効原因については、民法に明文規定はない。しかし、当事者間に離婚をする意思がないとき、その離婚が無効であることについて異論はない(民法742条1号類推)。

離婚をする意思(離婚意思)の意味については、実体的に夫婦生活を廃止する意思を要するとする実質的意思説(実体的意思説)と離婚の届出をすることに向けられた意思で足りるとする形式的意思説(届出意思説)の対立がある[13]。判例は、方便のための離婚の届出であっても「法律上の婚姻関係を解消する意思」の合致に基づいてしたものである以上、離婚意思がないとはいえないとする[14]。

離婚意思は、離婚届の作成時及び離婚届の受理時(届出は、受理により、

---

13 学説・判例の状況については、前掲注1・松川=窪田編〔許末恵〕72-73頁。

受付時に遡って成立する）に存在していなければならない。

なお、「不受理申出制度」（戸籍法27条の2）を利用することにより、一方配偶者の知らない間に、他方配偶者による離婚の届出がなされることを防止することができる。

(2) 無効な離婚の追認

判例には、無効な離婚の追認を認めるような判断をしたものがある[15]。

これに対して、学説では、無効な離婚の追認を認めることには慎重な立場が有力である[16]。

(3) 無効の性質・効果

無効な離婚は、無効を確認する審判や判決の確定を待つまでもなく、当然に無効である[17]。

(4) 離婚無効の調停・審判・訴訟

離婚無効の訴えは、「人事に関する訴訟事件」であり、調停前置主義が適用される（家事事件手続法244条、257条1項）こと、離婚が無効であることについて当事者間に争いがない場合でも直ちに調停成立とはせず、一定の要件のもとに合意に相当する審判が出されること（家事事件手続法277条1項）、離婚を無効であるとする審判や判決が確定した場合、その判決等には対世効が認められること（家事事件手続法281条、人事訴訟法24条1項）などは、婚姻無効の場合と同様である。

(5) 戸籍の訂正

判決で離婚無効が確定した場合には、確定日から1か月以内に判決謄本を

---

14 最判昭和38・11・28民集17巻11号1469頁〔27001976〕。形式的意思説に極めて近いが、「法律上の婚姻関係を解消する意思」は、届出意思とは異なるものと考えられている（『最高裁判所判例解説民事篇〈昭和38年度〉』法曹会〔蕪山巌〕343頁）。
15 最判昭和42・12・8裁判集民89号361頁〔27451418〕。
16 前掲注1・松川＝窪田編〔許末恵〕74頁、前掲注6・前田＝本山＝浦野84頁参照。
17 最判昭和53・3・9裁判集民123号181頁〔27452306〕。

添付して戸籍の訂正を申請しなければならない（戸籍法116条参照）。

3 離婚の取消し

(1) 離婚の取消原因

詐欺又は強迫によって離婚をした者は、その離婚の取消しを家庭裁判所に請求することができる（民法764条、747条）。

(2) 離婚取消しを主張できる者（取消権者）

詐欺又は強迫を受けた当事者のみが、離婚を取り消すことができる。

(3) 離婚取消しの相手方

離婚取消しの相手方は、次のとおりである（人事訴訟法12条）。
① 夫婦の一方が提起するとき：他方の配偶者（1項）
② ①で相手とすべき者が死亡したとき：検察官（3項）

(4) 取消権の消滅

離婚の取消しについては、取消権の消滅時効に関する規定（民法126条）を含めて、民法総則中の法律行為の取消しに関する規定の適用はない。

詐欺又は強迫を受けた当事者が、詐欺を発見し、若しくは強迫を免れた後3か月を経過し、又は追認をしたときは、取消権は消滅する（民法747条2項）。

(5) 離婚取消しの性質・効果

離婚の取消しは、その効果を対世的・画一的に確定する必要があるため、家庭裁判所に対する訴えによる（民法744条1項、747条1項）。

離婚取消しの審判や判決が確定した場合、判決等には対世効が認められる（人事訴訟法24条1項）。

離婚取消しについては、婚姻の取消しとは異なり、遡及効がある。

Ⅱ 離婚の無効・取消し

(6) 離婚取消しの調停・合意に相当する審判

離婚の取消しの訴えは、「人事に関する訴訟事件」であり、調停前置主義が適用される（家事事件手続法244条、257条1項）こと、離婚を取り消すことについて当事者間に争いがない場合でも直ちに調停成立とはせず、一定の要件のもとに合意に相当する審判が出されること（家事事件手続法277条1項）、合意に相当する審判が確定した場合、その審判には、対世効が認められること（家事事件手続法281条、人事訴訟法24条1項）などは、婚姻の取消しの場合と同様である。

(7) 離婚取消しの訴え

基本的には、婚姻取消しの訴えと同様であるので、それらの項目を参照されたい。

(8) 戸籍の訂正

離婚取消しの判決等が確定した場合には、その確定した日から10日以内に判決等の謄本及び確定証明書を添付して、離婚取消しの届出をしなければならない（戸籍法75条、63条）。

経験談㉝　争いたくなる'1日違い'

　法的には難しいとわかっていても、争いたくなるケースというものがあります。

　私が弁護士として経験した中に、子どものいない高齢夫婦が病気のためにお互いの兄弟宅にそれぞれ引き取られることになり、双方とも弁護士をつけて離婚協議をしていた件があります。やっと話がまとまり、離婚届と協議書を持って調印のために相手方弁護士との待ち合わせ場所に行くと、相手方弁護士から「実は昨夜、依頼者が亡くなりました」との言葉が。私の依頼者は配偶者として3分の2の相続分があるわけですが、その後の遺産分割調停では、相手方の兄弟らから「離婚意思が合致していたのだから、離婚したものとして扱うべきだ」という頑とした要望が出て、調停成立までに相当難航しました。

　もう1つは、難病にかかった初老の男性が、亡くなる前日に長年事実婚状態にあった女性と婚姻したというケースです。相続人は妻となった女性と、亡くなった男性の前妻の子ども2人の計3人。子どもたちは「お父さんはあの女性とは籍を入れないと約束していた」と言い、婚姻無効訴訟に発展しました。私は女性側代理人につき、訴訟では亡くなった男性の意思能力が争点となったが女性側が勝訴。しかし、その後の遺産分割調停では当事者間の感情的対立が激しく、こちらも相当難航しました。

　どちらのケースも離婚・婚姻と相続開始の「1日違い」というタイミングが相続の場面で争いのタネになってしまったケースですが、それによって相続分が変わるだけでなく心情面で納得がいかない相続人の立場は理解できます。弁護士としても、ある意味悩ましいケースでした。

III 証拠の調査と収集について

(1) 婚姻・離婚の無効取消しの場合、婚姻届・離婚届の署名欄が問題となることが多いので、各届出の写しを市町村又は法務局から取り寄せることは必須である[18]。また、意思能力の有無が争点となりそうな場合（当事者に認知症の疑いがある場合等）には、医師の診断書、診療記録、当事者を撮影したビデオ、写真、会話を録音したデータを証拠とすることが考えられる。

(2) 婚姻の無効を争う場合は、届出当時婚姻意思がなかったとしても、届出後の両者の関係（メール、LINE等）、共同生活の有無（住民票等）、税務申告の際に事業専従者として届け出ていること（確定申告書等）を立証し、届出を追認しているとの立証活動が考えられる（婚姻届を無断で作成、提出した事例として大阪高判平成28・11・18判時2329号45頁〔28251808〕）。また、離婚の無効を争う場合は、届出当時離婚意思がなかったとしても、届出後の両者の関係、別居の有無、生活費の支出状況（預金通帳等）で、離婚の追認を主張することになろう[19]。

(3) 在留資格を得るための偽装婚姻等の場合は、当事者の住民票、陳述書等

---

18 婚姻届・離婚届の写しを取得する方法としては、弁護士会照会による方法のほか、戸籍届書類の記載事項証明書の交付請求をする方法がある。いずれの場合も、戸籍法48条2項を根拠に、「一定の利害関係人」による請求、かつ、「特別の事由」がある場合に認められる。身分行為の無効確認の裁判のために裁判所に提出する場合には、「特別の事由」があるといえる。
　従前、弁護士会照会は、「利害関係人」に当たらないとして、回答を拒否されることが多かったとされる。もっとも、近年では、弁護士会からの要請を受けて、依頼者が利害関係人に該当する場合には、弁護士会照会に対しても回答を得られることが多くなってきたといわれている。
　第一東京弁護士会編『弁護士法第23条の2　照会の手引〈7訂版〉』第一東京弁護士会（2023年）74頁、東京弁護士会調査室編『弁護士会照会制度〈第5版〉』商事法務（2016年）49-50頁、99頁参照。

第1編　第10章　婚姻・離婚の無効・取消し

で共同生活の実態がないことを立証することになろう。

> **経験談㉞　記載事項証明書の請求先、戸籍届出書類の保存期間及び請求方法について**
>
> 1　以前、平成17年ころに作成した養子縁組届の閲覧等を管轄の法務局に請求したところ、関係書類が既に廃棄されていることから閲覧等ができなかったことがありました。そこで今般本書を作成するに当たり、戸籍届出書類の保存期間及び戸籍届出書類の記載事項証明書（以下、「記載事項証明書」といいます）の請求先、請求方法について調べてみました。
> 2　まず記載事項証明書の請求先ですが、東京法務局のHP（https://houmukyoku.moj.go.jp/tokyo/page000061.html）をみてみると、令和6年2月29日までに市区町村等に提出された届出書類についての記載事項証明書の請求窓口は、地域を管轄する法務局となっています。これに対し、令和6年3月1日以降に届出されたものについての請求窓口は届出された市区町村又は本籍地の市区町村となっています。
> 　この違いは以下の理由によると思われます。令和6年2月29日までは、市区町村等に提出された届出等の書類は、戸籍の記載手続を完了後、1か月ごとに、管轄法務局等に送付しなければならなかったのが（戸籍法施行規則48条2項）、令和元年改正の戸籍法下では、同日以降に、市区町村が届出を受理した場合は、届出書類をスキャナで読み取って電磁的記録化した情報を法務大臣に提供し、この提供を受けた法務大臣が磁気ディスクに記録するものとされ（戸籍法120条の4、戸籍法施行規則78条の2）、この場合、戸籍法施行規則48条2項は適用されないものとされました（戸籍法施行規則78条の4第2項）。
> 3　届出書類等の保存期間については、令和6年2月29日までに提出された書類については27年（戸籍法施行規則49条2項）ですが、令和6年3月1日以降に提出された書類については、紙媒体が5年（戸籍法施行規

19　原審と控訴審とで判断が分かれた事例として、東京高判平成21・7・16判タ1329号213頁〔28162992〕。

則48条３項)、電子化された記録については10年(戸籍法施行規則78条の３第２項１号)となっているようです。ただし、令和６年２月29日までに提出された届出書類等については、従前、保存期間を５年とする運用がなされていた場合もあり(戸籍法施行規則49条の２第１項)、東京法務局のHPでは平成27年１月１日以降の記載事項証明書の請求ができると記載されています。もっとも、市区町村によっては、同日以前の記録が保管されている例もあるようなので、届出書類等の保存期間については本籍地の市区町村等に確認すべきでしょう。

4　請求の方法として、弁護士会照会、戸籍法48条２項(紙媒体)又は戸籍法120条の６(電磁的記録化されたもの)による請求が考えられます。弁護士会照会について、東京法務局は応じないとHPで明記しているため、法務局については戸籍法に基づく請求をした方がよいでしょう(申請書の書式、委任状の書式が掲載されています)。市区町村については、弁護士会照会に応じてくれるところもあるようですが、そもそも、請求自体が少なく、前例がある市区町村も限られているようですので、スムーズに情報を取得するためには戸籍法に基づく請求の方が無難かもしれません(書式を掲載している市町村もあるようです)。

第11章

親子（実子編）

 はじめに

　令和4年12月10日成立の民法親族編の改正(令和4年法律102号・令和6年4月1日施行)(以下、「令和4年改正」という)は、多くの親子法制の改正を含んでおり、この章ではその点の概要を説明する。

　令和4年改正は、これまで重視されてきた早期かつ画一的に親子関係安定を図る要請を維持する一方、ここ十数年来の科学の進化、いくつかの親子関係に関する最高裁判決、生殖補助医療の提供等及びこれにより出生した子の親子関係に関する民法の特例に関する法律(令和2年法律76号、以下、「生殖補助医療法」という)の成立、無戸籍児問題(子の出生届をすべき者が何らかの理由で出生届をしない子の存在)が影響した結果によるものといえる。

　ただ、令和4年改正は、原則的として施行日の令和6年4月1日以後に生まれた子及び認知した場合に適用され、施行日前に生まれた子及び認知は、改正前の規定が適用されるため、改正前の民法の規定の重要性は変わらないので、以下では、改正前の制度と比較しつつ令和4年改正を説明する。

嫡出子制度

　民法は、嫡出子という言葉自体の定義規定を定めていないが、他方で、民法774条1項において、「……父又は子は、子が嫡出であることを否認することができる」と定めているところから、実親子関係の場合、法律上の婚姻関係にある男女から生まれた子をもって「嫡出子」としていると判断される。これとの対比で、法律上の婚姻関係にない男女から生まれた子が「嫡出でない子」（非嫡出子）となる。

　嫡出子は、いくつかの分類ができ、まず、血縁関係に基づく実親子関係にある嫡出子と、養子縁組に基づく法定親子関係にある嫡出子がある。また、生来嫡出子と準正嫡出子の分類があり、準正嫡出子には、①子が父母未婚で生まれた後、父が認知し、その後父母が婚姻する婚姻準正の場合と、②子が父母未婚で生まれた後、父母が婚姻し、その後父が認知する認知準正がある。

嫡出推定規定

1 改正前の嫡出推定制度の概要

　嫡出推定規定の趣旨は、男女間の婚姻関係を基礎として特段の遺伝的なつながり等の医学的立証を経ずして画一的に父子関係を推定することで父子関係を早期に確定して子の利益を守ることにある。

　ただ、子の出生は懐胎・出生までに一定の時間経過があり、そのため、その間に離婚・婚姻が複数介在する事態も想定され、改正前民法は、懐胎主義を前提にして、民法772条において、①妻が婚姻中に懐胎した子は夫の子と推定する（1項）、②婚姻の成立の日から200日を経過した後又は婚姻の解消若しくは取消しの日から300日以内に生まれた子は、婚姻中に懐胎したものと推定する（2項）と定め、嫡出推定の重複を避けるため、733条において、一定の例外（2項）を除き女は前婚の解消又は取消しの日から起算して100日を経過した後でなければ再婚をすることができない（1項）と定めていた（なお、100日期限は、従前の733条の規定は6か月とされていたが、最判平成27・12・16民集69巻8号2427頁〔28234449〕において「100日超過部分は合理性を欠いた過剰な制約を課すものとなっている」として違憲判断をし、平成28年6月1日の民法の一部を改正する法律（平成28年法律第71号・平成28年6月7日公布・施行）により改正された経緯がある）。

　その結果、婚姻後200日を経過した後か婚姻解消若しくは婚姻取消しの日から300日以内に生まれた子が「推定をうける嫡出子」となり、婚姻後200日以内に生まれた子は嫡出子ではあるが推定を受けず、「推定されない嫡出子」となる。推定されない嫡出子の場合は、その父子関係を争う場合には嫡出否認の訴えではなく、親子関係不存在確認の訴えになるとともに、妻は嫡出子ではない旨の出生届ができる（昭和26年6月27日甲1332号民事局長回答）。

2 令和4年改正の内容

令和4年改正は、以下のとおりである。

> （再婚禁止期間）
> 第733条　削除
> 　　（嫡出の推定）
> 第772条　妻が婚姻中に懐胎した子は、当該婚姻における夫の子と推定する。女が婚姻前に懐胎した子であって、婚姻が成立した後に生まれたものも、同様とする。
> 2　前項の場合において、婚姻の成立の日から200日以内に生まれた子は、婚姻前に懐胎したものと推定し、婚姻の成立の日から200日を経過した後又は婚姻の解消若しくは取消しの日から300日以内に生まれた子は、婚姻中に懐胎したものと推定する。
> 3　第1項の場合において、女が子を懐胎した時から子の出生の時までの間に2以上の婚姻をしたときは、その子は、その出生の直近の婚姻における夫の子と推定する。
> 4　前3項の規定により父が定められた子について、第774条の規定により、その父の嫡出であることが否認された場合における前項の規定の適用については、同項中「直近の婚姻」とあるのは、「直近の婚姻（第774条の規定により子がその嫡出であることが否認された夫との間の婚姻を除く。）」とする。
> 　　（父を定めることを目的とする訴え）
> 第773条　第732条の規定に違反して婚姻をした女が出産した場合において、前条の規定によりその子の父を定めることができないときは、裁判所が、これを定める。

(1)　婚姻後に生まれた子は婚姻前の懐胎であっても当時婚姻していた夫の子と推定し、従来推定されなかった婚姻の成立の日から200日以内に生まれた子も婚姻前に懐胎した子と推定したうえで、嫡出推定を及ぼした。

　これは、婚姻成立の日より200日以内に生まれた子も圧倒的に嫡出子と

しての届出がなされていること、近年のいわゆる「授かり婚」が増加傾向で生物学的にも200日以内であっても父子関係がある蓋然性が高いことなどを考慮した改正である。

(2)　婚姻の解消・取消しの日から300日以内に生まれた子は、婚姻中に懐胎したものとの推定を残した。これは、もともと婚姻中懐胎の可能性があることを考慮して定められた規定であったが、令和4年改正時においても、婚姻中に夫の子を懐胎し、子の出生前に協議離婚に至りその後に子を出生するといった事案も一定数存在することが考慮されている（佐藤隆幸編著『一問一答　令和4年民法等改正　親子法則の見直し』商事法務（2024年）25頁）。

　　　なお、改正前は、平成19年5月17日付け法務省民一第1007号民事局長通達で、離婚をした日から300日以内に生まれた子であっても医師の証明書により婚姻中に懐胎したものでないことを確認することができる場合には前夫の子ではない旨の出生届を受理するというのが戸籍実務であったが、令和4年改正でもその扱いは維持される（前掲・佐藤編著27頁）。

(3)　民法772条3項の規定は、懐胎から出生までの間に複数の婚姻がある場合の規定であり、その場合には、直近の婚姻の夫を父と推定するので、再婚前に生まれた場合は前夫が父、再婚後に生まれた場合は再婚後の夫が父と定まることとなった。

　　　1項の改正により、女が前婚の婚姻中に懐胎して前婚を離婚、再婚後に出生した場合は、前婚婚姻中懐胎であるため1項前段で嫡出が推定され、再婚後出産のため1項後段でも嫡出が推定されるという二重推定の事態が生じる。そこで、その事態を整理するとともに、さらに、再婚後の夫として届出がなされているという実態を考慮し、直近の夫をもって推定した。

　　　そして、さらに、この改正は、無戸籍児発生の要因として、前夫の子と推定されることが子の出生届を抑制させる要因とされていたことも同時に回避する意味がある。

(4)　4項は、3項で定められた嫡出推定が否認された場合には、前夫の子と推定するというものである（推定がなくなるわけではない）。

(5)　なお、これら規定の新設の結果、嫡出推定の重複が生じて父が定まらな

Ⅲ　嫡出推定規定

い事態は発生しないこととなり、嫡出推定の重複を避けるための従前の民法733条の女の再婚禁止期間の規定の意味がなくなったため削除となった。また、その関係で、女の再婚禁止期間違反のための父を定める訴え（民法773条）も制度の存在意義がなくなるため本来は削除されるべきであるが、民法732条の重婚規定違反の場合には父を定める訴えの必要性が残っているため（従来は重婚規定違反について民法773条を類推適用していた）、重婚規定違反の場合の対応として民法773条を改正して残した。

第1編　第11章　親子（実子編）

嫡出否認の訴え

1 改正前の嫡出否認制度の概要

　令和4年改正前の嫡出子の嫡出推定の否認は、①夫のみ（改正前民法774条）、②その否認の方法は嫡出否認の訴えと限定され（改正前民法775条）、③出訴期間は、夫が子の出生を知った時から1年（改正前民法777条）とされていた。
　出訴権者が夫に限定され、かつ、出訴期間が1年に限定されているのは嫡出否認は、夫婦の平穏が害され、子の利益に反する事態が生じる場合が多く、早期の父子関係の確定の要請からとされてきた。

2 令和4年改正の内容

　令和4年改正の内容は、以下のとおりである。

(1) **出訴権者の拡大**

　出訴権者を①父（相手方は子又は親権を行う母）のほか、②子（相手方は父）、③母（相手方は父）、④子の懐胎の時から出生の時までの間に母に2以上の婚姻がある場合で直近の婚姻の夫が父と推定された場合における前夫（相手方は父及び子又は親権を行う母）に拡大し、拡大に伴う相手となる被告適格も明確にした（民法775条1項）。
　子は、父子関係の一方当事者として利害があることは明らかであり、また、母も、子の親として子を養育する立場であり子の父が誰であるかを最もよく知り、また、固有の利益もあることから、子とともに嫡出否認の出訴権を認めた。また、この出訴権者の拡大は、無戸籍者問題の解消にも資すると

されている。さらに、民法772条の嫡出推定規定の改正から、女が子を懐胎した時から子の出生の時までの間に2以上の婚姻をした場合には、その子の出生の直近の婚姻の夫の子と推定することとしたことに伴い、前夫も出訴権者とした。

(2) 出訴期間の伸長

　出訴期間も、1年から3年（父及び前夫は子の出生を知った時、母及び子は子の出生の時が起算点）に伸長した（民法777条）。

　出訴権の期間は、1年間という期間が短すぎるという批判がある一方、子の身分関係の早期の安定という観点も重要であること、子の認知・記憶機能が4歳前後に大きく発達、5歳頃には出来事が長期にわたって記憶に残ることによる子への影響（前掲・佐藤編著57頁など）、諸外国では1年より長いことが多いこと等の理由から3年に伸長された。

　なお、嫡出否認の出訴期間については、民法772条3項の嫡出推定に関する前夫からの否認訴訟によって後の夫の嫡出推定が否認された場合の前夫と子の嫡出否認の出訴権に関しては、前の否認裁判確定日を知った日から1年とされ（民法778条）、子の出訴権については、父との同居期間が3年を下回るときには父の利益を害しない限り21歳に達するまで否認訴訟が提起できる（民法778条の2第2項）という特則がある。

(3) 嫡出の承認の拡大

　また、改正前においても、父が嫡出を承認したときは、否認権が失われた（改正前民法776条）が、令和4年改正においても、父の嫡出の承認による否認権喪失は維持されるとともに、母の嫡出の承認による否認権喪失も明記された（改正民法776条）。ただし、子の承認による否認権喪失はない。承認の内容は、積極的意図をもった承認の意思表示がなくとも否認権消滅の効果を招来させるとの消極的擬制でよいとするのが通説である。

(4) 嫡出否認成立の場合の規律

　令和4年改正は、嫡出否認が成立した場合の規律の規定を設けた。父子関

係が否認されても子は父であったものに対し子の監護費用の償還義務を負わない（民法778条の３）。民法772条により新たに父となった者が既に死亡して被相続人となっている場合で既に他の共同相続人が遺産を処分していたときは、子は価格賠償請求の方法により遺産分割請求を行う（民法778条の４）。

3 令和４年改正の適用範囲の特則

　令和４年改正の適用時期は、原則として施行後（令和６年４月１日）であるが、子の否認権及び母の否認権の規定は、施行日前の子にも適用されるものとしつつ、子及び母は、施行日（令和６年４月１日）から１年を経過するまでは嫡出否認の訴え提起ができるという特則がある（民法等の一部を改正する法律（令和４年法律102号）附則４条２項）ので注意を要する。これは、出訴権者拡大の立法趣旨の１つである無戸籍児解消を考慮しての遡及適用であるとともに、身分関係の安定という観点で１年に限定したものである。

「772条の推定を受けない子」(推定の及ばない子)の概念——嫡出推定の範囲と親子関係不存在訴訟の関係

　これまでみてきたとおり、民法の嫡出推定は画一的な父子関係の早期の確定が家庭の平穏・子の利益保護になるとの考えに立脚しており、嫡出否認の訴えも令和4年改正前は、父のみが否認でき、その期間は1年と短かった。他方、最高裁判所は、従来から、「772条の推定を受けない子」なる概念を使って一定の嫡出推定を受けない範囲を認め、その場合には、嫡出否認の訴えが出訴期間経過後のために提訴できない場合に提起された親子関係不存在確認の訴えを許容してきた(772条の推定を受けない子に該当するとした判例として①最判昭和44・5・29民集23巻6号1064頁〔27000814〕、②最判平成10・8・31裁判集民189号497頁〔28032540〕、該当しないとした判例として③最判平成12・3・14裁判集民197号375頁〔28050541〕、④最判平成26・7・17民集68巻6号547頁〔28223056〕)。

　問題は、その例外(推定の及ばない子)の基準であるが、最高裁判所は、一貫して「外観説」の立場に立つと判断される。学説的には、自然的血縁関係を重視する血縁説がある。外観説は、夫の失踪、出征、在監、外国滞在、夫婦が事実上の離婚状態で別居し全く交渉を絶っている場合など外観上父子関係があり得ない場合に限定する立場である。①の判例は、夫婦関係が別居・交渉途絶事案、②の判例が出征事案であった。③の判例は、「夫と妻との婚姻関係が終了してその家庭が崩壊しているとの事情があっても、子の身分関係の法的安定を保持する必要が当然になくなるものではないから、右の事情が存在することの一事をもって……親子関係不存在の確認訴え……を争うことはできない」としつつ、「懐胎すべき時期に、既に夫婦が事実上の離婚をして夫婦の実態が失われ、又は遠隔地に居住して、夫婦間の性的関係を持つ機会がなかったことが明らかであるなどの事情が存在する場合には、……民法772条の推定を受けない嫡出子に当たる」と判示する。

そして、この最高裁判所の立場は、近時のＤＮＡが発達し生物学的に父子関係が認められない科学的証拠がある事案においても維持されており、その判断が④の判例である。すなわち、最高裁判所は、「夫と子の間に生物学上の父子関係が認められないことが科学的証拠により明らかであり、かつ、子が現時点において夫の下で監護されておらず、妻及び生物学上の父の下で順調に成長しているという事情があっても、子の身分関係の法的安定を保持する必要が当然になくなるものではないから、上記の事情が存在するからといって、同条による嫡出の推定が及ばなくなるものとはいえず」としてＤＮＡ鑑定のみで当然に嫡出否認の訴えではなく親子関係不存在の訴えができるわけではないことを明示する一方、その後で「従前の最高裁判所の立場である懐胎すべき時期に、既に夫婦が事実上の離婚をして夫婦の実態が失われ、又は遠隔地に居住して夫婦間の性的関係を持つ機会がなかったことが明らかであるなど事情が存在する場合には、民法772条の推定を受けない嫡出子にあたる」との立場に言及し、これまでの立場を維持することを明確にした（ただし、④の判決は、結論に賛成意見３対反対意見２の判断であり、多数意見のうち２名が補足意見を述べるなど激しい議論があったことが推測される事案であり、今後、最高裁判所に再びＤＮＡ事案が係属した場合には従前の立場を維持するかは不透明な部分があるといえる）。

なお、令和４年改正は、この「推定の及ばない子」に関し何ら言及しておらず、従前の判例の考えが維持されていると思料される。したがって、推定の及ばない子とみられる事案では、親子関係不存在確認の訴えが適法となる。

VI 認知

VI 認 知

1 令和4年改正前の認知制度の概要

　認知は、婚姻外に生まれた子、すなわち、嫡出でない子を血縁上の父母が自己の子であると認めることにより血縁上の親子を法律上の親子とする行為であり、任意認知と呼ばれる[1]。

　条文上は父及び母となっているが（民法779条）、母は母子関係が分娩の事実によって当然に発生する（最判昭和37・4・27民集16巻7号1247頁〔27002141〕、昭和54年3月23日「原則として」との判示があるが、例外に関する判例はない）との立場が通説であり、専ら認知は、父子についてのみ認知が観念できるとされてきた。

　父による認知により、親子関係が嫡出でない子との間に父子関係が発生、その効力は子の出生時に遡及する（民法784条）。認知は、認知をする父が未成年者であっても、また、成年被後見人であっても、法定代理人の同意なくできる（民法780条）。子が成年のときには、その子の同意が必要である（民法782条）。また、子がまだ胎児のときは母の同意が必要である（民法783条1項）。子が既に死亡しているときは、その子に直系卑属があるときに限り認知ができ、その直系卑属が成年になったときは、その直系卑属の同意が必要である（民法783条3項）。

　認知は、身分関係に重大な影響があることを踏まえ、戸籍法の定めるところにより届け出ることが必要である（民法781条1項）。遺言によっても認知することができる（民法781条2項）が、遺言執行者は戸籍法64条の定めるところにより就任後10日以内に届出をする必要がある。

1　二宮周平編『新注釈民法(17)』有斐閣（2017年）597頁。

一度認知すると、取消しができない（民法785条）。ただし、父子関係が生物学上の父子関係に反する場合には認知無効の訴えで父子関係を否定することになる。

父が認知をしない場合でも、子、その直系卑属（及びこれらの法定代理人）は、認知の訴えを提起できる（民法787条本文）。父の意向に関係なく認知を求めるため、強制認知といわれる。仮に父が死亡していた場合でも、父の死亡から3年間は強制認知の訴訟が提起できる（民法787条ただし書）。

認知無効の主張及びその訴えについては、子その他の利害関係人は、認知に対して反対の事実を主張することができるとのみ規定し（民法786条）、子及び利害関係人は認知に対する反対の事実（生物学的に父子関係の血縁関係がないこと、不実認知）の主張を期間制限なくできるとされている。また、この子その他の利害関係人には、認知者も含まれるとされてきた。

出訴期間制限がない点は嫡出否認訴訟の出訴制限があることとのバランスがとれない、認知者も認知無効の訴えが提起できるという点は血縁上父子関係がないことを知りながら認知した場合まで認知無効の訴えができるのはおかしい、父子関係が不安定ではないかとの批判があった。しかし、最高裁判所は、「利害関係人による無効の主張が認められる以上……、認知を受けた子の保護の観点からみても、あえて認知者自身による無効の主張を一律に制限すべき理由に乏しく、具体的な事案に応じてその必要がある場合には、権利濫用の法理などによりこの主張を制限することも可能である」と判示し（最判平成26・1・14民集68巻1号1頁〔28220184〕）、現行規定を許容するとともに、父として血縁関係がないことを知って認知した場合も認知無効の訴えが提起できることも許容していた。

2 令和4年改正の内容

認知無効の訴えを中心に改正がなされた。

(1) 認知無効の訴えの出訴期間

改正民法は、提訴期限をもうけ、①子及びその法定代理人は認知の事実を

知ったときから、②認知者は認知したときから、③子の母は認知を知ったときから、7年間とした（民法786条1項）。ただし、子は、7年間の制限はなく認知者との同居期間が3年を下回るときは21歳に達するまで認知無効の訴えが提起できる。

なお、認知無効の訴えの法的性格は、認知無効を宣言する判決が確定して初めて認知無効の効力が発生する形成無効説とされている（したがって、前提で問題として認知無効を主張することができない）。

(2) **認知無効の訴えの対象**

認知無効の訴えを提起できる理由となるのは、改正前後いずれにおいても、認知について反対の事実があること（不実認知）である。したがって、それ以外の無効原因、例えば認知者の認知能力欠如、認知者に認知意思がない、届出がないのに過誤による戸籍上の認知の記載がされた場合、遺言認知で遺言方式が誤っている場合等は、民法786条の適用対象外とみられ、改正前と同様に今後の解釈に委ねられることになる。

親子関係に関する諸問題

1 序　論

　民法は、男女が婚姻し、女である妻が男である夫の子を懐妊し、分娩・出産して子を産み、その子をもって嫡出子とすることを前提としている。ところが、近年は①科学技術の進歩により生殖補助医療が著しく発展したことによる問題の発生、②婚姻関係は男女を前提としているが、性同一性障害者による性別変更による特有の問題が発生しており、法律面でも、①については、生殖補助医療の提供等及びこれにより出生した子の親子関係に関する民法の特例に関する法律（以下、「生殖補助医療法」という）（令和3年12月11日施行）が成立しており、②については、性同一性障害者の性別の取扱いの特例に関する法律（平成15年法律111号・平成15年7月10日成立・平成16年7月16日施行）（以下、「性別変更特例法」という）が成立している。
　これらに対応し、近時、最高裁判所により重要な判断がなされているので、必要な範囲で以下説明する。

2 生殖医療の発達

(1) 生殖補助医療法の概要

　生殖補助医療法は、同法における「生殖医療」について同法2条1項で「『生殖補助医療』とは、人工授精又は体外受精若しくは体外受精胚移植を用いた医療をいう」と定義している。同条2項において「人工授精」を男性から提供され処置された精子を女性の生殖器に注入すること、「体外受精」を女性の卵巣から採取され処置された未受精卵を男性から提供され処置された精子により受精させること、「体外受精胚移植」を「体外受精により生じた

胚を女性の子宮に移植すること」と定義している。

そのうえで、民法の特例規定をもうけ、同法9条において、「女性が自己以外の女性の卵子（その卵子に由来する胚を含む。）を用いた生殖補助医療により子を懐胎し、出産したときは、その出産をした女性をその子の母とする」と規定し、他の女性からの卵子提供の規定を、同法旧10条において、「妻が、夫の同意を得て、夫以外の男性の精子（その精子に由来する胚を含む。）を用いた生殖補助医療により懐胎した子については、夫は、民法774条〔嫡出の否認〕の規定にかかわらず、その子が嫡出であることを否認することができない」と規定し、他の男性からの精子提供を受けた場合を規定している。この規定からして、逆に夫の同意を得ていない場合には、嫡出否認ができるということになる。

なお、令和4年改正により、同法10条の嫡出否認の範囲が「夫」から「夫、子又は妻」に拡大した。

しかし、この生殖補助医療法が対象とする「生殖補助医療」は、第三者提供の卵子・精子・胚を用いた生殖補助医療により生まれた子の親子関係を定めているにもかかわらず、以下で述べる「代理出産」についての明確な規定はない。また、夫が精子を提供した場合に、「夫の存命」が要件となるかも規定がない。いずれの問題も、法規制はない状態といえる。

(2) 代理出産（代理懐胎）問題

妻以外の女性に懐胎・出産してもらう内容の生殖補助医療をいい、不妊夫婦の精子と卵子を体外受精させてその受精卵・胚を妻以外の女性に移植する「ホストマザー」と、妻以外の女性に夫の精子を人工授精して行われる「サロゲートマザー」があり、体外受精型といわれる「子どもをもちたいカップルの男性の精子と女性の卵子を体外受精し代理懐胎者に胚移植する」（この場合は子と男性・女性とも遺伝的につながっている）場合と人工授精型といわれる「男性の精子を代理懐胎者に人工授精する」（この場合は男性と代理懐胎者とは遺伝的につながる）場合があるとされている[2]。

2　澤田省三『揺れる家族法―論点と改革の動向』テイハン（2022年）100頁以下。

第1編　第11章　親子（実子編）

　この問題に関しては、判例としてタレントのX夫妻事件に関する最決平成19・3・23民集61巻2号619頁〔28130826〕が著名である。事案は、X夫妻が米国ネバダ州にて体外受精方式で代理出産契約を締結して双子を出産してもらい、同州の判決による出産証明書をもって東京都Y区に出産届を提出したが、「分娩」の事実がないとして受理しないとしたため、Xが東京家裁に受理を命ずる申立てをしたというものであり、論点的には、①ネバダ州の出生を認める判決が我が国において効力を有するために必要な民事訴訟法118条3号の「日本における公の秩序又は善良の風俗に反しない」といえるか否か、②代理出産が民法の出産といえるかであった。

　一審の東京家裁はXの申立てを却下したが、抗告審の東京高裁は逆転で出生届としての効力を認めるとともにネバダ州の判決は公序良俗に反しないとしたが、Y区側が許可抗告したものである。最高裁判所決定は、詳細な判断をし、「我が国の民法上、母とその嫡出子との間の母子関係の成立について直接明記した規定はないが、民法は、懐胎し出産した女性が出生した子の母であり、母子関係は懐胎、出産という客観的な事実により当然に成立することを前提とした規定を設けている（民法772条1項参照）。また、母とその非嫡出子との間の母子関係についても、同様に、母子関係は出産という客観的な事実により当然に成立すると解されてきた」（最判昭和37・4・27民集16巻7号1247頁〔27002141〕）。「民法の実親子に関する現行法制は、血縁上の親子関係を基礎に置くものであるが、民法が、出産という事実により当然に法的な母子関係が成立しているものとしているのは、その制定当時においては懐胎し出産した女性は遺伝的にも例外なく出生した子とのつながりがあるという事情が存在し、その上で出産という客観的かつ外形上明らかな事実をとらえて母子関係の成立を認めることにしたものであり、かつ、出産と同時に出生した子と子を出産した女性との間に母子関係を早期に一義的に確定させることが子の福祉にかなうということもその理由となっているものと解される」との前提を述べたうえで、「<u>民法の母子関係の成立に関する定めや上記判例は、民法の制定時期や判決の言渡しの時期からみると、女性が自らの卵子により懐胎し出産することが当然の前提となっていることが明らかであるが</u>、……〔生殖補助医療によって可能となった〕子を懐胎し出産した女性

とその子に係る卵子を提供した女性とが異なる場合についても、現行民法の解釈として、出生した子とその子を懐胎し出産した女性との間に出産により当然に母子関係が成立することとなるのかが問題となる。……検討すると、民法には、出生した子を懐胎、出産していない女性をもってその子の母とすべき趣旨をうかがわせる規定は見当たらず、このような場合における法律関係を定める規定がないことは、同法制定当時そのような事態が想定されなかったことによるものであるが、前記のとおり、実親子関係が公益及び子の福祉に深くかかわるものであり、一義的に明確な基準によって一律に決せられるべきであることにかんがみると、現行民法の解釈としては、出生した……子を懐胎、出産していない女性との間には、その女性が卵子を提供した場合であっても、母子関係の成立を認めることはできない」と判示した（ネバダ州の判決の効力の点は、我が国身分法の基本原則に反するといわざるを得ず、民事訴訟法118条3号の公序に反するとして効力を否定した）。全員一致の意見であったが、3名の裁判官の補足意見がある。

ただし、上記最高裁決定は、最終的に「現実に代理出産という民法の想定していない事態が生じており、……代理出産については法制度としてどう取り扱うかが改めて検討されるべき状況にある。……医学的な観点からの問題、関係者間に生じることが予想される問題、生まれてくる子の福祉などの諸問題につき、遺伝的なつながりのある子を持ちたいとする真しな希望及び他の女性に出産を依頼することについての社会一般の倫理的感情を踏まえて、医療法制、親子法制の両面にわたる検討が必要になると考えられ、立法による速やかな対応が強く望まれるところである」との言及もなされている。

なお、我が国の医学会であるが、日本産婦人科学会は、「代理懐胎に関する見解」（2003年4月）において代理懐胎を禁止している。上記最高裁決定は、立法的な措置を強く求めていたが、その後制定された生殖補助医療法においても明確な規定はない。

この代理出産問題は、実社会では法規制がないという立場（故に違法ではないという立場）から代理出産による出産の場合に「特別養子縁組」を利用するという実態が見られるとともに、子の立場に立てば「出自を知る権利」という重大な問題を含んでおり、早急な立法的対応が必要な分野といえる。

(3) 父死亡後の人工生殖により懐胎出産した子の親子関係

事案は、保存された男性の精子を用いて当該男性の死亡後に行われた人工生殖により女性Xが懐胎・出産した子Aについて、検察官を被告として強制認知の訴えを提起したものであり、最判平成18・9・4民集60巻7号2563頁〔28111906〕は、「上記法制〔現行法制〕は、少なくとも死後懐胎子と死亡した父との間の親子関係を想定していないことは、明らかである。すなわち、死後懐胎子については、その父は懐胎前に死亡しているため、親権に関しては、父が死後懐胎子の親権者になり得る余地はなく、扶養等に関しては、死後懐胎子が父から監護、養育、扶養を受けることはあり得ず、相続に関しては、死後懐胎子は父の相続人になり得ない……そうすると、……本来的には、死亡した者の保存精子を用いる人工生殖に関する生命倫理、生まれてくる子の福祉、親子関係や親族関係を形成されることになる関係者の意識、更にはこれらに関する社会一般の考え方等多角的な観点からの検討を行った上、親子関係を認めるか否か、認めるとした場合の要件や効果を定める<u>立法によって解決されるべき問題である</u>といわなければならず、そのような立法がない以上、死後懐胎子と死亡した父との間の法律上の親子関係の形成は認められないというべき」と判示して、親子関係の形成を否定し、死後認知を否定した。

最高裁判所が求めた立法はいまだ制定されていない。

3 性同一性障害者と親子関係（嫡出推定）の問題

性同一性障害を理由とする性別変更をした者の婚姻後、相手方が別の男性の精子で子を出産した場合において、その子は嫡出子としての推定を受けられるのかという問題である。

(1) **性別変更特例法の概要**

<u>性同一性障害者について、「生物学的には性別が明らかであるにもかかわらず、心理的にはそれとは別の性別（以下「他の性別」という。）であるとの持続的な確信を持ち、かつ、自己を身体的及び社会的に他の性別に適合さ</u>

せようとする意思を有する者であって、そのことについてその診断を的確に行うために必要な知識及び経験を有する2人以上の医師の一般に認められている医学的知見に基づき行う診断が一致しているもの」と定義をする（同法2条）。

そのうえで、家庭裁判所による性別の取扱いを変更する審判を必要とし、その要件として、①18歳以上、②婚姻していないこと、③現に未成年の子がいないこと、④生殖腺がないこと又は生殖腺の機能を永続的に欠く状態にあること（ただし、この要件は、最大決令和5・10・25民集77巻7号1792頁〔28313164〕は違憲とした）、⑤その身体について他の性別に係る身体の性器に係る部分に近似する外観を備えること、⑥医師の診断書の提出が必要である（同法3条）。

性別の取扱いの変更を受けた審判を受けた者は、民法その他の法令の規定の適用については、「他の性別」に変わったものとみなす（同法4条1項）。

(2) **性同一性障害者と嫡出子に関する判例**

もともと女性であったXが性同一性障害者であったことから男性への性別変更の審判が認められ、その旨戸籍の身分事項欄に記載された後、女性Yと婚姻し、YはX以外の男性の精子の提供を受けて人工授精をして懐妊してAを出産した。X・Yは、Z区に対しAを嫡出子として出生届を提出したが、Z区長は、民法772条による嫡出推定を受けないものとの前提で「嫡出子でない子」として扱い、Aの父欄を空欄とした。これに対し、X・YがAの父欄にXを記載すべきとして東京家裁に審判申立てをした事案である。これに対し、東京家裁及びその抗告審である東京高裁も、夫が性別変更特例法に基づき男性への性別の取扱いの変更の審判を受けた者であって当該夫と子との間の血縁関係が存在しないことが明らかな場合、民法772条の適用の前提条件として子との間の血縁関係の存在を欠くことを理由に申立てを斥けた。これに対し、最決平成25・12・10民集67巻9号1847頁〔28214169〕は、性別の取扱いの変更の審判を受けた者については、妻との性的関係によって子をもうけることはおよそ想定できないものの、一方でそのような者が婚姻することを認めながら、他方で、その主要な効果である同条による嫡出の推定につ

いての規定を、妻との性的関係の結果もうけた子であり得ないことを理由に認めないとすることは相当でないというべきであるとしてAをXの嫡出子とする届出を認めた（この決定も、2裁判官による反対意見がある）。

4 まとめ

　本項目で取り上げた代理出産、死後懐胎子、性同一性障害者の性別変更後に別の男性の精子により出産した子の嫡出推定とも、特段の立法的解決はされていないといえる。このように親子に関する重要な問題に関し立法的解決がなされない状況下で、最高裁判所に持ち込まれた困難な事案に担当裁判官の意見が割れることが多い。速やかに国会における議論と立法的な解決が急がれる分野の1つとなっているといえる。

Ⅷ 実親子関係の手続面の整理

1 令和4年改正前の事案の訴訟の種類

　①嫡出推定を受ける嫡出子の親子関係を争うには、嫡出否認の訴え（出訴者父、期間1年）、②推定を受けない嫡出子（婚姻後200日以内の子）の親子関係を争うには、親子関係不存在確認の訴え、③推定の及ばない嫡出子（外観説）の親子関係を争うには、親子関係不存在確認の訴え、④非嫡出子の親子関係を争うには、親子関係不存在確認の訴え、⑤再婚禁止期間違反婚姻及び重婚規定違反婚姻の場合の重複の嫡出推定の子の推定を定めるためには、父を定める訴え（期間は無制限）、⑥任意認知の認知無効は、理由は不実認知に限られ、認知無効の訴え（期間は無制限）、⑦強制認知の無効は、再審請求、という形になる。

2 令和4年改正後の事案の訴訟の種類

　①嫡出推定を受ける嫡出子の親子関係を争うには、嫡出否認の訴え（出訴者父、子及び母、期間3年）（ただし、子及び母は1年に限り改正前に出生した子も否認訴訟提起ができる）、②推定を受けない嫡出子（婚姻後200日以内の子）の親子関係を争うには、親子関係不存在確認の訴え、③推定の及ばない嫡出子（外観説）の親子関係を争うには、親子関係不存在確認の訴え、④非嫡出子の親子関係を争うには、親子関係不存在確認の訴え、⑤重婚規定違反婚姻の場合の重複の嫡出推定の子の推定を定めるためには、父を定める訴え（期間は無制限）、⑥任意認知の認知無効は、理由は不実認知に限られ、認知無効の訴え（期間は原則7年）、⑦強制認知の無効は再審請求、という形となる。

3 実際の手続

　実際に親子関係の事案を受任した場合には、まずは、家事調停の申立てを検討することとなる。これは、家事事件手続法が調停前置主義をとっているためである（家事事件手続法257条1項）。いきなり提訴をしても、職権で調停に付される（同条2項）。ただし、父が死亡している場合の認知となる強制認知は、訴訟提起となる（被告は検察官）。

　調停においては、例えば離婚は当事者間の合意で調停成立が可能であるが、当事者の合意のみでは調停成立ができない調停事案があり、親子関係に関する調停はその分類に属する。例えば、認知に関する調停は当事者間に争いがなくともDNA鑑定など必要と思われる調査を実施した後、家庭裁判所が合意に代わる審判をすることで解決する（同法277条）。審判であるから、不服があれば異議申立てができる。

　調停が不調となった場合は、訴訟提起を検討することになる。

　身分訴訟の当事者死亡の扱いを概観すると、嫡出否認の訴え（その他離婚、離縁も）の被告が死亡した場合、訴訟事件は当然終了とされていた（改正前人事訴訟法27条2項）。令和4年改正で嫡出否認の訴えの出訴権者が父以外の子及び母もできることになったが、子か母が嫡出否認の訴えを提起した後に被告である父が死亡した場合、改正前人事訴訟法27条2項の規定のままでは当然終了となるため（相続関係を中心として子又は母からは父死亡後も嫡出否認をする意味はある）、「父を被告とする場合を除く」との規定を挿入し、当然終了から除外し、検察官が訴訟を承継することとした（改正人事訴訟法27条2項）。

　また、認知無効の訴えの場合、①認知者（父）が死亡した場合、②子が死亡した場合も相続関係を中心として問題が発生するため、次のような規定を設けている。まず、①認知者が死亡した場合で、認知無効の訴えを提起する前（子が出生する前も含む）に死亡した場合には、その子のために相続権が害される者及びその他認知をした者の三親等内の血族は認知者の死亡から1年以内は認知無効の訴えが提起でき、認知無効の訴えを提起した後に死亡した場合は認知者が死亡した日から6か月以内であれば訴訟を承継できること

となった（改正人事訴訟法43条1項）。次に、②子が死亡した場合も、①と同様に、子の直系卑属及びその法定代理人は、認知無効の訴え提起前の死亡であれば、死亡から1年以内の認知無効の訴えの提起を、認知無効提訴後の死亡の場合は、訴えの提起から6か月以内であれば訴訟を承継できるとした。母の死亡の場合は規定を設けていないので、上記対応はない。

4 証拠収集

　親子関係の紛争の重要証拠は、DNA鑑定であることは間違いない。しかし、常に最初からDNA鑑定があるわけではない。調停申立ての段階で双方合意のうえでDNA鑑定がとれていないことの方が多いと判断される。したがって、相談を受け諸々の手続の段階では、事実関係の聴取及びその裏付けの資料収集の重要性は他の事件と変わらない。

　実際、親子関係の訴訟となれば、その立証責任は、提訴者が負うことになるが、民法772条の嫡出推定（法律上の推定）のほか、判例は、内縁成立200日以後で内縁解消後300日以内に出生した子の場合は内縁の夫の子との事実上の推定をしており（最判昭和29・1・21民集8巻1号87頁〔27003229〕）、内縁関係等の事実関係の聞き取り及びそれを裏付ける資料収集は重要となる。

参考文献
・安達敏男＝吉川樹士＝石橋千明『民法改正で変わる！親子法実務ガイドブック』日本加除出版（2023年）
・佐藤隆幸編著『一問一答　令和4年民法等改正　親子法制の見直し』商事法務（2024年）
・澤田省三『揺れる家族法——論点と改革の動向』テイハン（2022年）

第12章

扶養

第1編　第12章　扶　養

 序　論

1　はじめに

　扶養法に関する事件は、実務上それほど多く接するわけではなく、また請求額が少額となる場合が多いゆえ弁護士が扱う事件にもなりにくい。審判例も多いとはいえない。

　しかし、扶養法は、昨今のひきこもり問題、介護問題に密接に関連している。例えば、親がひきこもりの子の面倒をいつまでみなければいけないのか、老親の介護を他の兄弟に分担してもらいたいがどうすればよいか等の相談はこれからますます増加していくものと思われる。そして扶養法が問題となる場合、裕福ではない親族間の中での経済的負担の押し付け合いというシビアな争いになりやすく[1]、自治体の無料法律相談等で聞かれることは多い。他方、扶養法に関しては、他の分野と比較し、実務家向けの書籍はあまり出されていない。それゆえ、若手弁護士にとって、扶養法に関する知識をある程度もっておくことは非常に有益ではないかと考え、本項を示すものである。

2　扶養法の歴史的変遷

　明治民法では家制度的扶養観のもとで扶養順位等を詳細に規定すべく954条から963条まで10条を置いていた。しかし、現行民法においては、877条から881条までの5条にまとめられ、扶養の順位の決定を当事者の協議又は家庭裁判所の審判に委ね、扶養の程度又は方法についても同様とされた。つま

1　内田貴『民法Ⅳ　親族・相続〈補訂版〉』東京大学出版会（2024年）292頁。

り、扶養の要件は一般条項化され、扶養の問題は家庭裁判所で決めるほかなく、扶養請求権の権利性は希薄になっている[2]。

3 公的扶養と私的扶養の関係

(1) 私的扶養優先の原則

扶養の問題を検討するに当たり、公的扶養との関係が問題となる。例えば親、兄弟等の扶養義務者がいる場合に生活保護を受けることはできないのであろうか。

生活保護法4条1項は、生活に困窮する者が「その他あらゆるもの」を活用することが保護の要件となり、同条2項は、民法その他の扶助が、生活保護法による保護に優先して行われることを規定している（保護の補足性）。

この条項の解釈につき、行政実務では、実際に扶養義務者からの金銭的扶養が行われた場合に、これを被保護者の収入として取り扱うこと等を意味するものであり、扶養義務者による扶養の可否を保護の要件としているわけではないが、扶養義務者に扶養能力があり、かつ扶養する意思が明らかな場合は扶養請求権の行使によって、扶養権利者の資産となり得るので扶養請求権の行使が保護の要件と位置付けられるとしている[3]。

(2) 扶養義務者が存在する場合の手続

上記からすると、扶養義務者の存在により生活保護の申請が却下されるわけではない。もっとも生活保護の申請があった場合、保護の実施機関は、申請者の申告及び戸籍謄本等により扶養義務者の存否を確認し、存在が確認された扶養義務者につき、要保護者からの聞き取り等により扶養の可能性の調査を行う。この結果、扶養義務の履行が期待できる扶養義務者に対しては、当該扶養義務者に照会がなされる。他方、扶養義務の履行が期待できない者に対しては照会を行わなくとも差し支えないとされている[4,5]。

また、上記照会とは別に、保護の実施機関は、扶養義務者が民法の規定に

---

2 大村敦志『家族法〈第3版〉』有斐閣（2010年）255頁。
3 『生活保護手帳別冊問答集〈2023年度版〉』中央法規出版（2023年）141頁以下。

よる扶養義務を履行していないと認められる場合、保護の開始決定をしようとするときは、扶養義務者に通知しなければならない（生活保護法24条8項）。この通知は扶養義務者に対して同法28条による報告を求めることや、同法77条により家庭裁判所を活用した費用徴収があり得ることからなされるものである[6]。

(3) 扶養義務者が扶養を行わずに要扶養者が公的扶養を受けた場合

十分な扶養能力があるにもかかわらず、正当な理由なくして扶養を拒んでいる扶養義務者に対しては、生活保護法77条により費用の徴収がなされ得る。もっとも同条による費用徴収はほとんど実施されていないようである[7]。

4 扶養の程度（生活保持義務と生活扶助義務）

扶養義務の性質について、民法上に規定はないが、通説及び実務は夫婦相

---

[4] 手続の詳細は前掲注3・生活保護手帳別冊問答集142頁以下。なお、行政実務は相対的扶養義務者につき、現に扶養を実行している者、扶養の履行を期待できる特別の事情があり、かつ扶養能力があると推測される者についても扶養の照会の対象としている。

[5] 「扶養義務が期待できない者の判断基準の留意点等について」（令和3年2月26日厚生労働省社会・援護局保護課事務連絡）では、①当該扶養義務者が被保護者、社会福祉施設入所者、長期入院患者、主たる生計維持者ではない非稼働者、未成年者、おおむね70歳以上の高齢者、②要保護者の生活歴から特別な事情（借金をしている、相続をめぐり対立している、縁が切れている、10年程度音信不通である）があり明らかに扶養ができない、③当該扶養義務者に対し扶養を求めることにより明らかに要保護者の自立を阻害することになると認められる者（夫の暴力から逃れてきた母子、虐待等の経緯がある者等）が挙げられている。

[6] 生活保護法24条8項による通知は扶養義務者の扶養が明らかに可能であるにもかかわらず扶養を履行していない限定的な場合に行うものとされ、生活保護法77条の規定による費用徴収を行う蓋然性が高いとはいえない場合、保護の開始決定後に明らかに扶養義務を履行することが可能と認められる扶養義務者が判明した場合、明らかに扶養義務を履行することが可能と認められる者が要保護者の相対的扶養義務者であった場合は、同条項による通知は適切ではないとされる（前掲注3・生活保護手帳別冊答集155頁）。

[7] 水野紀子編『社会法制・家族法制における国家の介入』有斐閣（2013年）11頁。本書執筆時点においても、生活保護法77条による費用徴収がなされた例はほとんどないようである。

互の扶養義務と親が未成熟子を扶養する義務は生活保持義務、それ以外の直系血族、兄弟姉妹間及び家庭裁判所の審判により三親等内の親族が負う義務は生活扶助義務として扶養義務を二分する。生活保持義務とは扶養義務者が要扶養者の生活を自己の生活として保持する義務であり、生活扶助義務とは扶養義務者に余力がある限りで生活に困窮する親族を扶養する義務である[8]。

　扶養義務二分説には批判があるが、夫婦は同居義務を負い（民法752条）、未成熟子に対する監護教育の権利義務を負う（民法820条）のであるから夫婦及び未成熟子に対する扶養と他の親族扶養との質的な差を否定することはできないであろう[9]。そこで、両者の間に質的な違いをみる理念を理解し、それを解釈に反映させていくことが有益と思われる[10]。

8　於保不二雄＝中川淳編『新版注釈民法(25)〈改訂版〉』有斐閣（2004年）733頁。
9　中山直子『判例先例親族法―扶養―』日本加除出版（2012年）13頁。
10　前掲注1・内田295頁。

扶養義務の発生から履行まで

1 当事者

　直系血族、兄弟姉妹は当然に扶養義務者とされる（民法877条１項・絶対的扶養義務者）。「特別の事情」があるときは、三親等内の親族にも扶養義務を負わせることができる（民法877条２項・相対的扶養義務者）。なお、上述のとおり夫婦相互間の扶養義務は生活保持義務であるが、夫婦の生計は夫婦間の同居協力義務（民法752条）及び婚姻費用分担義務（民法760条）によるから、民法877条以下の扶養規定には含まれない[11]。

2 扶養義務の発生要件

　民法は扶養義務の発生要件について規定していないが、扶養義務の発生には権利者が扶養必要状態（自分の資力又は労務によって生活を維持することができない状態）にあること及び義務者が扶養可能状態（自分の社会的地位・身分にふさわしい生活を維持しながら扶養義務を履行できる状態）にあることが要件とされている[12]。さらに、直系血族・兄弟姉妹を除く三親等内の親族の場合、上記の扶養必要状態及び扶養可能状態のほかに、「特別の事情」（民法877条２項）が必要である。

3 具体的権利義務の発生

　民法は、扶養の順位、程度及び方法について、いずれも当事者間の協議又

11　前掲注８・於保＝中川編737頁。
12　泉久雄『親族法』有斐閣（1997年）312頁。

は家庭裁判所の審判により定めるとしているので（民法878条、879条）、具体的な権利義務がいつ発生するのかが問題となる。

　この点、扶養要件の具備により具体的な内容をもった権利義務が発生するという説（実体的請求権説）、扶養の権利義務は扶養要件の具備によって発生するが、その内容は協議・調停・審判によって形成されるとする説（内容形成説）、扶養要件の具備のほか当事者間の協議又は家庭裁判所の審判により初めて具体的な扶養の権利義務が形成されるという説（権利形成説）がある。判例は過去の婚姻費用の分担額を審判で決定し得ると判示したもの（最大決昭和40・6・30民集19巻4号1114頁〔27001290〕）、扶養義務者間の求償における分担額の決定は審判事項としたもの（最判昭和42・2・17民集21巻1号133頁〔27001114〕）からすると内容形成説に立っていると理解できる[13]。

4　扶養料の算定方法[14]

(1)　**生活保持義務**

　婚姻費用（ただし子の部分は含まれない）、養育費の算定方法と同様である。

(2)　**生活扶助義務**

　㋐　まず、①最低生活費を算定したうえで、年金収入等の扶養権利者の収入を控除して扶養権利者の不足額を算出する。最低生活費の算定について、生活保護基準に基づく裁判例として、広島高決平成29・3・31判タ1454号86頁〔28253397〕（母に対する扶養につき、3人兄弟のうちの次男が長男、三男に対し、扶養料及び過去の扶養料の求償を求めた例）・東京高決平成28・10・17判タ1446号128頁〔28260138〕（兄弟姉妹間の扶養の事例）、総務省統計局の家計調査報告に基づく裁判例として札幌高決平成26・7・2判タ1417号127頁〔28234276〕（子の母に対する扶養の

13　梶村太市「扶養料支払義務を定めた家事調停調書に対する事情変更を理由とする請求異議の訴の適否」判例タイムズ367号（1978年）149頁。
14　梶村太市＝徳田和幸編著『家事事件手続法〈第3版〉』有斐閣（2016年）392頁。

事例）がある。

　次に、②扶養義務者の基礎収入からその社会的地位にふさわしい生活をするための費用を控除して、扶養権利者の扶養余力を算出する。扶養余力の算定について、人事院勧告の参考資料を基準とした裁判例として広島高決平成29・3・31判タ1454号86頁〔28253397〕、総務省統計局の家計調査年報を基準とした裁判例として、新潟家審平成18・11・15家裁月報59巻9号28頁〔28131977〕がある。

(イ)　上記、①と②の額を比較して低い方の金額が生活扶助義務における扶養料となる。具体的な算定方法は、後記Ⅵで述べる。

5　扶養義務の履行方法

(1)　金銭扶養の原則

　扶養の履行方法として、明治民法では引取扶養が法文上明記されていた。しかし、現行民法では削除され、当事者間の協議又は家庭裁判所によることとなった（民法879条）。現行民法においても引取扶養は可能であるが、扶養義務者とその家族に負担を強いることから、金銭扶養が原則であり、扶養義務者が引取扶養を望み、権利者もこれに同意するような例外的な場合に、引取扶養をなし得るべきと解すべきである[15]。子たる扶養義務者7人が全員老母の引取扶養を嫌う事案で他の者が経済的負担を負うこと条件に引取りを承諾した者に引取扶養を認めた裁判例がある（大阪家審昭和40・3・20家裁月報17巻7号132頁〔27451125〕）。

(2)　金銭扶養の方法

　金銭扶養の場合は、定期払の方法が原則である[16]。しかし、扶養義務者が特に一括支給を希望する場合や一括払が望ましいという特殊な場合（大学等の生活費、学費を一括で支払う場合）であればこれを否定する理由はない[17]。なお一括払の場合は中間利息を控除すべきである（東京高決昭和31・

15　前掲注2・大村257頁。
16　前掲注8・於保＝中川編794頁。

6・26家裁月報8巻7号46頁〔27450294〕）。子から中華民国国籍の父に対する養育費の請求で、父が将来台湾に帰国する予定であり、その時期は未確定であること、自己の子であることを認めながら子を引き取らない限り入籍することはできないとしてこれを拒否している場合、将来にわたり養育費の定期的給付義務の履行を期待し得る蓋然性は乏しいとして中間利息を控除のうえ一括払を認めた事例がある（長崎家審昭和55・1・24家裁月報34巻2号164頁〔27770503〕）。

6 履行の確保

金銭扶養の場合、調停・審判等で債務名義を得れば強制執行は可能である（民事執行法22条）。扶養料は定期金債権であることが通常であるところ一部に債務不履行があれば、期限が到来していないものについても執行が可能である（同法151条の2）。差押禁止債権の範囲は2分の1である（同法152条3項）。間接強制も可能となった（同法167条の15、167条の16）。また、履行勧告（家事事件手続法289条）、履行命令（同法290条）も可能である。

7 扶養義務の順位

(1) 現行法の規定

扶養義務者が複数いる場合につき、現行民法は明治民法の法定主義を排し、扶養の順位につき当事者間の協議又は家庭裁判所の審判により定められるとしている（民法878条）。これにより、順位法定主義による硬直性を排し、個々の事例に即した具体的妥当性を図ることが可能となったが、その反面、裁判官の恣意的判断を生じさせるおそれを内包することになった[18]。そこで通説は法理上当然に存在する一定の順位を定めることを肯定する[19]。

17　前掲注9・中山234頁。
18　前掲注8・於保＝中川編774頁。
19　前掲注9・中山190頁。

(2) 生活保持義務者と生活扶助義務者の扶養の順位

　生活保持義務者が生活扶助義務者に優先する（東京高決昭和42・6・22家裁月報20巻1号81頁〔27451373〕は、収入のない母が成年に達した子に対して扶養料の請求をしたが、父が婚姻費用を分担する能力があるとして申立てを却下した事例）。

(3) 生活保持義務者間の扶養の順位

　未成熟子に対しては両親が同順位で負う[20]。親権者と非親権者であっても同様である（東京高決昭和39・1・28家裁月報16巻6号137頁〔27451033〕）。実親と養親とでは、養子制度の目的から養親の扶養義務が優先する（長崎家審昭和51・9・30家裁月報29巻4号141頁〔27452184〕は、当事者の意思、養子制度の本質から養親が第一次的に扶養義務を負い、実親は次順位で生活保持義務を負うとした事例）。

(4) 生活扶助義務者間の扶養の順位

　親に対する扶養については子が兄弟姉妹に優先する（福岡家審昭和38・10・14家裁月報16巻3号117頁〔27451003〕は、父が子3人と弟に扶養請求をしたが、子だけで扶養義務を尽くすに十分として弟に対する申立てを却下した事例）。子が複数の場合には、具体的事案を考慮して決せられる（岐阜家審昭和38・6・5家裁月報15巻9号211頁〔27450961〕は、母が子数人に対し、扶養請求をしたが、家督相続により父の遺産を取得した子1人に全扶養義務を負わせた事例）。

8 扶養義務者間の扶養の性質

　扶養義務者が複数いる場合の各扶養義務者が負う扶養義務の性格（分割責任か連帯責任か）については、協議又は審判による扶養義務の確定の際に考慮されるとする説が妥当と思われる[21]。

20　中川善之助『新訂親族法』青林書院新社（1965年）611頁。
21　前掲注9・中山200頁。

9 扶養請求権の性質

　扶養を受ける権利は処分することができない（民法881条）。この趣旨は扶養を受ける権利が要扶養者の生活を維持するためのものであり、身分関係に基づく一身専属権だからである[22]。ただし、通説は弁済期に達した後の扶養請求権は、金銭債権として放棄、譲渡することができるとする。

　また一身専属権ゆえ、扶養の権利及び義務は相続されない。しかし既に発生した過去の扶養料は相続の対象となるというのが通説である。

　消滅時効については、協議又は審判がなされる前の抽象的扶養請求権は親族関係に基づき、法律上当然に発生するものであるから消滅時効にかかることはないが、協議又は審判後の支分権としての具体的扶養請求権は財産権的性格を持つところから消滅時効にかかり、1年又はそれより短い一定期間ごとに発生するものは5年（改正前民法169条）、1年より長いものは一般債権として10年（改正前民法167条）、過去の扶養料について支払を命じる審判又は調停が成立した場合は、10年に延長される（改正前民法174条の2）と解されていた[23]。しかし、消滅時効に関する規定の改正により、前二者については改正民法166条1項により規律されることになると思われる[24]。

22　前掲注20・中川620頁。
23　東京家庭裁判所身分法研究会編『家事事件の研究(2)』有斐閣（1973年）151頁。なお同書では、基本権としての具体的扶養請求権については「検討を要する」とされている。
24　審判又は調停が成立した場合10年に延長されるという点に変わりはないと思われる（改正民法169条）。

 各 論

1 親の子に対する扶養義務

　子が親に対し扶養を請求する手段として、父母が婚姻中の場合は婚姻費用の分担（民法760条）、父母が離婚している場合は養育費（民法766条）として請求するのが通常と思われる。

　もっとも例えば、離婚して単独親権者となった母が死亡した後に子が父に対して扶養を請求する場合や、子が単独で親権者又は非親権者である父母に対し扶養を請求する場合があり得る。

(1) 未成熟子に対する扶養義務の性格

　未成熟子とは、個別具体的に、現実に独立して生活する能力をいまだ具備しない子をいう。未成年者とは一致しない。親は、経済的に自ら独立して自己の生活費を獲得すべき時期の前段階にあって、いまだ社会的に独立人として期待されていない年齢にある子女につき、「未成熟子」として、生活保持義務を負う。

(ア) 親の未成熟子に対する扶養義務の根拠

　親の未成熟子に対する扶養義務の実定法上の根拠につき、学説は多岐に分かれるが、民法877条を根拠とする説が通説とされる[25]。多数の裁判例は親権の有無とは無関係に未成熟子に対する扶養義務を認めている（広島家竹原支審昭和33・12・23家裁月報11巻3号158頁〔27450514〕、広島家呉支審昭和34・7・28家裁月報11巻10号101頁〔27450593〕）。

25　北野俊光＝梶村太市編『家事・人訴事件の理論と実務〈第2版〉』日本加除出版（2013年）330頁。

(イ) 監護親と非監護親

　父母の離婚後に親権者である父又は母のいずれかが子を養育監護している場合に、いずれも生活保持義務を負うか、非監護親は生活扶助義務を負うにすぎないか。扶養義務の根拠を上記のように解すれば、非監護親も監護親と並んで生活保持義務を負うとすべきである（福岡高決昭和52・12・20家裁月報30巻9号75頁〔27452289〕）。

(ウ) 認知していない場合

　嫡出でない子と父との法律上の親子関係は認知により初めて発生するので認知前の親と子の間に扶養義務は認められるか。裁判例では認知前でも扶養義務を認めたもの（福岡家審昭和40・8・6家裁月報18巻1号82頁〔27451169〕、東京家審昭和50・7・15家裁月報28巻8号62頁〔27452091〕）、認知前に扶養義務は負わないとするもの（東京地判昭和54・3・28判タ389号137頁〔27452368〕）、認知の遡及効により子の出生時から扶養義務を負うもの（大阪高決平成16・5・19家裁月報57巻8号86頁〔28101505〕）がある。なお認知前でも扶養義務を認めた裁判例は別に認知訴訟が係属している事件である。

(エ) 子が資産を有している場合

　子が第三者からの贈与により資産を有している場合であっても経済的基盤を付与するのが父母の義務であり、この財産をすべて費消しなければ親の扶養義務が具現化することはないとは考えられないので、未成熟子に資産があっても親は扶養義務を免れないとすべきである[26]。

(2) 成年に達した子に対する扶養義務

　成年に達したが、大学教育中である場合、「未成熟子」を前述のようにとらえると経済的に独立している場合を除いて、大学等へ進学した場合も未成熟子であると解することになる。このような場合、親の扶養義務の性質、程度、扶養料の額についてはどうなるのか。学説では、子の能力・意欲と親の受けた教育環境や資力との相対的な関係で扶養義務を認める立場が多い[27]。

26　前掲注8・於保＝中川編741頁。
27　前掲注9・中山24頁。

裁判例では、4年制の大学に進学した子が20歳になるまでは学費、生活費の一部を出捐していたが、20歳に達した段階でその出捐を打ち切った父に対し学費及び生活費について扶養を求めた事案で、扶養義務の性質には触れずに、子が成人に達し、健康であることの一事をもって、直ちにその子が要扶養状態にないと断定することは相当でないとして、原審の判断を取り消した例（東京高決平成12・12・5家裁月報53巻5号187頁〔28061551〕）、父母の離婚後、非親権者である父に扶養料を請求した事案で、扶養義務の生活を生活扶助義務として、諸般の事情を考慮して学生及び生活費の一部の支払を命じた例がある。かかる裁判例からすると、成年に達した後の学生である子に対する扶養義務の法的性格は生活保持義務と生活扶助義務のいずれとも言い難いが、4年制大学の進学率が高くなっていること（文部科学省による令和6年度学校基本調査によると令和6年度における大学等進学率は87.3％）からすれば、一律に否定されるわけではなく、具体的な扶養料の算定については諸般の事情を考慮して妥当な金額が定められることになろう。

　では、成年に達したが病気等で自活する能力がない子に対する扶養義務はどうなるか。原則として生活扶助義務となると思われるが、未成熟子として生活保持義務の対象となることもある[28]。裁判例として、婚姻費用分担の請求の事例であるが、成年に達した子が生来病弱で再三にわたって入院加療を続け、現在も療養生活を送っており、到底独立して生活を営む能力がない子を未成熟子としたもの（東京高決昭和46・3・15家裁月報23巻10号44頁〔27451710〕）、母から認知した父へ扶養料の求償を求めた事案で、生活保持義務であることを明記して、貧血で通常の就職稼働はできない状態にあった子を未成熟子としたものがある（福岡家小倉支審昭和47・3・31家裁月報25巻4号64頁〔27451815〕）。

28　前掲注9・中山139頁。

2 子の親に対する扶養義務

(1) 扶養義務の性格、根拠

　扶養義務二分説からすると、子の親に対する扶養義務は、生活扶助義務となる。この点につき老親扶養について、他の一般親族とは異なる地位にあり、生活扶助義務ではなく生活保持義務とすべきとの見解がある[29]。しかし、一体として生活すべき関係にある夫婦、未成熟子の扶養と互いに独立して生活している成人の親子間の扶養とは質的に異なる[30]。他方、過去における親から子に対する扶養の事実、子が親につき第一順位で相続権を有すること、子が親にとって最も近い親族であることから、具体的事例において生活保持的な配慮は許されるであろう（後述・広島家審平成2・9・1家裁月報43巻2号162頁〔27811441〕）。

　裁判例では、成人した子の親に対する扶養義務が生活扶助義務であることを明示し、生活保護法による基準を参考に扶養料を算定したものがある（大阪高決昭和49・6・19家裁月報27巻4号61頁〔27451989〕）。他方、医師である子に対して扶養料を請求した事例で、老母の社会的地位を考慮して一般の単身老齢者の生活費以上の額を定めたもの（広島家審昭和41・9・26家裁月報19巻5号88頁〔27451300〕）、同様に医師である子に対して扶養料を請求した事例で、扶養の性質が生活扶助義務であることを明示しながら、生活保持義務的な配慮をすることも許されるとして、子が親から医学教育を受けさせてもらったという事実等を考慮して金額を定めた事例（広島家審平成2・9・1家裁月報43巻2号162頁〔27811441〕）がある。

(2) 養子の養親に対する扶養義務

　普通養子縁組の場合、養子は実親及び養親の双方に扶養義務を負う。ただ、普通養子縁組の場合は、縁組の目的は相続税対策など多種多様である。よって養子の養親に対する扶養義務は、具体的事例に即して個別に判断されると解される[31]。

29　米倉明『家族法の研究』新青出版（1999年）236頁。
30　前掲注9・中山132頁。

裁判例として、養親が妻及び養子と20年以上も音信不通であり、養親子関係は戸籍上だけであるにもかかわらず、扶養義務を認めたもの（大阪高決昭和46・12・23家裁月報24巻12号44頁〔27808764〕）、婿養子が縁組を結んだが、夫婦関係は離婚により解消し、離縁訴訟が提起されている状況の場合、法律上は養親子関係が継続しており、破綻につき一方的に有責であるわけではないので、破綻の程度に応じて扶養料の負担を軽減すべきとしたもの（東京家審昭和51・12・1家裁月報29巻4号129頁〔27452198〕）がある。

(3) 専業主婦（夫）の親に対する扶養義務

親が婚姻をした成熟子に対して扶養請求したが、その成熟子が無収入の専業主婦（夫）だった場合、扶養義務を負うか。裁判例では老父が子（専業主婦、夫がガソリンスタンドを経営して盛業中である）に対し、扶養請求した事例で、夫の収入のうち、自由な使用を認められている範囲内で扶養料の支払を命じたもの（東京家審昭和43・11・7家裁月報21巻3号64頁〔27451520〕）、老母が子7人に扶養請求した事例で、そのうちの子2人（専業主婦、夫は雑貨店の店員、植木職人）につき、内助の働きにより夫の収入の一部を妻の収入とみるべきとして扶養料の支払を命じたもの（大阪家審昭和40・3・20家裁月報17巻7号132頁〔27451125〕）がある。

3 兄弟姉妹に対する扶養義務

民法877条1項の「兄弟姉妹」は、扶養父母を同じくする者、父母の一方を異にする者、養子と養親の実子、養子同士を含むが、先妻の子と後妻の連れ子、先夫の子と後夫の連子、認知されていない婚外子と父の子は「兄弟姉妹」に当たらない[32]。

兄弟姉妹間に法律上当然の扶養義務を認める立法例は珍しい[33]。裁判例として、扶養義務の目的は兄弟間の格差是正ではなく、生活困窮の場合におけ

31　清水節『判例先例親族法』日本加除出版（1995年）336頁。
32　前掲注12・泉308頁。
33　於保不二雄編『注釈民法(23)』有斐閣（1969年）375頁。

る補完としての援助という性質のものであり、また、兄からある程度の援助の申出があることから身体障害者の弟から兄に対する扶養の申立てを認めなかった事例(東京高決昭和51・5・19判時819号46頁〔27452157〕)、妹が兄(高い経常利益率を実現した会社の代表取締役)に対し、無職無収入の姉に対して支払った過去の扶養料の求償及び扶養料の支払を認めた事例(東京高決平成28・10・17判タ1446号128頁〔28260138〕)がある。

4 三親等内の親族に対する扶養義務

(1) 扶養義務の設定

三親等内の親族とは、直系血族及び兄弟姉妹以外の三親等内の親族であり、直系姻族、二親等の傍系姻族、三親等の血族及び姻族である。明治民法における家を同じくする直系姻族及び嫡母庶子、継親子などの扶養義務を削除したことの代償として現行法に取り入れられた。なお、夫婦の一方が死亡して姻族関係終了の意思表示をすれば、姻族関係は終了し(民法728条2項)、潜在的扶養義務は消滅する。審判によって発生した扶養義務も、姻族関係終了の意思表示とともに消滅するので、民法887条3項の取消しを要しない[34]。

三親等内の親族は「特別の事情」があるときに扶養義務を負うが「特別の事情」の存否は家庭裁判所の判断に委ねられる。核家族化、少子化により、親族間の結びつきが希薄化した現代の家族関係において、扶養当事者の範囲を縮小して公的扶養に委ねるべきという考えが強くなっていることもあり、「特別の事情」の存否の認定についての基準はかなり厳格になされるべきとするのが通説である[35]。

「特別の事情」の肯定例として、被相続人の実子が遺産の大半を取得したこと、継母を扶養することを約したことなどを考慮し、実子に継母の扶養を命じた例(和歌山家妙寺支審昭和56・4・6家裁月報34巻6号49頁〔27452556〕)、実の子同様に養育されてきた継子が、精神分裂病で入院中の

---

34 前掲注33・於保編92頁。
35 前掲注33・於保編393頁、前掲注8・於保=中川編771頁。

継母の扶養義務者となることを求めた事例(長崎家審昭和55・12・15家裁月報33巻11号123頁〔27452527〕)、否定例として「特別の事情」とは、扶養義務を負担させることが相当とされる程度の経済的対価又は高度の道義的恩恵を得ている、同居者である等の場合に限定して解するべきとして、精神分裂病にり患し退院した者の叔父に対する扶養義務者の指定の申立てを却下した例(大阪家審昭和50・12・12家裁月報28巻9号67頁〔27452127〕)、生活上の交渉がなく、精神上、物質上の恩恵を受けたような事実は認められず、血縁の者であるという関係にすぎないとして、精神病にり患した姪の叔母に対する扶養義務者の指定の申立てを却下した例(神戸家審昭和48・5・28家裁月報26巻1号57頁〔27451894〕)、同居していた期間中、苦労して家事に専念して一家の生計を助け、子供らを手塩にかけて育て上げたという事情はなく、しばしば家族らと離れて独自の行動をあえてしたこと、同居の終わった時期から既に30年経過していることから、継母からの扶養請求を却下した例(福岡家審昭和46・12・23家裁月報25巻4号54頁〔27451794〕)がある。

(2) 扶養義務の取消し

「特別の事情」に変更が生じたときは、当事者は扶養義務設定の審判の取消しを申し立てることができる。取消しは審判によってのみ認められる(家事事件手続法39条、別表第一84項、85項)。

扶養事件の調停、審判及び訴訟

1 扶養に関する処分の性質

　扶養に関する処分は審判事項である（家事事件手続法39条、別表第一84項、85項、別表第二9項、10項）。このうち、民法877条2項、3項の三親等内の親族の扶養義務は調停ができない審判事項である（別表第一84項、85項）。他方、民法878条、879条及び880条に関する処分は調停可能な審判事項である（別表第二9項、10項）。保全処分は、別表第二9項、10項の審判については可能だが（家事事件手続法187条）、別表第一84項、85項の審判については認められていない。

　なお、既に成立している協議に基づく扶養料の請求は民事訴訟事項である（東京地判平成元・3・7判タ723号241頁〔27806207〕は、扶養の程度又は方法についての協議成立を原因とする扶養料請求を認容した事例、東京地判平成14・8・21判タ1108号240頁〔28080423〕は、子から母に対し、扶養契約に基づいて扶養料を請求した事例）。

2 申立権者

　申立権者は扶養権利者又は扶養義務者である。扶養権利者は、扶養義務者のうち資力のない者や、既に扶養義務を履行している者を除外して申し立てることもできる[36]。ただ、当事者とならない者に扶養義務を負わせることはできないので、扶養を負わせるためには、審判手続に参加させる必要がある。また複数の扶養権利者が格別に扶養の申立てをしたときは、併合して審

36　斎藤秀夫＝菊池信男編『注解家事審判法〈改訂版〉』青林書院（1992年）419頁。

判するのが適当である[37]。

3　管　轄

　扶養義務の設定の審判は、扶養義務者となるべき者（数人の場合はそのうちの1人）の住所地を管轄する家庭裁判所（家事事件手続法182条1項）、扶養義務の設定の取消しの審判はその扶養義務の設定をした家庭裁判所の管轄（同条2項）、扶養の順位の決定及びその決定の変更又は取消しの審判は相手方（数人の場合はそのうちの1人）の住所地を管轄する家庭裁判所の管轄である（同条3項）。なお別表第二9項、10項の審判については合意管轄も認められている（同法66条）。

4　扶養権利者の参加の要否

　扶養義務者が他の扶養義務者を相手方として審判を申し立てたとき、扶養権利者を参加させる必要があると解するべきである（東京高決平成6・4・20家裁月報47巻3号76頁〔27825102〕）。

5　過去の扶養料の請求について

(1)　過去の扶養の請求の可否及びその始期について

　扶養料は当事者間の協議又は審判によって決せられるが（民法879条）、扶養権利者は協議又は審判以前の扶養料を扶養義務者に請求できるか。扶養請求権の法的性質につき、実体的請求権説又は内容形成説からすると、既に扶養の権利義務は扶養要件の具備とともに発生していることになるので、過去の扶養料の請求に親和的である。また、過去の扶養料の請求を一切認めないとすると、履行を怠った者を不当に利することになる。他方、扶養要件の具備を扶養義務者が知らないまま、時間の経過により扶養料が蓄積され高額化

37　加藤令造編『家事審判法講座第1巻』判例タイムズ社（1966年）320頁。

した場合は、扶養義務者にとって酷な結果となる。そこで、従来の通説的見解は、過去の扶養料の請求を認めるとしてもその始期を、権利者からの請求時とした[38]。この説に従う裁判例は現在でも多い[39]。大審院判例（大判明治34・10・3民録7輯9巻11頁〔27520253〕）も審判前の扶養料請求を認め、請求時説をとる。しかし、最近は特に生活保持義務において、請求時よりも前に始期を遡らせるものも増えている[40]。

　請求時よりも前に始期を遡らせたことを認めた例として、父が生活費の支払を止めたとき以降の養育費の支払を認めたもの（神戸家審昭和37・11・5家裁月報15巻6号69頁〔27450902〕）、母が父に対して、離婚調停を申し立てたが不調になった後、子が扶養料を請求した事例で、裁判所はその裁量により相当と認める範囲で過去に遡った分の扶養料の支払を命じることができるとして、母が離婚調停の申立てをした翌月からの扶養料の支払を認めたもの（東京高決昭和58・4・28家裁月報36巻6号42頁〔27900042〕）、父と母が別居後、一度は父の下で養育された子が、母の下に戻り、その後調停が申し立てられた事例で、前記東京高決の判示を引用して、母の下に戻った時点を始期と認めたもの（宮崎家審平成4・9・1家裁月報45巻8号53頁〔27826043〕）がある。

(2) **手続について**

　過去の扶養料を請求する場合、審判事項か訴訟事項かが問題となる。前掲最高裁判例（最大決昭和40・6・30民集19巻4号1114頁〔27001290〕）からすると、現在及び将来の扶養内容の決定に伴い、過去に遡っての扶養料額の決定及びその給付命令は審判事項とすることになる。過去の扶養料のみの請求であっても後述する最高裁判例（最判昭和42・2・17民集21巻1号133頁

38　野田愛子「審判による扶養料支払の始期」判例タイムズ89号（1959年）24頁。
39　請求時とする場合、具体的な基準時として、裁判外の請求時、審判又は調停申立日又はその翌日、審判又は調停申立日の属する月又はその翌月、第1回審判又は調停申立期日の翌日、双方出頭期日の翌日、審判日が属する期日又はその翌月、審判確定日を基準とする審判例がある。詳細は『最高裁判所判例解説民事篇〈昭和40年度〉』法曹会〔高津環〕207頁。
40　前掲注8・於保＝中川編800頁。

〔27001114〕）からすれば、扶養の具体的内容は協議・調停・審判によって形成されるのであるから、やはり審判事項となるとすべきである[41]。

6 扶養義務者間の過去の扶養料の求償について

(1) 扶養義務者間の求償の可否、手続について

　扶養義務者の1人が要扶養者の窮状を見かねて、協議等なく面倒をみたという場合に、他の扶養義務者に扶養料の求償ができるか、できるとしてその手続は審判事項となるか訴訟事項となるか。

　最高裁は、現に兄に扶養されている母を兄の意に反して引き取って扶養した妹から兄に対する扶養料の請求で、扶養を尽くすために引き取ったのだから扶養料の請求は認められないとした原審を破棄した（最判昭和26・2・13民集5巻3号47頁〔27003491〕）。また、最高裁は、離婚後に妻の父の下で養育されている子の扶養料について妻から夫に対して求償を求めた事案で、扶養義務者が他の扶養義務者に対して求償できる各自の扶養分担額は、協議が調わない限り、家庭裁判所が審判で決めるべきであるとした（前掲最判昭和42・2・17）。

　上記の最高裁判例からすると、扶養義務者間での求償は可能であり、かつ過去の扶養料における分担額の決定は家庭裁判所の審判事項とすべきことになる。

(2) 求償の範囲

　扶養義務者が他の扶養義務者に求償する場合、過去の扶養料を求償できるか。この点につき、過去の扶養料の請求で検討したとおり、様々な説があ

41　前掲注8・於保＝中川編802頁。なお現在及び将来の扶養料の請求から分離した、純粋に過去の扶養料のみについての請求は家事審判事項ではなく、訴訟事項であると判示した判例があるも（大阪高判昭和43・10・28家裁月報21巻6号43頁〔27421854〕）、要扶養者死亡後に扶養料を負担してきた曾孫が要扶養者の養子に扶養料を求償した事例で前掲昭和42年最判を引用して、審判事項とした地裁判例（東京地判平成6・1・17判タ870号248頁〔27826735〕）、過去の扶養料の求償を認める場合には、原則として扶養審判の申立てがなされるべきとした高裁判例（大阪高決平成15・5・22家裁月報56巻1号112頁〔28091033〕）がある。

る。裁判例では、調停を申し立てたときから5年分を遡って扶養料の分担を命じたもの（東京高決昭和61・9・10判時1210号56頁〔27800463〕)、請求時を基準とするもの（東京高決平成28・10・17判タ1446号128頁〔28260138〕)、請求時以前の分の求償を認めたもの（広島高決平成29・3・31判タ1454号86頁〔28253397〕）がある。

7 第三者から義務者への求償

　扶養義務者以外の第三者が扶養をした場合、第三者の扶養義務者に対する過去の扶養料の求償は、事務管理又は不当利得に基づき、民事訴訟事項となる（神戸地判昭和56・4・28家裁月報34巻9号93頁〔27423670〕)。なお同裁判例は、扶養義務の連帯債務性を認め、扶養義務者が複数いる場合、扶養義務者の全員又は任意の1人に全額請求可能と判断した。

扶養関係の変更又は取消し

1 序論

　一度定められた扶養関係について後に何らかの事情の変更があった場合にまで従来の扶養関係を維持することが具体的妥当性を欠くという場合に、家庭裁判所はその協議又は審判を取り消すことができる（民法880条）。当事者間の協議により変更・取消しも可能である[42]。なお、当事者の死亡や親族関係の終了等の扶養義務の前提となる親族関係が終了した場合には、扶養義務は将来に向かって当然に消滅する[43]。

2 事情の変更

　民法880条の「事情」とは、元の協議・調停・審判の際に考慮され、その前提ないし基準とされた事情である[44]。予見し得た事情がその後現実化したにすぎない場合は、原則として事情の変更があったとみることはできない（福岡高宮崎支決昭和56・3・10家裁月報34巻7号25頁〔27452547〕）。事情の変更が認められた裁判例として、父母双方の再婚及び子が母親と養子縁組した例（東京家審平成2・3・6家裁月報42巻9号51頁〔27810902〕）、離婚当時無職だったが、その後、就職して一定程度の収入を得るようになった例（大阪家審平成元・9・21家裁月報42巻2号188頁〔27807981〕）、母が再婚し、子が再婚相手と養子縁組した例（札幌家小樽支審昭和46・11・11家裁月報25巻1号75頁〔27451777〕）がある。

42　前掲注8・於保＝中川編805頁。
43　前掲注1・内田293頁。
44　前掲注8・於保＝中川編805頁。

3　変更の基準時

　事情の変更があった場合、いつの時点から変更を認めるか。裁判例の多くは請求時を基準としているが、具体的事例により、家庭裁判所の合理的裁量の範囲内で請求時より以前に遡って扶養料の変更をすることができる余地もあると思われる[45]。

4　執行力排除の方法

　事情に変更が生じていても執行力を排除するためには変更審判によらなければならない(大阪高判昭和52・2・3家裁月報29巻8号36頁〔27452208〕)。ただし、当事者の死亡等の債務名義に表示されている給付請求権自体が実体法上明瞭に変更又は消滅したときは請求異議の訴えにより執行力を排除すれば足りる[46]。

45　前掲注9・中山318頁。
46　前掲注37・加藤編326頁。

資料・証拠の調査と収集について

　扶養に関する事件については、具体的な扶養料の算定が争点となると思われるので、これに関する資料・証拠の調査と収集につき述べる。

1　生活保持義務の場合

　具体的な扶養料を算定するに際し、当該扶養の性質が生活保持義務の場合、その算定は既述のとおり養育費と同様なので、養育費の項に譲る。

2　生活扶助義務の場合

(1)　最低生活費の算定

　当該扶養の性質が生活扶助義務の場合、まず、最低生活費を算定することになる。最低生活費を生活保護基準で算定する場合、厚生労働省のHPに最低生活費の算定基準が掲載されている[47]。

　また総務省統計局の家計調査報告[48]を基準にする裁判例もある（札幌高決平成26・7・2判タ1417号127頁〔28234276〕）。同裁判例では、平成25年の総務省統計局の家計調査報告の単身・65歳以上・女性の消費支出の金額14万9397円に非消費支出3万8500円を加えた18万7897円を最低生活費としている[49]。

47　https://www.mhlw.go.jp/content/001152601.pdf　なお、同基準について令和7年3月31日までの経過措置が設けられている。
48　https://www.stat.go.jp/data/kakei/
49　同裁判例の解説では、総務省統計局の家計調査報告を基準とした最低生活費は生活保護の基準を超えていると推認されるとしている（判例タイムズ1417号（2015年）128頁）。

(2) 扶養権利者の収入の控除

扶養権利者に収入がある場合は、上記で算定した最低生活費から控除する必要がある。したがって、扶養権利者の収入を裏付ける証拠（課税証明書、公的年金の源泉徴収票等）が必要となる。

(3) 扶養義務者の扶養余力の算定

扶養義務者の基礎収入からその社会的地位にふさわしい生活をするための費用を控除する。具体的には、扶養義務者の基礎収入から人事院勧告[50]の参考資料の標準生計費を控除して算定した例（広島高決平成29・3・31判タ1454号86頁〔28253397〕、平成26年人事院勧告参考資料76頁の世帯人員3人の標準生計費19万9600円を基準としている）がある。

また、基礎収入からの控除という方法ではなく、総務省統計局の家計調査年報を基に扶養余力を算出した例（新潟家審平成18・11・15家裁月報59巻9号28頁〔28131977〕、総務省統計局の家計調査年報平成16年（家計収支編）・2人以上の世帯・第14表・住宅ローン返済世帯・年間収入五分位階級Ⅳの繰越金6万8572円及び金融資産純増5万4229円の合計12万2801円を扶養余力とした例）もある。

(4) 扶養料

前記(1)から(2)を控除した額と(3)の額を比較し、低い方の金額が具体的な扶養料となる。もっとも、既述のとおり、老親が程度の高い義務を子に請求する場合は、裁判例を参考に、当該老親が過去に高等教育を授けたか否か、子の職業、経済状況はどの程度であるかを調査することになる。例えば、子が現在の職業に就くのに親が多額の経済的援助をした場合（医師、弁護士等）は程度の高い義務が認められる方向性の事情になろう。

---

[50] https://www.jinji.go.jp/kyuuyo/index.html

3 扶養契約がなされている場合

　扶養契約がなされている場合は、契約書に基づいて具体的な扶養料を主張立証していくことになる。なお、扶養契約に基づく扶養料の請求は民事訴訟事項である。問題の性質上、明確な契約書はない場合がほとんどであると思われるので、当事者間で交わされた書面だけでなく、メールやLINEのやりとりも調査することになる。

4 扶養請求調停の書式、必要書類

　東京家庭裁判所のWEBサイトに説明、申立書のワードファイル、申立書記載例がある[51]。

---

51 https://www.courts.go.jp/tokyo-f/saiban/tetuzuki/syosiki02/index.html

離縁事件

第1章

離縁事件の相談・受任

 序　論

1　はじめに

　弁護士として法律相談を受けるに当たって、離婚事件と比べたとき、離縁事件の相談を受けることは一般的にそれほど多くないであろう。

　令和6年8月30日に法務省が公開した戸籍統計[1]によると、平成25年度には8万3647件あった養子縁組届出が、令和5年度には5万3748件にまで減少している。養子離縁届出についても、平成25年度には2万5480件であったのが、令和5年度には1万9756件まで減少している[2]。

　このように、実際の件数としても養子縁組・離縁は減少傾向にあるが、だからといってこのような相談に備える必要がないということはあり得ない。同じ養子縁組という括りであったとしても、その背景としては、例えば再婚相手の未成年の連れ子であるケースもあれば、成人同士の親族間で相続対策として実行されるケース、近年では同性パートナーで養子縁組をするケースも目立つようになってきており、当事者の事情や感情は多様化していると考えられる。

　弁護士としては、相談者の悩みを聞くに当たっては、このような背景事情や悩みの具体的内容を詳細に確認する必要がある。また、当然のことながら、養子縁組や離縁の手続に関する知識についてもあらかじめ備えておくべきであろう。

---

[1]　https://www.e-stat.go.jp/stat-search/files?page=1&layout=datalist&toukei=00250008&tstat=000001012466&cycle=8&year=20231&month=0

[2]　司法統計によると、令和5年度の離縁事件の調停新受件数は1067件にとどまる。

2 離縁事件の概要

　離縁とは、養子縁組が消滅することをいう。
　したがって、離縁を求めるためには養子縁組が成立していることが前提であり、また、どのような場合であっても離縁が認められるわけではなく、離縁をするための要件や手続の違い、離縁に伴う身分関係の変化なども押さえておく必要がある。
　以下に概要を述べるが、詳細については各章を参照されたい。

(1) 養子縁組の成立

　養子縁組の成立には縁組意思の合致と届出が必要とされるが（民法799条、739条、戸籍法66条）、特別養子縁組の場合にはさらに家庭裁判所の審判も必要とされる（民法817条の2、家事事件手続法164条）。
　養子縁組が成立した場合、縁組の日から養子は養親の嫡出子の身分を取得する（民法809条）。養子は原則として養親の氏を称することになり（民法810条）、養子が未成年者の場合には養親の親権に服する[3]（民法818条2項）。

(2) 離縁原因

　離縁は当事者の協議で行うこともできるが（民法811条1項）、離婚の場合と同様、裁判上の離縁の場合には法定事由が定められている（民法814条1項各号）。
　このうち「その他縁組を継続し難い重大な事由があるとき」（民法814条1項3号）の内容については、離婚の場合と同様、基本的には破綻主義によるとされており、その判断に当たっては総合的・個別的判断によるものとされているから、相談を受けた弁護士としても特に詳細な事情聴取が必要とされるであろう。
　なお、特別養子縁組の場合には、そもそも養親からの離縁の申立ては認められておらず、離縁が認められるのは極めて限定的な場合のみであるため注

3　この場合、実親の親権が養親に移転するため、実親は親権を失う。

意が必要である（民法817条の10）。

(3) **離縁の手続**
　(ア)　**協議離縁**
　　当事者は、協議のうえで、合意をして離縁をすることができる（民法811条1項）。
　　協議離縁が効力を生じるためには、離縁の合意のほかに、離縁の届出を行う必要がある（民法812条、739条、戸籍法70条）。
　(イ)　**死後離縁**
　　縁組当事者の一方が死亡した場合、生存当事者が家庭裁判所の許可を得て離縁をすることができる（民法811条6項）。
　　この場合も届出が必要とされるが、生存当事者が届け出ることで足りるとされている（民法812条、739条1項、戸籍法72条）。
　(ウ)　**調停離縁**
　　当事者で離縁の協議が調わない場合には、家庭裁判所に対して離縁の調停を申し立てることができる[4]。
　　調停の成立によって離縁が成立するが、調停の申立人は、市区町村長に離縁の届出をしなければならない（戸籍法73条1項、63条1項）。ただし、この届出は報告的届出である。
　(エ)　**裁判離縁**
　　調停を経て離縁の協議が調わない場合には、当事者は家庭裁判所に離縁の訴えを提起することができる。
　　裁判において認容判決が確定したとき、養子縁組は将来に向かって解消する。

(4) **離縁の効果**
　離縁が成立すると、養親子関係及び養親族との関係は終了する（民法729条）。

4　離縁事件の場合は、訴訟の前に調停を申し立てる必要がある（家事事件手続法244条、257条1項）。

また、養子は、離縁によって縁組前の氏に復する（民法816条1項）。

(5) **養子縁組の無効・取消し**

なお、養子縁組の届出時に縁組意思を欠くときは、そもそも養子縁組は無効であるとされる（民法802条1号）。

また、養親が未成年者の場合や、詐欺・強迫による縁組の場合など、法定の取消原因に該当する場合には、養子縁組の取消しをすることができる（民法803条ないし808条）。

養子縁組の無効・取消しと離縁とでは、その手続も要件も異なるため、手続選択には注意が必要である。

相談・受任時の対応

1 相談時の準備

(1) 事前の資料の準備

　一般的な法律相談と同様であるが、相談者に事前の準備をしてもらうことができる場合には、相談時に関連資料を持参してもらうことが望ましい。

　戸籍謄本や家系図はもちろんのこと、財産の問題がある場合には不動産の登記事項証明書や銀行口座の情報なども有用であると考えられる。

　また、離縁の原因を証する資料も準備が必要である。例えば、虐待や暴行が疑われる場合には写真資料や診断書など、養子縁組関係が破綻しているような場合には破綻を裏付ける相手方からの手紙、メール、LINEや当事者の生活状況を記載したメモなどが考えられる。

(2) 事実関係の確認

　相談時には、単に離縁の意向を確認するのみならず、当事者の人間関係から養子縁組に至る経緯、縁組成立後の生活状況等、当事者の状況を幅広く確認することが求められる。

　特に、調停離縁や裁判離縁が想定される場合には、事実関係の確認のみならず、当事者の感情にも配慮する必要がある。

　そのうえで、離縁の可否についての検討、離縁後の手続や生活への影響についても説明することが求められると考えられる。

2 受任時の対応

　相談者の多くは「養子縁組を解消したい」という意向はあるものの、具体

的な手続の区別はついていないというケースも多いと考えられる。

そのため、相談者から聴取した具体的な事実関係を基にして、当該事案においては養子縁組の無効や取消しを主張すべきであるのか、離縁の手続を進めるべきであるのか、慎重に検討する必要がある。

また、離縁後も縁氏を続けて使用する場合など、当事者の意向によっては特別な手続が必要になる場合もあるので、受任時には対象となる手続と効果について適切に説明することが求められる。

> **経験談㉟　離縁事件の裏側**
>
> 「養親から離縁を言い渡されました」という相談を受けた場合、弁護士としてまず頭に浮かぶのは、離縁事由は何かということでしょう。多くの場合は「その他縁組を継続し難い重大な事由があるとき」（民法814条1項3号）が問題になるので、「縁組を継続し難い重大な事由を基礎付ける評価根拠事実は何だろうか？」「それに対してこちらはどのような評価障害事実を主張立証できるだろうか？」と考えを巡らせるのが通常でしょう。
>
> もちろん、このような要件事実の観点からの検討は不可欠です。しかし、少し視野を広げてみることも必要です。なぜなら、要件事実を離れて紛争の社会的実体に目を向けたとき、離縁事件は、実は将来の遺産分割の前哨戦である場合が多いからです。筆者自身、そのような事件を何件か経験しています。
>
> 要はこういうことです。子どもがなく配偶者にも先立たれたAは、自分の財産や事業を引き継いでくれる後継者として、親戚の子Bを養子にします。時が流れ、Aは高齢になり、Aの相続開始が視野に入ってきます。
>
> 面白くないのはAの兄弟姉妹のCらです。Aには配偶者も実子もなく、両親はとうに他界しているので、本来ならばCらは相続人としてAの遺産を相続できたはずです。ところが、AがBを養子にしたために、Cらは相続人になれないことになってしまったのです。Cらとしては、Aから遺贈を受けることもできますが、それでは遺留分の問題が生じます。
>
> そこで、CらはAに取り入って、「BはAの財産目的で養子になった欲深い人間で、後継者に相応しくない」「BはAの前では猫をかぶっている

が、裏では仕事の手を抜いたり財産を使い込んだりしている」「BはAが死ぬのを待っている」等々、ある事ない事をAに吹き込みます。高齢になったAは、判断力も衰え、性格も頑なになっているため、Cらの讒言を信じてBに離縁を言い渡します。つまり、Aの離縁申入れは、Aの背後にいるCらによる、Bの相続資格を失わせるための画策であり、これが紛争の社会的実体です。

そのため、Bから相談を受けた弁護士としては、離縁事由の有無に加えて、Aの親族関係（Bがいなくなった場合には誰が推定相続人になるか）、その推定相続人の家族関係（推定相続人の配偶者が入れ知恵している例は非常に多い）、それぞれの人間関係や過去の出来事等についても詳しく聴取して紛争の社会的実体を把握する必要があります。

そのうえで、A（実質的にはその背後で糸を引いているCら）と交渉する際には、「Bの相続資格を喪失させることが真意なのだから、そちらが主張する離縁事由などは言いがかりにすぎない」「離縁が認められればBは相続資格を喪失するのだから、どうしても離縁したいのであれば、それを埋め合わせるだけの金銭を解決金として支払え」と主張することになります。相続分や遺留分相当額の支払を受けることまでは難しいとしても、相続資格を放棄することの対価なので、解決金も相応の金額となる場合が多いといえます。

この場合に大事なことは、判決に持ち込まないことです。判決では離縁が認められるか否かが判断されるだけなので金銭はもらえませんし、たとえ勝訴して離縁が認められなかったとしても、ここまでこじれてしまった養親子関係が今後うまくいくはずがありません。そのため、解決金をもらって離縁した方がよいのです。したがって、交渉、調停、仮に訴訟になった場合でも訴訟上の和解によって解決すべく、粘り強く交渉する姿勢が望まれます。

第2章

離　縁

離縁手続

1 協議離縁

(1) 概　要

　離縁の方法として、民法811条1項には、「縁組の当事者は、その協議で、離縁をすることができる」と定められており、当事者間で離縁の合意があれば離縁することができる。この協議離縁の方法によれば、届出は必要であるものの、裁判手続等を経ずとも離縁が可能となる。

(2) 協議離縁の要件

　協議離縁の要件としては、離縁の意思が必要であるほか、民法812条の準用する同法739条により戸籍法の定めによる届出が必要となる（戸籍法70条）。第1編第4章Ⅰ**1**で述べたのと同様に、離縁の意思にも実質的意思説と形式的意思説の考え方がある[1]。この届出は、当事者双方及び成年の証人2人以上が署名した書面で、又はこれらの者から口頭で、しなければならない（民法812条、739条2項、戸籍法70条、27条）。離縁の届出も形式的な要件が充足されていれば受理されるので、不受理届出制度の活用については必要に応じて検討されたい。なお、離縁の届出が民法813条1項の規定に違反して受理されたときであっても、離縁は、そのためにその効力を妨げられない（同条2項）。

---

[1] 中川善之助＝山畠正男編『新版注釈民法(24)』有斐閣（1994年）412-414頁。

(3) 協議離縁の注意点

(ア) 「法定代理人となるべき者」（民法811条2項）について

協議離縁の場合、養子が未成年者でも15歳に達していれば意思能力のある限り自分で離縁の協議をすることができるが、養子が15歳未満であるときは、その離縁は、養親と養子の離縁後にその法定代理人となるべき者との協議でこれをする（民法811条2項）。この「法定代理人となるべき者」は、養子の実父母が婚姻関係にあり、離縁によって養子の親権を回復する場合は当該実父母となる。養子の実父母が縁組後に離婚していたときは、同条3項で離縁後に親権者となるべき者と定められた者が該当する。また、縁組前に実父母が離婚していた場合には、縁組時に代諾をした父又は母が該当する。なお、養子縁組後に養父母が離婚して親権者がいずれかに定まった後、養子が親権者でない養親と離縁する場合は、離縁しても親権に変動はない。実父母が死亡している、あるいは、実父母が法定代理人となるのに不適当な場合など、これらによっても「法定代理人となるべき者」が定まらない場合は、家庭裁判所が離縁後に未成年後見人となるべき者を選任する（同条5項、家事事件手続法39条、別表第一70項）。

(イ) 養子が未成年である場合

養子が未成年であるときの注意点は、養親が夫婦である場合において未成年者と離縁をするには、夫婦がともにしなければならないことである（民法811条の2本文）。ただし、夫婦の一方が重度の精神疾患を患うなどでその意思を表示することができないときは、この限りでない（同条ただし書）。養子が成年に達している場合には同条の適用はないので、夫婦がともにする必要はなく、片方と離縁することもできる。

(ウ) 成年被後見人である場合

また、成年被後見人でも意思能力があれば自分で離縁の協議をすることができる（民法812条、738条）。

(エ) 特別養子縁組の場合

さらに、特別養子縁組は民法817条の10第1項に基づいて離縁することとなり、当事者の協議で離縁できない。

(4) 死後離縁

　縁組の当事者の一方が死亡した後に生存当事者が離縁をしようとするときは、家庭裁判所の許可を得て、これをすることができる（民法811条6項）。養親が死亡した後に養子が離縁しようとする場合、養子が死亡した後に養親が離縁しようとする場合のいずれも可能である。福岡高決平成11・9・3家裁月報52巻2号150頁〔28050496〕では、養子の死亡後に養親らがした離縁許可の申立てを却下した審判に対する即時抗告審において、養親の老後の世話及び家業の引継ぎ等を主な目的として養子縁組をしたことが推認されるが、養子が死亡したことによりその目的がほとんど達せられなくなったこと、養子の子らはもともと養親らとは疎遠であり前記目的を養子の子らに期待することは到底できない状況にあること等により、原審判を取り消したうえ、離縁を許可した。このように、死後離縁によって法定血族関係の解消という目的を果たせるが、一方で養子の直系卑属などが扶養や相続の利害について影響を受けるケースがあることに注意が必要である。

2 家事調停

(1) 調停前置主義

　第1編第4章Ⅰ**2**(1)で述べたのと同様に、協議により離縁の合意が成立しなかった場合には、まず、家庭裁判所に対して調停を申し立てる必要がある（家事事件手続法257条1項）。

(2) 申立て

　離縁の申立ては、申立書に当事者及び法定代理人、申立ての趣旨及び理由を記載して家庭裁判所に提出してしなければならない（家事事件手続法255条1、2項）。特別養子縁組の離縁については、家庭裁判所の審判によってなされることから、調停離縁の申立てはできない（民法817条の10）。

　申立ては縁組当事者である養親又は養子がなし、養親が夫婦である場合に未成年の養子と離縁するには、夫婦ともにしなければならない（民法811条の2本文）。ただし、夫婦の一方が重度の精神疾患を患うなどでその意思を

表示することができないときは、他の一方のみですることができる（同条ただし書）。なお、意思表示をすることができない養親との離縁の場合には、協議離縁をすることはできず、裁判離縁をすることになる[2]。申立手数料、予納郵券及び申立書等の書式については、第1編第4章Ⅰ**2**(2)で述べたとおりであり、必要に応じて管轄の家庭裁判所のHPを参照されたい[3]。養親及び養子の戸籍謄本（全部事項証明書）と養子が15歳未満の場合には離縁後に親権者となる者の戸籍謄本（全部事項証明書）も必要となるので準備しておく必要がある。

(3) **調停の進行**

離婚手続について述べた第1編第4章Ⅰ**2**(3)とおおむね同様であるため、同箇所を参照されたい。

(4) **調停の終了**

調停において当事者間に合意が成立し、これを調書に記載したときは、調停が成立したものとし、その記載は、確定判決と同一の効力を有する（家事事件手続法268条1項）。調停が成立した際の手続は第1編第4章Ⅰ**2**(5)を参照されたい。一方、調停が成立しない場合には、調停の不成立、調停申立ての取下げ等の終了原因がある。これらの場合についての手続は第1編第4章Ⅰ**2**(4)を参照されたい。

(5) **審判離縁**

審判離縁（調停に代わる審判）については、第1編第4章Ⅰ**3**を参照されたい。

なお、特別養子縁組の場合、①養親による虐待、悪意の遺棄その他養子の利益を著しく害する事由があること、②実父母が相当の監護をすることができることのいずれにも該当する場合において、養子の利益のため特に必要が

2　前掲注1・中川＝山畠編444-445頁。
3　東京家庭裁判所HP
　　https://www.courts.go.jp/tokyo-f/saiban/tetuzuki/syosiki02/index.html

あると認めるときは、家庭裁判所は、養子、実父母又は検察官の請求により、特別養子縁組の当事者を離縁させることができるとされており（民法817条の10第1項）、離縁は、上記の規定による場合のほか、これをすることができない（同条2項）。そのため、この特別養子縁組の離縁については、調停離縁の申立てはできず、家庭裁判所の審判によってのみなされる点に注意が必要である。

3 人事訴訟手続

(1) 調停と訴訟の関係

　離縁は、離婚が婚姻関係を解消するのと同様に法的に認められた養親子関係を解消する手続であることから、離婚手続について述べた第1編第4章Ⅰ4(1)とおおむね同様であるため、同箇所を参照されたい。

(2) 訴えの提起

　基本的には第1編第4章Ⅰ4(2)を参照されたいが、ここでは、離縁の場合の当事者について述べる。離縁の訴えでは、養子縁組の当事者である養親又は養子の一方が原告となり、他方が被告となる（民法814条1項）。当事者の死亡に関して、訴訟係属中に原告又は被告が死亡した場合には当該訴訟は終了するが（人事訴訟法27条2項）、当事者の一方が死亡した後に生存している当事者が離縁しようとする場合には、家庭裁判所の許可を得て離縁することになるので、この場合も訴訟は終了することになる（死後離縁、民法811条6項、家事事件手続法39条、別表第一62項、戸籍法72条）。なお、死後離縁も、届出によって成立するものであり（民法812条、739条1項）、許可する審判につき、利害関係人は即時抗告することができる（家事事件手続法162条4項1号）。

　当事者である養親又は養子が制限行為能力者である場合にも、意思能力がある限り訴訟能力があるとされるが（人事訴訟法13条1項）、必要があると認めるときは、裁判長は、申立てにより、弁護士を訴訟代理人に選任することができる（同条2項）。また、養子が15歳未満である場合の注意点は上記

1(3)を参照されたいが、この場合、離縁後にその法定代理人となるべき者が訴訟を追行した場合の判決の効力は養子本人に及ぶ（民事訴訟法115条1項1号）。なお、訴訟係属中に養子が15歳に達した場合には、同法124条1項3号に従って訴訟手続は中断し、当該養子が訴訟手続を受け継がなければならない。さらに、当事者の一方が成年被後見人であるときは、成年後見人は、成年被後見人のために訴え又は訴えられることができる（人事訴訟法14条）。なお、成年被後見人が当該訴訟の相手方である場合は、成年後見監督人が成年被後見人のために訴え又は訴えられることができる（同条2項）。

養親が夫婦で未成年の養子と離縁する場合には、原則として夫婦がともにしないといけないため（民法811条の2）、必要的共同訴訟となる。一方で、それ以外の夫婦共同縁組の場合には、離縁事由が個別に生じると考えられるため、通常共同訴訟となろう。

なお、添付書類について、原則は養親と養子の戸籍謄本（全部事項証明書）各1通であるが、養子が15歳未満の場合は、離縁後の法定代理人となるべき者の戸籍謄本（全部事項証明書）が必要となることにも注意が必要である。

(3) 審 理

第1編第4章Ⅰ**4**(3)を基本的には参照されたいが、離縁の場合には、①他の一方から悪意で遺棄されたとき、②他の一方の生死が3年以上明らかでないとき、③その他縁組を継続し難い重大な事由があるときのいずれかに該当することを具体的に主張する必要がある（民法814条1項各号）。特に3号（上記③）を主張する場合には、養子縁組時から訴え提起時までの経緯を漫然と主張するのではなく、縁組関係の破綻に近接する重大な事由を具体的に主張するのが相当である[4]。

(4) 訴訟の終了

離婚手続について述べた第1編第4章Ⅰ**4**(4)とおおむね同様であるため、同箇所を参照されたい。

---

4 小河原寧編著『人事訴訟の審理の実情〈第2版〉』判例タイムズ社（2023年）49頁。

離縁原因

1 序論

離縁原因については、民法814条1項に規定がある。民法814条1項1号及び2号と3号の関係について、通説は1号と2号の事由は3号の「縁組を継続し難い重大な事由」を例示したものとする[5]。

2 悪意の遺棄（民法814条1項1号）について

「悪意」とは、単に遺棄の事実を認識するにとどまらず、積極的にこれを認容する意思である[6]。「遺棄」とは、扶養義務違反にとどまらず、養親子の一方が、物質的及び精神的な共同生活を正当な事由なく廃止して、一定期間継続的にかえりみないことである[7,8]。

3 3年以上の生死不明（民法814条1項2号）について

昭和62年の民法改正により、養子だけでなく養親が生死不明の場合も離縁原因とされることとなった。「生死不明」とは生存の立証も死亡の立証もできないことであり、音信不通というだけでは足りない。3年以上生死不明で現在もなお不明であることを要する[9]。

---

5 中川良延「養子縁組の裁判離縁の原因」判例タイムズ1100号（2002年）140頁。
6 中川善之助＝山畠正男編『新版注釈民法⑭復刊版』有斐閣（2010年）507頁。
7 加藤正男「判批」我妻榮編集代表『家族法判例百選（初版）』有斐閣（1967年）110頁。
8 裁判例として福島家審昭和42・9・12家裁月報20巻4号52頁〔27451401〕。
9 前掲注6・中川＝山畠編509頁。なおこの事由により離縁を認めた判例はないようである。

4 縁組を継続し難い重大な事由（民法814条1項3号）について

(1) 序論

「縁組を継続し難い重大な事由」とは、養親子としての精神的経済的な生活共同体の維持若しくはその回復が著しく困難な程度に破綻したとみられる事由がある場合であり、現在の破綻だけでは足りず、将来の回復の見込みがないことを要する[10]。この離縁原因の存在は、当事者間の個々の行為や事実について判断するのではなく、養親子関係を全体として観察して個々の事実や要因を一連のものとして総合的な判断をすべきである[11]。

(2) 具体例

以下、最近の判例及び裁判例を一覧（裁判一覧表）にしたうえで、具体的にどのような事案で離縁が認められたか検討する。

(ア) 婚姻に伴い養子になった連れ子が、親の離婚に伴い離縁する例

子のいる母が婚姻し、婚姻の際、当該子と相手方が養子縁組をしたが、後に母が離婚することとなった場合に、子が父に離縁を求めるケースがある。子は未成年である例がほとんどであるが（裁判一覧表（以下略）⑩、⑪、⑬、⑲）、成年の例もある（⑮）。

(イ) 縁組の基礎となる他の親族との身分関係が解消した例

養親の娘と結婚することを前提に、養親子関係が生じたが、養親の娘と離婚することになったケースが挙げられる（⑭、⑳）。

(ウ) 財産トラブル

無断で養親の財産を処分したケース（③）、養親がマンションの管理を委託したにもかかわらず、収支状況の報告にも応じず、1600万円もの使途不明金が生じていたケース（㉕）がある。

(エ) 養親子間の不和

養親の価値観の押し付け（②）、養親が養子の結婚に反対（④）、感情的な対立（⑦、⑧、⑨、㉑）、その他の事情（⑰）がある。

---

10 横田勝年「養子縁組の裁判離縁の原因」判例タイムズ747号（1991年）249頁。
11 中川善之助編『注釈民法22のⅡ』有斐閣（1972年）819頁。

(オ) 家業承継をめぐるトラブル

養親が家業を託したにもかかわらず、養子が家出をしてタクシー運転手をしているケース（⑯）、取締役を退任したケース（㉓）、会社を退職したケース（㉔）がある。

(カ) 暴行又は暴言等

養子が養親に対し、金銭を無心し、暴行脅迫をしたケース（⑱）がある。

(キ) その他

消費者金融から新たな借金をさせるために氏を変えさせられた養子が離縁を求めたケースがある（㉒）。

5 離縁請求棄却事由（民法814条2項、770条2項）について

離縁原因がある場合でも、縁組の継続を相当と認めるときは離縁の請求を棄却する旨規定されている。もっとも、実務上この規定により離縁請求を棄却することはほとんどなく、判例もない。

6 有責当事者の離縁請求について

(1) 有責当事者からの離縁請求が許されるかについては、離婚の場合と同様、許されないとする消極的破綻主義と客観的に破綻している場合には認められるとする積極的破綻主義とがある。

最高裁は一貫して消極的破綻主義を採っている。最判昭和39・8・4民集18巻7号1309頁〔27001379〕（①）は、消極的破綻主義を採ることを明らかにし、最判昭和40・5・21裁判集民79号143頁〔27451152〕は、「養親子関係が破壊されるにいたつた原因が、全面的にまたは主として、その解消を望む当事者側にある等身分法を貫く正義の原則に著しく反する特段の事情がない限り……縁組を継続し難い重大な事由がある」としてこれを妨げないとした。また、最判昭和59・11・22家裁月報37巻8号31頁〔27453054〕（⑥）は養親子関係の破綻した原因がすべて養親の側にある場

合において、無責者である養子が離縁を望んでいないときは、養子に酷な結果を招来するとしても養親の離縁請求を認容すべき理由にはならないとした。
(2) これに対し、東京高判平成5・8・25家裁月報48巻6号51頁〔27826240〕（⑧）は、有責の養親からの離縁請求を一定の条件の下で認めている。今後は、どのような条件下で有責当事者の離縁が認められるようになるかの問題になると思われる[12]。

7 特別養子縁組の離縁について

特別養子縁組の離縁が認められる場合は非常に限定される。すなわち、特別養子縁組の離縁は、①養親による虐待、悪意の遺棄その他養子の利益を著しく害する事由があること、②実父母が相当の監護をすることができること[13]、③子の利益のために特に必要があると認められること[14]の①ないし③の要件を満たしたときに限定される（民法817条の10第1項）。

離縁の方法は、家庭裁判所の審判に限定される。特別養子縁組は、家庭裁判所が後見的に関与し、審判によって成立させたものであるから、その解消も審判の方法によるとされる[15]。当事者間の協議、調停ではできない。

申立権者は、養子、実父母、検察官である。養親は申立権者に含まれない。養子も成年に達した後は離縁の請求はできない[16]。

---

12 東條宏「判批」判例タイムズ913号（1996年）148頁。
13 特別養子が成年に達して監護の必要がなくなったときは離縁できない。
14 子の利益の侵害が一時的なもので、他の方法によって防止できる場合や、養父母が離婚していて、親権者の変更によって侵害を除去できる場合は離縁の必要がないとされる。細川清「改正養子法の解説(5)」法曹時報42巻8号（1990年）73頁。
15 前掲注6・中川＝山畠編636頁。
16 なお、実父母が死亡している場合等特別養子縁組の離縁ができない場合は、養子の保護は転縁組、親権喪失、社会福祉施設への収容等の方法で対処するべきである（前掲注6・中川＝山畠編635頁）。

離縁に伴う効果

1 離縁の効果

(1) **養親子関係、養親族関係の消滅（民法729条）**

　離縁により当事者間の養親子関係は消滅する。したがって、養親子間の扶養、相続、親権の関係も消滅する。また、縁組によって発生した親族関係も消滅する。ただし、養子縁組により生じた直系血族・直系姻族間での婚姻はできない（民法736条）。道義的配慮によるものである[17]。

(2) **離縁による復氏（民法816条1項、2項）**

　原則として、養子は離縁により縁組前の氏に復する。ただし配偶者とともに養子をした養親の一方のみと離縁をした場合は復氏せず、また縁組の日から7年を経過した後に離縁によって復氏した者は、離縁の日から3か月以内に戸籍法上の届出をすることで離縁の際に称していた氏を称することができる。

(3) **祭具等の承継（民法817条、769条）**

　養子縁組によって氏を改めた養子が、祭祀財産を承継した後、離縁をした場合は、当事者その他の関係人の協議で、その権利を承継すべき者を定めなければならない。

2 特別養子縁組の離縁の効果（民法817条の11）

　特別養子縁組の離縁によって、離縁の日から、特別養子縁組によって終了

17　前掲注6・中川＝山畠編549頁。

した養子と実父母及びその血族との間の親族関係は復活する。なお、特別養子縁組の離縁も民法上の離縁であるから、民法の離縁に関する規定（養親子関係・養親族関係の終了、復氏に関する規定、祭具の承継）は特別養子縁組にも適用される[18]。

3 財産分与・慰謝料請求について

養親から不当な追い出しを受けて離縁せざるを得なくなった場合や、養子が何ら正当な理由なく出奔してしまった場合、離婚の場合と同様に相手方に慰謝料請求ができるであろうか。

また、養子の貢献により、養親の財産が増大した後に離縁となった場合、養子は養親に財産分与請求できるであろうか。

(1) **財産分与について**

離縁による財産分与は離婚の規定（民法768条）を準用する規定もなく、認められないとするのが通説である[19]。裁判例の中にも財産分与の請求に対し、離婚による財産分与の規定を離縁において準用する規定がないこと、実質的に考えても夫婦間では互いに協力しあって財産を形成する関係があるのに対し、養親子間にはそのような関係はないので、両者を同一視できないとしたものがある（⑨）。

(2) **慰謝料請求について**

(ア) 法的性質及び範囲について

離縁に際して、慰謝料請求が認められる点に異論はない。その法的性質は不法行為というのが通説である。範囲は離縁の原因となった個別的有責行為による精神的苦痛と離縁そのものによる苦痛が含まれる[20]。なお、相

---

18 前掲注6・中川＝山畠編639頁。
19 横田勝年「離縁に伴う慰謝料、財産分与請求」判例タイムズ747号（1991年）252頁。
20 前掲注19・横田251頁。

続による得べかりし利益の喪失は損害とならないとされる[21]。
　(イ)　慰謝料の額について
　　慰謝料の額について一概に結論は出せず個別具体的な事案によるところであると思われるが、養親子関係は、夫婦関係に比較すれば、当事者間の緊密性がうすく、その破綻による悲嘆苦痛も、僅少であるのが一般であるので、その額は離婚の場合と比較し、僅少であるのが一般的であるとの言及がある[22]。
　　この点に関し、裁判例の中にも養親子関係は夫婦関係とは異なって人間関係の緊密度が比較的薄く、破綻によって受ける苦痛の程度も、離婚の場合に比較して一般的に低い旨判示するもの（⑨）がある。
　(ウ)　具体例
　　養親らが、養子との不自然な親子関係を強要し、養親ら方を去らざるを得ない立場に追い込んだといえる事例で養親らに金50万円の支払を認めたもの（②）、連れ子を養子にした事案で、養親である夫の身勝手な言動により離婚・離縁となった事例で、大人の離婚劇に翻弄される結果となったとして、子2人に対し、それぞれ50万円の支払を認めた例（⑩）があるものの数は少ない。

(3)　考　察
　以上により、離縁に伴い財産分与は認められず、慰謝料請求も離婚と比較すると低額となるのが従前の裁判例のようである。財産分与につき離縁では一律認めないというのでは、養子の貢献により養親の財産が増大したような例では不十分である。そこで、財産形成に対する養子の寄与が大きい場合には後述のように、不当利得返還請求や、持分権確認訴訟で対応していくことが考えられる。もっともこの場合、離縁訴訟に併合することはできず、別訴提起することが必要となろう[23]。

21　我妻榮『親族法』有斐閣（1961年）309頁。
22　村上幸太郎「慰謝料（民法第710条）の算定に関する実証的研究」司法研究報告書9輯6号（1958年）258頁。
23　前掲注19・横田252頁。

経験談㊱　養子縁組の解消に関係する事件における財産給付について

　養子縁組の目的は婚姻と異なり、養親の扶養、事業承継、相続・節税等様々です。それゆえ紛争が生じる局面も様々で、単に養親子関係の悪化というだけでなく、実子との相続争いが実質的な問題となっている場合もあります。

　また、養親子間には夫婦間のように同居義務はなく、縁組目的や年齢にもよりますが扶養の程度も低いとされており、当事者間の身分関係の緊密性は夫婦間に比して強くありません。したがって、離縁に財産分与の規定は準用されないというのが実務上の取扱いですし、慰謝料も一般的には低額とされ、判例上も高額な慰謝料は認められていないようです。養子の貢献で養親の財産が増えたような場合、本文にあるように別訴の提起も考えられますが、解決まで時間が長引きますし、立証の成否のリスクを背負うことになります。

　それゆえ、養親子関係の解消を求められた側の代理人になった場合、依頼者が養親子関係の解消を受け入れており、相手方がある程度の金銭給付に応じるのであれば、示談や調停の段階で解決してしまった方が依頼者に有利な結論が得られるでしょう。

　私の経験した事案で、調停で離縁を請求された養子から依頼を受けたことがありました。依頼者である養子は、当初は養親に憤懣やるかたなく、離縁の請求に応じてもよいが、多額の慰謝料は請求したいと主張していました。私が、解決までの期間の見込みと裁判例の傾向をお教えしたところ、私の方針にご納得いただき、その結果、相当額の解決金を得て、速やかな解決に至りました。離縁事件に限らず身分関係に関する事案は、かなりのストレスを感じる依頼者もおられるので早期の解決は重要だと感じました。

資料・証拠の調査と収集について

1 離縁原因について

(1) 離縁を請求する側の活動

　離縁を求める側は、精神的経済的な生活共同体の維持若しくはその回復が著しく困難な程度に破綻したとみられる事由がある場合であり、現在の破綻だけでは足りず、将来の回復の見込みがないことを立証する必要がある。

　具体的には当事者双方の離縁意思、当初の縁組目的が達成できていないこと、住民票・戸籍附票等で同居していないことや別居の期間[24]、親子としての交流がないこと（メール、LINE等）を主張・立証することになる。

(2) 離縁を請求された側の活動

　これに対し離縁を求められた側は、親子としての交流があり（メール、LINE、相手方からもらった年賀状、暑中見舞い、寒中見舞い、お中元やお歳暮、葬式の際の芳名帳など）、縁組関係が破綻していないことを立証することになる。

　また、最高裁判例は、一貫して消極的破綻主義をとっていることから、原則として有責当事者からの離縁請求は認められない。そこで、離縁を請求された側は、縁組破綻の原因につき、相手方の有責性を基礎付ける事実を主張・立証することになる。攻撃防御方法の位置付けとしては抗弁ということになろう[25]。

---

24 もっとも婚姻と異なり養子縁組の場合、養子と養親の同居は要素ではないので、別居期間が長いといっても養親子関係が破綻していることにはならない。縁組目的との関連（縁組の目的が養親の介護の場合）や、親子としての交流がないこと等も併せて主張、立証していくことになろう。

2 慰謝料・財産分与について

(1) 慰謝料・財産分与を請求する側の活動

　慰謝料額の算定については、縁組が破綻した原因を構成する個別的有責行為を細かに主張・立証していくことになろう。具体的には相手方から暴言・暴力を受けた場合は、暴言内容の音声記録、暴行を受けた部位の写真、診断書等で立証することになる。

　養子の貢献により養親の財産が増加したような場合、慰謝料請求に際しこれを考慮するという方法もあるが、金額に限界はあるし、後述するように請求する側に縁組破綻についての有責事由があれば認められない。そこで、養親名義の財産は実質的には養親・養子の共有であるとして持分権確認請求[26]や不当利得返還請求[27]が考えられる。もっとも、私見ではあるが、上記のような請求が認められるのは養子と養親とが共同で事業を行い全体として財産が増加したことが明確であるような例外的な場合に限られると思慮する[28,29]。このような場合に収集する証拠資料としては、縁組の前後での事業の経営状況を立証すべく、縁組前後の確定申告書、決算書等が挙げられよう。

(2) 慰謝料・財産分与を請求された側の活動

　これに対し、慰謝料請求を受けた者は、相手方の主張する個別的有責行為を否認するとともに、縁組関係が破綻した原因は相手方の有責行為にもあるとして相手方の個別的有責行為を立証していくことになる（相手方にも有責行為がある場合には、慰謝料請求が棄却されている。⑤、㉔）。

25　村重慶一＝梶村太市編著『人事訴訟の実務〈三訂版〉』新日本法規（1998年）345頁。
26　前掲注25・村重＝梶村編著347頁。
27　久貴忠彦『民法学全集9』日本評論社（1984年）247頁。
28　養子が給料を受け取っていたような場合は否定されている（㉔）。
29　実務上は離縁調停において、慰謝料や財産分与を加味した財産給付が合意されている例もあるようである。慰謝料や財産分与を請求することを考えている側は、離縁調停や判決に至る前の和解で解決を求めることも検討の余地があろう。

第2編 第2章 離　縁

裁判一覧表

番号	裁判日付	事案の概要
①	最判昭和39・8・4民集18巻7号1309頁〔27001379〕	Aは、B女との婚姻中にCを養子とした。AはB女の入院中に雇女D女と関係を持ち、B女と不和になったことから、B女はAと別居することになりCもB女とともにAと別居することになった。その後、ABは協議離婚し、CはAとの別居後、21年間経過している。このような状況下でAがCに離縁を請求した事案。
②	鳥取地判昭和44・9・11判タ240号189頁〔27451607〕	子がない夫婦（夫Aと妻B）が、子を儲けることを目的として妾にした女性（C女）との間で、C女が夫Aの子を産んだ後に、C女をABらの養女とした。その後、C女がAB方を出奔したことから、ABから離縁請求がなされ、他方、C女から、ABに対し、離縁請求・慰謝料請求の反訴がなされた事案。
③	大阪地判昭和48・1・23判タ302号232頁〔27451861〕	子がない養親Aが、後継者としてのほか、同人の面倒をみてもらうことを目的としてBと養子縁組したが、AがBに対し、離縁を求めた事案。
④	東京地判昭和54・11・30家裁月報32巻6号67頁〔27452423〕	子のいない夫婦Bらの養女となっていた養子A女が成人後、養親Bらに対し、離縁を求めた事案。
⑤	東京高判昭和57・10・21判タ490号149頁〔27423947〕	事業承継のためA男、B子夫婦と養子縁組をしたC男に対し、A男死亡後B子が離縁・慰謝料を請求した事案。
⑥	最判昭和59・11・22家裁月報37巻8号31頁〔27453054〕	養親夫婦の扶養と財産の管理を目的として養子縁組したが、その後、財産については養子以外の親族に移され、養親が養子の扶養を拒んで養子の下を去ってしまったという事例で養親が養子に離縁を求めた事案。

Ⅳ　資料・証拠の調査と収集について

縁組を継続し難い重大な事由の判断	その他	類型
有責者が無責者を相手方として、その意思に反して離縁の請求をなすことは許されないとしてAの上告を棄却した。		不和
C女がAB方を出奔した理由は、縁組後においても夫AがC女を妾として扱う態度を変えず、C女の子供は夫Aとその先妻との間の子の生まれ変わりであり、神仏の子であるとの考えをC女に押し付けたことに起因しているとしてC女の請求を認容。他方、ABらは、C女との不自然な親子関係を強要し、AB方を去らざるを得ない立場に追い込んだといえるので、有責のABの請求は許されないとしてABの請求は棄却。	ABとC女の年齢、職業、縁組成立に至る事情、縁組の内容、縁組の継続期間、原告夫Aの資産等の事情を考慮して金50万円の慰謝料請求を認めた。	不和
BがAに無断で信託預金証書を処分したり、不動産の持分を処分したりするなどAの不信感を助長増大させたもので、Bも相続問題が解決すれば離縁してもよいと考えており、養親子としての親愛感は全く存在しないとして養親の請求を認容。		財産トラブル
BらがA女の結婚に反対し、A女の結婚相手の勤務先、実家を訪れるなどして結婚を阻害する行為を行っていること、結婚相手に対する侮辱的言動に出ていること、A女がBらに強い不信感を持つに至っていること、3年半にわたり別居状態にあり親子としての接触を欠いていること等の事情から縁組を継続し難い重大な事由があるとして、Aの請求を認容。		不和
A男死亡後、A男が財産のすべてをB子に遺贈する旨の遺言を残したことから、B子とC男の間が不和となった。縁組破綻の原因は、A男亡き後、B子とC男の双方とも自己の立場のみに固執して相手方を思いやる配慮に欠けたことにあるとして、その責任について双方に軽重の差を設けることは困難として、いずれの側も他方に離縁を請求できるとしてB子の請求を認容。	慰謝料請求については、精神的苦痛を受けたことは容易に推認できるが、経緯を考え合わせると、不法行為を構成するに足りる違法性を有すると認めることはできないとした。	不和
養子が離縁を望んでいないとして、離縁を認めた原審を破棄し、離縁の請求を棄却した第1審判決を相当とした。		不和

第2編　第2章　離　縁

番号	裁判日付	事案の概要
⑦	最判昭和60・12・20裁判集民146号379頁〔27800437〕	農業及び祭祀の承継を目的とした養子縁組において、農業の手伝い方等をめぐって、養親子間に感情的な対立が生じてお互いに暴言、暴行、いやがらせをしていたという事案で、養子から養親に対して離縁を求めた事案。
⑧	東京高判平成5・8・25家裁月報48巻6号51頁〔27826240〕	自己の老後を託するため、自己の親族のB子とA男が結婚することを前提に、A男と養子縁組をした養親Cが、A男が結婚を留保する発言をしたことをA男の変心と性急に独断し、A男との親族関係の継続を拒否した。その後、養親CがA男に対し、離縁を求めた事案。
⑨	東京地判平成5・12・24家裁月報47巻11号86頁〔27826424〕	養親Aが、老後の世話や祭祀の承継のため養子となったBに対し、離縁を求めた事案。
⑩	東京地判平成15・1・24平成13年(タ)982号公刊物未登載	妻Aが、夫Bに対し離婚請求し、妻Aの子であり、妻Aと夫Bの婚姻に伴い夫Bの養子になった妻Aの連れ子C、D（未成年）がBに対し離縁、慰謝料を求めた事案。
⑪	東京地判平成15・1・31平成14年(タ)712号公刊物未登載	妻Aが、夫Bに対し離婚請求し、妻Aの子であり、妻AとBの婚姻に伴いBの養子になったC（未成年）がBに対し離縁を求めた事案。

Ⅳ　資料・証拠の調査と収集について

縁組を継続し難い重大な事由の判断	その他	類型
養親子関係の破綻をもたらした主たる責任が養親・養子いずれにあるとも容易に決し難いので、縁組破綻の原因が専らあるいは主として養親にあるとして離縁請求を棄却した原審を破棄し、離縁を認めた第1審判決を相当とした。		不和
離縁調停の終了から、控訴審の口頭弁論終結時まで11年8か月経過していること、養親子として通常の生活関係にあった期間は約7か月であること、客観的には養子としての正常円満な生活関係を回復することは不可能であること等の事実を認定し離縁を認めた。	養親子関係の破綻に養親Cが有責であることを認定しつつ、親子関係が正常な状態を欠くに至った期間が相当の長期間に及ぶ場合には、離縁請求を認容することが著しく社会正義に反するといえるような特段の事情が認められない限り離縁の請求を認容することができるとした。そのうえで養親子関係が客観的に破綻していることを認定し、養子A男が遺留分減殺により、1億9800万円の支払を受けたこと、経済的にも安定した生活を送ることが可能であることを認定し、養親Cの請求を認容した。	不和
Aは養子と生涯一緒に暮らすつもりであったが、Bは事前の相談もなく勝手に建物を新築して転居してしまったこと、その後十数年音信不通の状態を続けたこと等から、経済的な扶養扶助の関係はなく、通常の社会生活上にみられる親子の情宜ないし精神的なつながりはみられないとして養親の請求を認容。	養子の財産分与請求に対し、離婚の財産分与請求を準用する規定はなく、実質的にみても夫婦間においては互いに協力して財産を形成する関係にあるのに、養親子間はないことから両者を同一視できないとして排斥した。養子の慰謝料請求についても養親子関係は夫婦関係とは異なって人間関係の緊密度が比較的薄く、破綻によって受ける苦痛の程度も、離婚の場合に比較して一般的に低いとして排斥した。	不和
BがAの住宅ローンの支払に対する非協力的な態度に激怒し、同居を拒否し、翌日には離婚届を突きつけるに及んで険悪化し、やがて破綻に至ったもので婚姻関係は破綻しており、養親子関係も継続し難い重大な事由があるとしてC、Dの請求を認容。	Bの身勝手な言動により再び転居を余儀なくされ（約4か月）、いわば大人の離婚劇に翻弄される結果となったとして、それぞれ50万円の慰謝料を認めた。	親の離婚
BがCに対し、暴力、精神的虐待を繰り返していることからCの請求を認容。		親の離婚

第2編 第2章 離　縁

番号	裁判日付	事案の概要
⑫	広島高判平成15・3・25平成14年(ネ)257号等公刊物未登載	一家の跡継ぎとして祭祀を承継し家系を守っていくことを期待して、甥Bと縁組した養親Aが、不和となった甥Bに対し、離縁を求めた事案。
⑬	神戸地判平成15・5・30平成14年(タ)126号公刊物未登載	夫Aが、妻Bに対し離婚請求し、妻Bの子であり、AとBの婚姻に伴いAの養子になったC（未成年）に対する離縁を求めた事案。
⑭	東京地判平成15・8・26平成14年(タ)721号公刊物未登載	養親Aが、長男Bの妻であり、養子であるCに対し、離縁を求めた事案。なお長男BとCとは離婚が事実上合意に達している。
⑮	東京地判平成15・8・29平成14年(タ)122号等公刊物未登載	夫Aが、妻Bに対し離婚請求し、妻Bの子であり、AとBの婚姻に伴いAの養子になったC（24歳）に対する離縁を求めた事案。
⑯	東京地判平成16・3・17平成15年(タ)387号公刊物未登載	養親Aが、伝統ある写真店の跡継ぎとして養子縁組をしたBに対し離縁を求めた事案。
⑰	東京地判平成16・3・17平成14年(タ)466号公刊物未登載	妻であるBの前夫の子であるCを養子としている養親Aが、実母であるBとの会話を録音し、録音テープを国税局やマスコミに提供してBの脱税行為を公表したり、マスコミの取材にBを侮辱・中傷する発言を繰り返した養子Cに離縁を求めた事案。

Ⅳ 資料・証拠の調査と収集について

縁組を継続し難い重大な事由の判断	その他	類型
縁組が破綻するに至ったのは、Aが家を守るということを金科玉条にして、自己本位な考え方や理想を、意思や人格を無視して、一方的にBに押し付け、Bが自分の意思に従わないとみるや離縁を望むようになったと認定し、昭和39年判決を引用して離縁請求を認めた原審を取り消した。		不和
AとBとの離婚を認める以上、円満な婚姻関係の存続を前提としてなされたCとの養子縁組についても、離縁を認めるのが相当であるとして、Aの請求を認容。		親の離婚
養子縁組の動機は、Cと長男Bとの婚姻関係が継続することを前提に両名が夫婦として協力して一家の財産の維持を図ること及び相続税を軽減することであるので、婚姻関係が早晩解消されるべき段階においては、その前提は消滅していること、CはすでにAと別居しており、別居に際して、Aに家を出る旨を告げず、2年半もの間、一切の連絡をとっていないこと、CがAの相続を念頭に離縁を拒否していることがうかがえることから、Aの請求を認容。		他の親族の身分関係の解消
AとCとの別居後は相互に親子としての交流が途絶えており、通常の社会生活一般に求められる親子の交流がないことから親子関係の実体が失われており、縁組を継続し難い重大な事由があるとして、Aの請求を認容。		親の離婚
Bが家出をしてタクシー運転手の仕事を続けていること、写真の技術を習得するため努力した形跡はないこと、家出してから4年近くが経過しているが、Bが関係修復のため具体的な努力を払ってきたとはいえないこと、Bは今後のことについても抽象的な考えを供述するにとどまること、高齢のAが離縁を強く望んでいることからAの請求を認容。		家業承継トラブル
養子Cが、Bとの会話を録音したテープをテレビ局に200万円で提供したこと、テレビ番組に出演したり、週刊誌の取材に応じ実母を避難する発言や、その逮捕を望んでいるとの発言をしたこと、現在でも交流が途絶えたままであり、関係修復の具体的な行動もとられたことがないことから、親子としての信頼関係を喪失したとして、Aの請求を認容。		不和

第2編 第2章 離縁

番号	裁判日付	事案の概要
⑱	東京地判平成16・4・27平成15年(タ)461号公刊物未登載	養親から養子に対し、離縁を求めた事案。
⑲	東京地判平成16・5・25平成13年(タ)907号公刊物未登載	夫Aが、妻Bに対し離婚請求し、妻Bの長女であり、AとBの婚姻に伴いAの養子になったC(未成年)に対する離縁を求めた事案。
⑳	東京地判平成16・7・30平成15年(タ)1026号公刊物未登載	孫娘夫婦を夫婦養子にした養親Aが、孫娘の夫かつ養子のBに対し、孫娘夫婦の離婚に伴い、養子関係も破綻したとして、離縁を求めた事案。
㉑	東京地判平成16・8・23判タ1177号262頁〔28101108〕	養親A(82歳)が老後の世話や、墓、資産を守ってもらうために4年前から養子縁組をした僧侶である養子B及びその妻Cに対し、離縁を求めた事案。
㉒	東京地判平成16・8・31平成16年(タ)123号公刊物未登載	養子が、氏を変えて消費者金融のブラック情報をすり抜けさせることを目的として、自分との養子縁組をさせた養親に離縁を求めた事案。
㉓	東京地判平成17・1・13平成14年(タ)887号公刊物未登載	養親Aが、会社の後継者として事業を承継させることを目的として養子としたBに対し、離縁を求めた事案。
㉔	東京地判平成17・4・15平成14年(タ)178号等公刊物未登載	妻Aが、夫Bに対し離婚請求し、また、妻Aの両親である養親C及びDが、会社の後継者となることを前提に養子となったBに対する離縁を求め、養子Bから養親C及びDに対する離縁及び慰謝料請求の反訴がなされた事案。なお別訴で養子Bから養親Cに対し損害賠償請求がなされている。
㉕	東京地判平成17・9・22平成15年(タ)253号公刊物未登載	養親Aが、長女と婚姻しかつ養子縁組をしたBに対し、離縁を求めた事案。

Ⅳ　資料・証拠の調査と収集について

縁組を継続し難い重大な事由の判断	その他	類型
養子が養親に対し、金銭を無心していたこと、暴行・脅迫がされたこと、養親の配偶者にも矛先が向けられたことや現在も脅迫が続いていることから養親の請求を認容。		暴行脅迫
養子縁組とＡＢの婚姻とは密接な関係があることに鑑みれば、婚姻の破綻に伴い、縁組についても破綻したものと認めるのが相当であるとしてＡの請求を認容。		親の離婚
孫娘とＢとは協議離婚がされたこと、ＢはＡと別居しており、Ｂが孫娘を伴わないで、Ａと交流したことはほとんどないこと、Ａが強く離縁を望んでいることからＡの請求を認容。		他の親族の身分関係の解消
４年前の養子縁組後も同居したことはなく、現在では、年賀状、電話のやりとりもなく、一緒に食事をとることもなく互いに養親子として交流をはかる意思を全く失っているとしてＡの請求を認容。	Ａにわがままな側面があるものの、養親子関係の破綻にはＢＣにも一定の責任があるとして、Ａに有責性があるというＢＣの主張を排斥した。	不和
養子と養親が一緒に寝食を共にしたことがない、養親が養子縁組後も養子及びその家族に暴力を振るってきたとして養子の請求を認容。	養親は住居所不明。公示送達による送達がなされた。	その他
Ｂが会社の取締役を退任したこと、Ｂが取締役の時に支出した経費の中に従業員の慰労に藉口して遊興したと考えても不合理ではないものがあるとして、養親の請求を認容。		家業承継トラブル
Ｂが会社を退職して、Ｃ及びＤの元を退去したこと、８年間もの長期にわたってＣ及びＤに何らの連絡もとろうとしないこと、養子Ｂが養親Ｃに対し損害賠償を提起していることからＣ及びＤの請求を認容。	会社の売上に貢献したことを慰謝料請求の一要素とすべきとの被告の主張に対し、慰謝料とは養親子関係が破綻したことによって生じる精神的苦痛を基本とすべきであること、Ｂの側にも破綻原因があることから、Ｂの慰謝料請求を排斥した。	家業承継トラブル
ＢはＡのマンションの管理を委託されていたところ、ＡがＢに対し、マンションの管理・収支状況の報告を求めてもこれに応じず、また、1600万円以上の使途不明金が生じていること、別居後は交流が途絶えたことからＡの請求を認容。		財産トラブル

第3章

離縁事件終了後の手続

離縁の届出

1 協議離縁

　協議離縁の場合は、離縁の効力が生じる要件として離縁届の提出が必要であるから、離縁の合意ができた際には速やかに届出を行うべきである。
　協議離縁の届出は、当事者双方[1]及び成年の証人2人以上が署名した書面、又はこれらの者から口頭で行う必要がある（民法812条、739条2項、戸籍法70条、27条）。

2 死後離縁

　死後離縁の場合も離縁の効力が生じる要件として離縁届の提出が求められているため、審判後に市区町村役場に届出をする必要がある（民法812条、739条1項）。
　届出には審判書謄本と確定証明書が必要になるので、審判をした家庭裁判所に確定証明書の交付申請をしたうえで、申立人の本籍地又は住所地の市区町村役場に届出をする。

3 調停離縁

　調停離縁の場合にも、報告的届出ではあるが、調停の申立人が市区町村役場に離縁の届出をする必要がある（戸籍法73条1項、63条1項）。
　届出に必要な署名押印は申立人のもののみで足りるが、調停成立の日から

1　養子が15歳未満の場合には、離縁後に養子の法定代理人となる者が署名押印する。

10日以内に提出しなければならず、調停調書謄本の添付が必要となる[2]。

4 裁判離縁

裁判離縁の場合にも、調停離縁と同様、原告は市区町村役場に離縁の届出をする必要がある（戸籍法73条1項、63条1項）。

この届出についても、判決確定日から10日以内に提出しなければならず、判決謄本と確定証明書を添付する必要がある[3]。

---

2 審判離縁の場合には審判書の添付が必要となる。
3 認諾による離縁の場合には認諾調書、和解による離縁の場合には和解調書を提出することになる。

 離縁と氏

1 離縁後の復氏

(1) 養子は養子縁組の成立によって養親の氏を称するが（民法810条）、離縁によって養子縁組が終了すると、養子は縁組前の氏に復する（民法816条1項本文）。

養子になった者が婚姻後に離縁した場合には、当該養子が婚姻後も養親の氏を使用していた場合、養子の復氏に伴い、養子の配偶者も養子の縁組前の氏を称することになる。ただし、養子が婚姻時に配偶者の氏を称していた場合には、離縁をしても復氏の問題は生じない。

なお、離縁届を提出すれば法律上当然に氏が変更されるため、復氏について特別の手続は必要とされていない。

(2) 配偶者と共に養子をした養親の一方のみと養子が離縁したときは、養子は復氏せず、養親の双方と離縁したときに初めて復氏する（民法816条1項ただし書）[4]。

養親の一方が死亡している場合であっても、生存している養親のみと離縁しても復氏は生じず、双方の養親と離縁しなければ復氏しない。すなわち、この場合には、生存している養親と離縁の手続をとることとは別に、死亡している養親と死後離縁の手続をとらなければならない。

(3) なお、養子に、養子縁組後に出生した子がいる場合、養子が離縁したとしても復氏の効果は養子の子には及ばない。自動的に子の氏が変更されるわけではないので、子が離縁後の父母の氏を称するためには、子の氏の変更の手続を行う必要がある（民法791条、戸籍法98条）。

---

[4] 養親夫婦が共同で縁組をした場合にのみ適用されるものであり、夫婦の一方が養子縁組をした後に他方が養子縁組をした場合には適用されない。

2 縁氏の続称

(1) 養子縁組成立の日から7年を経過した後に離縁し、縁組前の氏に復した場合、離縁の日から3か月以内に戸籍法の定めるところにより届け出ることによって、離縁の際に称していた氏を称することができる（民法816条2項）。

　長期間にわたって養親の氏を使っていた養子が、離縁によって氏が変更することによる不利益を避けたい場合には、上記の要件を満たすことを条件として、養親の氏を続けることができる。

　離縁の日が養子縁組の日から継続して7年を経過していれば、養子縁組後に婚姻して氏を変更した場合などのように養親の氏を称していた時期が短期間であっても上記要件を充足する。

　ただし、上記**1**(2)の場合のように離縁しても復氏しない場合や、養子縁組前の氏以外の氏を称する場合には、上記要件を充足しない。

　なお、縁組期間が7年間に満たない場合や、離縁の日から3か月を経過してしまった場合には民法816条2項の適用はないが、家庭裁判所の許可を得れば離縁時の氏に変更することは可能である（戸籍法107条1項）。

(2) 縁氏続称はいずれの離縁の手続においても可能であり、離縁の年月日を届書に記載して、届出人の本籍地又は所在地に提出する（戸籍法73条の2、25条1項）。

　縁氏続称の届出が市区町村長に受理されると氏の変更の効果が生ずる。

第2編 第3章 離縁事件終了後の手続

離縁の際に称していた氏を称する届
(戸籍法73条の2の届)

令和　年　月　日届出

　　　　　　　　長　殿

受理	令和　年　月　日	発送　令和　年　月　日
第	号	
送付	令和　年　月　日	長印
第	号	
書類調査	戸籍記載	記載調査	附票	住民票	通知

(1) 離縁の際に称していた氏を称する人の氏名
（よみかた）
(現在の氏名、離縁届とともに届け出るときは離縁前の氏名)
氏　　　　　名
年　月　日生

(2) 住所
[住民登録をしているところ]
世帯主の氏名

(3) 本籍
(離縁届とともに届け出るときは、離縁前の本籍)
番地
番
筆頭者の氏名

字訂正
字加入
字削除

(4) 氏
変更前（現在称している氏）
変更後（離縁の際称していた氏）
（よみかた）

(5) 縁組年月日　　年　月　日

(6) 離縁年月日　　年　月　日

(7) 離縁の際に称していた氏を称した後の本籍
((3)欄の筆頭者が届出人と同一で同籍者がない場合には記載する必要はありません)
番地
番
筆頭者の氏名

(8) その他

(9) 届出人署名
（※押印は任意）
（変更前の氏名）
印

住定年月日　　　・　　・

日中連絡のとれるところ
電話（　　　）
自宅　勤務先　呼出（　　　方）

第4章

養子縁組・離縁の無効・取消し

養子縁組の無効・取消し

1 養子縁組の無効

(1) 無効事由

養子縁組の無効事由は民法802条に定められている。

(ア) 「人違いその他の事由によって当事者間に縁組をする意思がないとき」（民法802条1号）

(a) 縁組意思とは

縁組意思については、①養子縁組の届出をする意思とする説、②社会通念上親子と認められる関係を形成する実質的な意思とする説、③民法上に定められた親子としての法的効果を得る意思であるとする説があり、通説判例は上記②の実質的意思説を採っているといわれる。

認知症等で意思能力を欠く者がした養子縁組である場合には、上記のどの説を採っても縁組意思を欠き無効となる。

(b) 夫婦共同縁組の原則違反

配偶者のある者が未成年者を養子とする縁組を行う場合には、配偶者とともにしなければならない（民法795条本文）。ただし、配偶者の嫡出子を養子とする場合や、縁組時に夫婦の一方が意思能力を有しない状態にある、所在不明である等の意思表示できない場合にはその限りではない（同条ただし書）。

そのほか、単独縁組が同条の趣旨を損なうものではないと認められる特段の事情がある場合には、縁組意思のある養親との間においてのみ縁組の効力が生じるとする判例（最判昭和48・4・12民集27巻3号500頁〔27000498〕）もある。

(c) 15歳未満の養子に関する代諾の欠如

　15歳未満の者を養子とする養子縁組には法定代理人による代諾が必要であるが（民法797条）、無権原者による代諾など、適法な代諾を欠如した養子縁組は、縁組意思を欠くものとして無効になる。

　この点に関し、古くからの論点として、「生まれた子につき実親でない他人の実子として出生届を出した場合に、本来の代諾権者（親権者）である実親の承諾や追認、養子の15歳時以降の追認があれば代諾（民法797条）や縁組意思（民法802条1号）があるものとして有効な養子縁組といえるか」という問題（いわゆる「藁の上の養子」問題）がある。かつては虚偽の出生届を養子縁組届として認めることができるかという無効行為の転換の側面から議論されていたが、最高裁判例（最判平成18・7・7民集60巻6号2307頁〔28111439〕）により、このような事案において虚偽の出生届を養子縁組届とみなすことはできないという前提に立ちつつ、その子に対する親子関係不存在確認請求は権利濫用に当たり得るという側面から解決が図られるようになった。上記最高裁判例では、実親子同様の生活実態があった期間の長さ、親子関係が不存在とされることによるその子の不利益と請求者側の事情の比較衡量により権利濫用の成否が判断されている。

(d) 縁組意思に関する近年の判例

　相続・節税目的の養子縁組について、「専ら相続税の節税のために養子縁組をする場合であっても、直ちに当該養子縁組について民法802条1号にいう『当事者間に縁組をする意思がないとき』に当たるとすることはできない」として、そのような養子縁組を有効（縁組意思あり）とした判例がある（最判平成29・1・31民集71巻1号48頁〔28250353〕）。

　また、同性パートナーとの養子縁組につき、「成年である養親と養子が、同性愛関係を継続したいという動機・目的を持ちつつ、養子縁組の扶養や相続等に係る法的効果や、同居して生活するとか、精神的に支え合うとかなどといった社会的な効果の中核的な部分を享受しようとして」いるとして、そのような養子縁組を有効（縁組意思あり）としたものがある（東京高判平成31・4・10平成29年（行コ）246号裁判所HP

〔28272517〕)。

(イ) 「当事者が縁組の届出をしないとき」(民法802条2号本文)

ただし、その届出が民法799条において準用する同法739条2項に定める方式(婚姻の届出に関し、当事者双方及び成年の証人2人以上が署名した書面又はこれらの者が口頭でしなければならないというもの)を欠くだけであるときは、縁組は、そのためにその効力を妨げられない(同法802条2号ただし書)。

(2) 調停前置

(ア) 調停前置

養子縁組の効力に関する紛争については、調停前置主義が採られており(家事事件手続法257条1項)、当事者間で合意が成立した場合には、合意に相当する審判(同法277条)により終了する。

合意が成立せず調停不成立の場合には、養子縁組の無効を主張する側(調停の申立人側)が原告となって、家庭裁判所に人事訴訟を提起することとなる(人事訴訟法2条3号)。

無効・取消事由のいかんを問わず、対象となる養子縁組届を市区町村又は管轄の法務局から取り寄せて証拠提出することが必須であると考えられる[1]。

(イ) 実務的な視点

(a) 調停前置主義の例外の活用

上記(ア)のとおり、養子縁組無効の争いは調停前置が原則であるが、家事事件手続法257条2項は「前項の事件について家事調停の申立てをすることなく訴えを提起した場合には、裁判所は、職権で、事件を家事調停に付さなければならない。ただし、裁判所が事件を調停に付することが相当でないと認めるときは、この限りでない。」と規定して調停前置主義の例外を設けている。

---

[1] 戸籍の届出の公開については本書の姉妹編である第一東京弁護士会第一倶楽部編『実践弁護士業務 実例と経験談から学ぶ資料・証拠の調査と収集〈第2版〉』第一法規(2024年)242頁に記載があるので参考にされたい。

実務上、示談交渉段階で養子縁組の効力につき交渉が決裂した場合には、養子縁組無効確認調停を申し立てる代わりに、はじめから家庭裁判所に養子縁組無効確認請求訴訟を提起して、訴状の末尾に「本訴提起前の当事者間の交渉経過を考慮すると、およそ調停での合意成立は見込めない」などと記載し、同項ただし書を適用して調停に付さずにそのまま訴訟として審理をすべきであることを主張したうえで、その証拠ないし添付資料として示談交渉時にやりとりした書面を提出するという方法が採られることもある。この場合、被告側が異議を述べることはほぼなく、裁判所も原告の主張を容れて訴訟として審理を進めることが多い。このようにして調停手続を省略すれば、それだけ早期解決を図ることが可能である。

(b)　養親子とも存命中の養子縁組無効の争いにおける和解

　養親子とも存命中に養子縁組の効力が争われる場合には、離縁という形で和解することがよくみられる。養子縁組が有効であったことを前提とするという意味で被告の主張に沿うものである一方、離縁することにより和解時から将来に向かって養子縁組の効果を失わせるという意味で原告側の主張にも沿うという面があるためであろう。そのうえで、事情によっては慰謝料や将来生じ得る相続権を考慮した金銭の授受を盛り込む例もある。

(c)　養親死亡後の養子縁組無効の争いにおける和解

　養親死亡後に養子縁組の効力が争われる場合というのは、相続人である実子が養子の相続権を否定するというものが多い。養子縁組が有効である場合と無効である場合のそれぞれの遺産取得額の間をとるような金銭的和解になじむといえる。

2　養子縁組の取消し

(1)　取消事由

　養子縁組の届出は、民法所定の各規定その他の法令に違反しないことを認めた後でないと受理されない（民法800条）。

しかし、何かの手違いで上記違反が看過されて受理されてしまったような場合には、以下のとおり養子縁組の取消しによって是正することが可能である。

① 養親が20歳未満の者である養子縁組（民法804条）
② 養子が養親の尊属又は年長者である養子縁組（民法805条）
③ 家裁による許可を得ないでした後見人と被後見人との間の養子縁組（民法806条、794条）
④ 配偶者の同意を得ないでした養子縁組（民法796条、806条の2）
⑤ 代諾縁組において監護者である父母の同意を得ないでした養子縁組（民法806条の3）
⑥ 家裁による許可を得ないでした未成年者を養子とする養子縁組（民法807条）
⑦ 詐欺・強迫による養子縁組（民法808条1項、747条、748条）

(2) 取消しの効果

養子縁組の取消しに遡及効はなく、取消しの日から養親の嫡出子の身分を失い（民法808条1項、748条1項）、養親の血族との親族関係（民法727条）を失う。

(3) 調停前置

調停前置であることは、上記**1**(2)(ｱ)のとおりである。

3 特別養子縁組

特別養子縁組を成立させるには、家庭裁判所で特別養子適格の確認の審判と、特別養子縁組の成立の審判という2段階の審判手続を経る必要がある（家事事件手続法164条、別表第一63項）。

そのため、特別養子縁組の効力を争う場合には、これらの審判への即時抗告を行うことになる（同法85条）。

II　離縁の無効・取消し

1　協議離縁の無効・取消し

(1)　協議離縁の無効事由（民法802条準用）

　協議離縁の無効事由についての明文規定は存在しないが、養子縁組の無効に関する民法802条が準用されるものと考えられる。

　(ア)　離縁意思の欠如（同条1号）

　　離縁意思については、離婚意思と同様に形式的意思説と実質的意思説があり（第1編第4章I**1**参照）、判例では両者の折衷ともいうべき総合判断の手法が採られている。

　　例えば、無断でなされた離縁届について、養子が当該届出の事実を知ったにもかかわらず異議を述べず、戸籍訂正を求める意思もなかったと認められる場合には、離縁を追認したものとする判例がある（大阪高判平成2・6・28判タ738号154頁〔27807319〕）。ただし、この判例の事案は、養子に無断で離縁、縁組、離縁が繰り返された事案で、養子が1度目の離縁届がなされたことを知った時には既に2度目の縁組届が無断でなされていたという点で、やや特殊な事案であることに留意すべきである。

　(イ)　離縁の届出の欠如（同条2号本文）

　　一定の軽微な方式違背の場合、同号ただし書により無効とならないことについては上記I**1**(1)(イ)で述べたとおりである。

　(ウ)　夫婦共同離縁の違反（民法811条の2）

　　原則として、夫婦である養親と未成年者との離縁は夫婦ともにしなければならず、これに反する離縁は離縁意思のある養親との間においても無効である（民法811条の2本文）。ただし、離縁時に夫婦の一方が意思能力を有しない状態にある場合や所在不明の場合など意思表示できないときには

401

その限りではない（同条ただし書）。

そのほか、単独離縁が民法811条の2の趣旨を損なうものではないと認められる特段の事情がある場合には離縁意思のある養親との間においてのみ離縁の効力が生じるとする説もある。

(2) 協議離縁の取消事由

詐欺又は強迫により離縁をした者は、その取消しを家庭裁判所に請求することができる。ただし、詐欺を発見し、若しくは強迫を免れた後6か月を経過し、又は追認をしたときは取り消すことができない（民法812条、747条）。

協議離縁の取消しについては、離婚に伴う祭祀承継者の指定や、復氏に関する規定が準用される（民法808条2項、769条、897条1項、816条）。

(3) 調停前置

調停前置であることは、上記Ⅰ**1**(2)(ア)のとおりである。

2 裁判上の離縁の無効・取消し（民法814条）

裁判上の離縁については、人事訴訟手続の中でその効力を争うこととなる（人事訴訟法2条3号）。

3 特別養子縁組の離縁の無効・取消し

特別養子縁組は子の福祉の観点から例外的に認められるものであり、協議離縁や調停離縁や裁判離縁は認められておらず、審判申立てのみであるから、特別養子縁組の離縁又は離縁却下の審判の効力を争う場合には即時抗告を行うことになる（家事事件手続法165条7項）。

証拠の調査と収集について

(1) 養子縁組、離縁の無効・取消しの場合、縁組届・離縁届の署名欄が問題となることが多いので、既述のとおり、各届出を市町村又は法務局から取り寄せることは必須である。また、各届出の際の意思能力の有無が争点となりそうな場合（近時、認知症が疑われる高齢者についての縁組・離縁意思の有無の存否が問題となる事例が増えている）には、医師の診断書、診療記録、当該高齢者の姿を撮影したビデオ、写真、会話を録音したデータも必要となろう。

(2) また、裁判例をみると、養親と養子の生活関係、縁組をする目的や経緯を考慮して判断される場合が多いので[2]、養親と養子との関係性を証明する資料（手紙、メール、LINE、旅行等の記録）、縁組の目的の合理性（既述のとおり、相続・節税目的の養子縁組は有効とする裁判例が存在する）、経緯（日記や陳述書）を立証する資料が必要となる。

(3) その他、養親・養子に不自然な行動・言動があれば、陳述書等で立証することになろう。

---

2 裁判例として、大阪高判平成31・2・8判タ1464号47頁〔28274159〕、福岡高判令和4・9・6判時2547号20頁〔28311797〕。

事項索引

あ
悪意の遺棄 …………………………… 91

い
違法収集証拠 ………………………… 28

う
氏の変更許可 ………………… 170, 179

え
LBP …………………………………… 255
縁組意思 ……………………………… 396
縁組を継続し難い重大な事由 ……… 371

か
確定拠出年金 ………………………… 164
過去の扶養料 ………………………… 344
監護権 ………………………………… 55
監護者の変更 ………………………… 190
監護の継続性維持の原則 ……… 58, 104

き
企業型確定拠出年金 ………………… 164
基準時 ………………………………… 135
協議離縁 ……………………………… 364
協議離婚 ……………………………… 74
強制執行 ……………………………… 120
共同親権 ……………………………… 105

金
金銭扶養の原則 ……………………… 332

け
兄弟姉妹不分離の原則 ………… 58, 104
健康保険 ……………………………… 184

こ
合意に相当する審判 …… 283, 288, 293
合意分割 ……………………………… 160
個人型確定拠出年金 ………………… 164
子の引渡し …………………… 60, 115
子の返還申立事件（インカミング）
 ……………………………………… 266
婚 姻
　――の取消原因 …………………… 284
　――の無効原因 …………………… 282
　――の無効・取消し ……………… 282
婚姻費用 ……………………………… 44
　――の算定 ………………………… 46
婚姻無効の訴え ……………………… 284

さ
財産分与 ……………………………… 131
3 号分割 ……………………………… 161

し
シェルター …………………………… 38
死後離縁 ……………………………… 366

事項索引

事実婚 …………………………… 204
実質的意思説 …………………… 282
私的扶養優先の原則 …………… 327
重婚的内縁 ……………………… 204
住宅ローン ……………………… 137
主たる監護者の基準 …………… 116
渉外家事事件 …………………… 220
情報通知書 ……………………… 161
親　権 …………………………… 55
親権者
　――の指定 …………………… 103
　――の変更 …………………… 188
人身保護請求 …………………… 120
審判前の保全処分 ………… 59, 118
審判離縁 ………………………… 367
審判離婚 ………………………… 80

せ

生活扶助義務 ……………… 328, 331
生活保持義務 ……………… 328, 331
清算的財産分与 ………………… 133
生殖補助医療法 ………………… 314
性同一性障害者 ………………… 318
性別変更特例法 ………………… 318

そ

その他婚姻を継続し難い重大な事
　由 ………………………………… 94

た

退職金請求権 …………………… 141
代理出産 ………………………… 315

ち

嫡出子制度 ……………………… 301
嫡出推定規定 …………………… 302
嫡出否認の訴え ………………… 306
懲戒権 …………………………… 6
調査会社 ………………………… 32
調停前置主義 …………………… 75
調停離婚 ………………………… 75

て

TP ……………………………… 255
DV防止法 ……………………… 36

と

同居請求 ………………………… 65
同性パートナー ………………… 216
特有財産 ………………………… 136
特有財産性 ……………………… 167
取消権の消滅 …………………… 286

な

内　縁 …………………………… 202
772条の推定を受けない子 …… 309

に

認　知 …………………………… 311

ね

年金分割 …………………… 159, 183

は

ハーグ条約 ……………………… 254

405

事項索引

判決離婚 …………………………… 85

ふ
夫婦共同縁組の原則 ……………… 396
不受理申出制度 …………………… 24
扶養関係の変更又は取消し ……… 348
扶養義務 …………………………… 330
　——の順位 ……………………… 333
扶養請求権 ………………………… 335
扶養的財産分与 …………………… 132
扶養に関する処分 ………………… 343
扶養料
　——の算定方法 ………………… 331
　過去の—— ……………………… 344

へ
別　居 ……………………………… 95
別居調停 …………………………… 66

ほ
母性優先の原則 ……………… 57, 104

み
未成熟子 …………………………… 100

め
面会交流 …………………………… 63
　——の変更・禁止 ……………… 195

ゆ
有責当事者の離縁請求 …………… 372
有責配偶者からの離婚請求 ……… 99

よ
養育費 ……………………………… 107
　——の算定 ……………………… 109
　——の増減 ……………………… 193

り
離縁原因 …………………… 357, 370
離縁の届出 ………………………… 390
履行勧告 …………………………… 119
離婚原因 …………………………… 89
離　婚
　——に伴う慰謝料請求 ………… 150
　——の取消し …………………… 292
　——の無効 ……………………… 290
流動資産 …………………………… 139

判 例 索 引
(年月日順)

※判例情報データベース「D1-Law.com判例体系」の判例IDを〔　〕で記載

明　治
大判明治34・10・3民録7輯9巻11頁〔27520253〕……………………………345

昭　和
大決昭和5・9・30民集9巻926頁〔27510526〕………………………………66
最判昭和26・2・13民集5巻3号47頁〔27003491〕……………………………346
長野地諏訪支判昭和27・8・20下級民集3巻8号1158頁〔27450089〕………168
最判昭和29・1・21民集8巻1号87頁〔27003229〕……………………………323
東京高決昭和31・6・26家裁月報8巻7号46頁〔27450294〕………………332
最判昭和33・4・11民集12巻5号789頁〔27002684〕……………… 203, 209, 213
最大判昭和33・5・28民集12巻8号1224頁〔27002671〕……………………120
大阪高決昭和33・6・19家裁月報10巻11号53頁〔27450470〕………………44
大阪地判昭和33・12・18下級民集9巻12号2505頁〔27440400〕……………94
広島家竹原支審昭和33・12・23家裁月報11巻3号158頁〔27450514〕……336
最判昭和34・7・3民集13巻7号905頁〔27002556〕…………………………283
広島家呉支審昭和34・7・28家裁月報11巻10号101頁〔27450593〕………336
金沢地判昭和36・5・10下級民集12巻5号1104頁〔27450760〕……………93
東京地判昭和36・12・20下級民集12巻12号3067頁〔27450817〕……………286
最判昭和37・4・27民集16巻7号1247頁〔27002141〕…………………311, 316
東京家審昭和37・8・27家裁月報14巻12号95頁〔27450880〕………………44
大阪高決昭和37・10・3家裁月報14巻12号89頁〔27450888〕………………44
神戸家審昭和37・11・5家裁月報15巻6号69頁〔27450902〕………………345
岐阜家審昭和38・6・5家裁月報15巻9号211頁〔27450961〕………………334
福岡家審昭和38・10・14家裁月報16巻3号117頁〔27451003〕……………334
最判昭和38・11・28民集17巻11号1469頁〔27001976〕………………………291
東京高決昭和39・1・28家裁月報16巻6号137頁〔27451033〕………………334

判例索引

最大判昭和39・3・25民集18巻3号486頁〔27001929〕……………………227
東京地判昭和39・5・30下級民集15巻5号1271頁〔27451060〕…………94
最判昭和39・8・4民集18巻7号1309頁〔27001379〕………………372, 380
大阪家審昭和40・3・20家裁月報17巻7号132頁〔27451125〕………332, 340
最判昭和40・5・21裁判集民79号143頁〔27451152〕……………………372
最大決昭和40・6・30民集19巻4号1089頁〔27001291〕…………………65
最大決昭和40・6・30民集19巻4号1114頁〔27001290〕…………331, 345
大阪高決昭和40・7・6家裁月報17巻12号128頁〔27451163〕…………212
福岡家審昭和40・8・6家裁月報18巻1号82頁〔27451169〕……………337
広島家審昭和41・9・26家裁月報19巻5号88頁〔27451300〕……………339
最判昭和42・2・17民集21巻1号133頁〔27001114〕………331, 345, 346
東京高決昭和42・6・22家裁月報20巻1号81頁〔27451373〕……………334
大阪高決昭和42・7・10家裁月報20巻1号84頁〔27451380〕……………44
福島家審昭和42・9・12家裁月報20巻4号52頁〔27451401〕……………370
最判昭和42・12・8裁判集民89号361頁〔27451418〕……………………291
大阪高判昭和43・10・28家裁月報21巻6号43頁〔27421854〕…………346
東京家審昭和43・11・7家裁月報21巻3号64頁〔27451520〕…………340
東京家審昭和44・1・27家裁月報21巻7号88頁〔27451543〕……………47
最判昭和44・5・29民集23巻6号1064頁〔27000814〕……………………309
札幌地判昭和44・7・14判時578号74頁〔27451593〕……………………93
鳥取地判昭和44・9・11判タ240号189頁〔27451607〕…………………380
最判昭和44・10・31民集23巻10号1894頁〔27000777〕…………………74
福岡高判昭和44・12・24判タ244号142頁〔27451624〕…………………168
最判昭和45・3・12裁判集民98号407頁〔27451643〕……………………93
東京高決昭和46・3・15家裁月報23巻10号44頁〔27451710〕…………338
札幌家小樽支審昭和46・11・11家裁月報25巻1号75頁〔27451777〕…348
大阪高決昭和46・12・23家裁月報24巻12号44頁〔27808764〕………340
福岡家審昭和46・12・23家裁月報25巻4号54頁〔27451794〕…………342
東京家審昭和47・3・13家裁月報25巻3号107頁〔27730211〕…………44
福岡家小倉支審昭和47・3・31家裁月報25巻4号64頁〔27451815〕…338
最判昭和47・7・25民集26巻6号1263頁〔27000545〕……………………283
大阪地判昭和48・1・23判タ302号232頁〔27451861〕…………………380

408

最判昭和48・4・12民集27巻3号500頁〔27000498〕……………………396
神戸家審昭和48・5・28家月報26巻1号57頁〔27451894〕……………342
最判昭和48・11・15民集27巻10号1323頁〔27000467〕…………………90
大阪高判昭和49・6・19家月報27巻4号61頁〔27451989〕……………339
最判昭和50・5・27民集29巻5号641頁〔21050440〕……………………143
東京家審昭和50・7・15裁月報28巻8号62頁〔27452091〕……………337
大阪家審昭和50・12・12家月報28巻9号67頁〔27452127〕……………342
東京高決昭和51・5・19判時819号46頁〔27452157〕……………………341
最判昭和51・7・27民集30巻7号724頁〔27000315〕……………………285
長崎家審昭和51・9・30家月報29巻4号141頁〔27452184〕……………334
東京家審昭和51・12・1家月報29巻4号129頁〔27452198〕……………340
大阪高判昭和52・2・3家月報29巻8号36頁〔27452208〕………………349
東京高決昭和52・7・15判タ362号241頁〔27650664〕……………………28
東京高決昭和52・12・9家月報30巻8号42頁〔27452287〕………………56
福岡高決昭和52・12・20家月報30巻9号75頁〔27452289〕……………337
最判昭和53・3・9裁判集民123号181頁〔27452306〕……………………291
東京地判昭和54・3・28判タ389号137頁〔27452368〕……………………337
札幌高判昭和54・9・27判タ401号143頁〔28213377〕……………………168
東京地判昭和54・11・30家月報32巻6号67頁〔27452423〕……………380
長崎家審昭和55・1・24家月報34巻2号164頁〔27770503〕……………333
長崎家審昭和55・12・15家月報33巻11号123頁〔27452527〕…………342
福岡高宮崎支決昭和56・3・10家月報34巻7号25頁〔27452547〕……348
和歌山家妙寺支審昭和56・4・6家月報34巻6号49頁〔27452556〕……341
神戸地判昭和56・4・28家月報34巻9号93頁〔27423670〕……………347
東京高判昭和56・9・29東高民時報32巻9号219頁〔27442183〕………184
最判昭和57・3・26裁判集民135号449頁〔27452633〕……………………74
岐阜家審昭和57・9・14家月報36巻4号78頁〔27491005〕…………204, 212
最判昭和57・9・28民集36巻8号1642頁〔27000072〕……………………287
東京高判昭和57・10・21判タ490号149頁〔27423947〕…………………380
東京高決昭和58・4・28家月報36巻6号42頁〔27900042〕……………345
最判昭和59・7・20民集38巻8号1051頁〔27000009〕………………240, 241, 246
最判昭和59・11・22家月報37巻8号31頁〔27453054〕………………372, 380

浦和地判昭和59・11・27判タ548号260頁〔27453055〕‥‥‥‥‥‥‥‥‥‥‥‥‥‥‥‥133
浦和地判昭和60・11・29判タ596号70頁〔27800430〕‥‥‥‥‥‥‥‥‥‥‥‥‥‥‥‥‥91
最判昭和60・12・20裁判集民146号379頁〔27800437〕‥‥‥‥‥‥‥‥‥‥‥‥‥‥‥382
東京高決昭和61・9・10判時1210号56頁〔27800463〕‥‥‥‥‥‥‥‥‥‥‥‥‥‥‥347
東京地判昭和62・3・25判タ646号161頁〔27800369〕‥‥‥‥‥‥‥‥‥‥‥‥‥‥‥204
最大判昭和62・9・2民集41巻6号1423頁〔27800202〕‥‥‥‥‥‥‥‥‥‥‥‥24, 99
東京地判昭和63・11・11判時1315号96頁〔27804595〕‥‥‥‥‥‥‥‥‥‥‥‥‥‥229
東京高判昭和63・12・22判時1301号97頁〔27803643〕‥‥‥‥‥‥‥‥‥‥‥‥‥‥133

平　成

東京高決平成元・2・15家裁月報41巻8号177頁〔27809226〕‥‥‥‥‥‥‥‥‥‥‥171
東京地判平成元・3・7判タ723号241頁〔27806207〕‥‥‥‥‥‥‥‥‥‥‥‥‥‥‥343
最判平成元・9・14裁判集民157号555頁〔22003091〕‥‥‥‥‥‥‥‥‥‥‥‥‥‥‥143
大阪家審平成元・9・21家裁月報42巻2号188頁〔27807981〕‥‥‥‥‥‥‥‥‥‥348
東京家審平成2・3・6家裁月報42巻9号51頁〔27810902〕‥‥‥‥‥‥‥‥‥‥‥348
大阪高判平成2・6・28判タ738号154頁〔27807319〕‥‥‥‥‥‥‥‥‥‥‥‥‥‥‥401
広島家審平成2・9・1家裁月報43巻2号162頁〔27811441〕‥‥‥‥‥‥‥‥‥‥‥339
東京地判平成2・11・28判タ759号250頁〔27808841〕‥‥‥‥‥‥‥‥‥‥‥‥‥‥241
東京高判平成3・3・14判時1387号62頁〔22004261〕‥‥‥‥‥‥‥‥‥‥‥‥‥‥‥143
横浜家審平成3・5・14家裁月報43巻10号48頁〔27811693〕‥‥‥‥‥‥‥‥‥‥236
東京地判平成3・7・18判時1414号81頁〔27811221〕‥‥‥‥‥‥‥‥‥‥‥‥‥‥‥204
名古屋地判平成3・8・9判時1408号105頁〔27810888〕‥‥‥‥‥‥‥‥‥‥‥‥‥29
横浜地判平成3・10・31家裁月報44巻12号105頁〔27811373〕‥‥‥‥‥‥‥‥‥‥241
宮崎家審平成4・9・1家裁月報45巻8号53頁〔27826043〕‥‥‥‥‥‥‥‥‥‥‥345
神戸家審平成4・9・22家裁月報45巻9号61頁〔27826897〕‥‥‥‥‥‥‥‥‥‥‥246
京都地判平成4・10・27判タ804号156頁〔27814292〕‥‥‥‥‥‥‥‥‥‥‥‥‥‥204
仙台家石巻支審平成5・2・15家裁月報46巻6号69頁〔27970516〕‥‥‥‥‥‥‥171
東京高判平成5・8・25家裁月報48巻6号51頁〔27826240〕‥‥‥‥‥‥‥‥373, 382
最判平成5・10・19民集47巻8号5099頁〔25000058〕‥‥‥‥‥‥‥‥‥‥‥‥60, 121
東京地判平成5・12・24家裁月報47巻11号86頁〔27826424〕‥‥‥‥‥‥‥‥‥‥382
東京地判平成6・1・17判タ870号248頁〔27826735〕‥‥‥‥‥‥‥‥‥‥‥‥‥‥346
京都家審平成6・3・31判時1545号81頁〔27828427〕‥‥‥‥‥‥‥‥‥‥‥‥‥‥241

東京高決平成 6・4・20家裁月報47巻 3 号76頁〔27825102〕……………344
最判平成 6・4・26民集48巻 3 号992頁〔27818791〕………………………60
最判平成 6・11・8 民集48巻 7 号1337頁〔27825881〕……………………121
東京高決平成10・3・13家裁月報50巻11号81頁〔28033393〕……………138
最判平成10・4・28民集52巻 3 号853頁〔28030790〕………………………227
東京地判平成10・5・29判タ1004号260頁〔28042133〕……………………155
横浜地判平成10・5・29判タ1002号249頁〔28041374〕……………………239
熊本家審平成10・7・28家裁月報50巻12号48頁〔28040082〕……………246
最判平成10・8・31裁判集民189号497頁〔28032540〕………………………309
福岡高決平成11・9・3 家裁月報52巻 2 号150頁〔28050496〕……………366
東京地判平成11・9・3 判タ1014号239頁〔28050111〕……………………141
最判平成12・3・14裁判集民197号375頁〔28050541〕………………………309
最決平成12・5・1 民集54巻 5 号1607頁〔28050871〕………………………63
東京高決平成12・12・5 家裁月報53巻 5 号187頁〔28061551〕……………338
東京高判平成14・6・26家裁月報55巻 5 号150頁〔28080289〕………………99
東京地判平成14・8・21判タ1108号240頁〔28080423〕……………………343
最判平成14・10・17民集56巻 8 号1823頁〔28072738〕……………………223
東京地判平成15・1・24平成13年（タ）982号公刊物未登載……………382
東京地判平成15・1・31平成14年（タ）712号公刊物未登載……………382
広島高判平成15・3・25平成14年（ネ）257号等公刊物未登載……………384
大阪高決平成15・5・22家裁月報56巻 1 号112頁〔28091033〕……………346
神戸地判平成15・5・30平成14年（タ）126号公刊物未登載……………384
東京地判平成15・8・26平成14年（タ）721号公刊物未登載……………384
東京地判平成15・8・29平成14年（タ）122号等公刊物未登載…………384
東京地判平成16・3・17平成14年（タ）466号公刊物未登載……………384
東京地判平成16・3・17平成15年（タ）387号公刊物未登載……………384
東京地判平成16・4・27平成15年（タ）461号公刊物未登載……………386
大阪高決平成16・5・19家裁月報57巻 8 号86頁〔28101505〕……………337
東京地判平成16・5・25平成13年（タ）907号公刊物未登載……………386
東京地判平成16・7・30平成15年（タ）1026号公刊物未登載……………386
東京地判平成16・8・23判タ1177号262頁〔28101108〕……………………386
東京地判平成16・8・31平成16年（タ）123号公刊物未登載……………386

判例索引

最判平成16・11・18裁判集民215号639頁〔28092900〕………………………213
東京地判平成17・1・13平成14年(タ)887号公刊物未登載……………………386
東京地判平成17・4・15平成14年(タ)178号等公刊物未登載…………………386
大阪高決平成17・6・22家裁月報58巻4号93頁〔28110829〕……………………61
東京高決平成17・6・28家裁月報58巻4号105頁〔28110831〕……………………61
東京地判平成17・9・22平成15年(タ)253号公刊物未登載………………………386
横浜家相模原支審平成18・3・9家裁月報58巻11号71頁〔28130967〕…………195
名古屋高決平成18・5・31家裁月報59巻2号134頁〔28130330〕…………133, 139
最判平成18・7・7民集60巻6号2307頁〔28111439〕……………………………397
最判平成18・9・4民集60巻7号2563頁〔28111906〕……………………………318
新潟家審平成18・11・15家裁月報59巻9号28頁〔28131977〕……………332, 351
最決平成19・3・23民集61巻2号619頁〔28130826〕……………………………316
東京家判平成19・9・11家裁月報60巻1号108頁〔28140143〕……………228, 229
大阪高決平成20・10・8家裁月報61巻4号98頁〔28150729〕……………………47
東京高決平成20・12・18家裁月報61巻7号59頁〔28151769〕……………………61
名古屋高判平成21・5・28判時2069号50頁〔28161100〕…………………………139
東京高判平成21・7・16判タ1329号213頁〔28162992〕…………………………296
高松高判平成22・11・26判タ1370号199頁〔28181415〕…………………………100
最決平成25・3・28民集67巻3号864頁〔28211017〕……………………………126
最決平成25・12・10民集67巻9号1847頁〔28214169〕…………………………319
最判平成26・1・14民集68巻1号1頁〔28220184〕………………………………312
最判平成26・4・24民集68巻4号329頁〔28221877〕……………………………227
東京高判平成26・6・12判時2237号47頁〔28224986〕……………………………99
札幌高決平成26・7・2判タ1417号127頁〔28234276〕……………………331, 350
最判平成26・7・17民集68巻6号547頁〔28223056〕……………………………309
福岡家審平成26・12・4判時2260号92頁〔28232897〕…………………………188
福岡高判平成27・1・30判タ1420号102頁〔28240773〕…………………………188
東京高決平成27・3・31判タ1450号113頁〔28261445〕…………………………274
東京高決平成27・7・14判タ1457号130頁〔28264427〕…………………………274
大阪高決平成27・8・17判タ1450号102頁〔28261556〕……………………272, 273
最判平成27・12・16民集69巻8号2427頁〔28234449〕…………………………302
東京高決平成28・1・19判タ1429号129頁〔28244320〕…………………………109

東京高判平成28・5・19平成28年(ネ)399号公刊物未登載〔28241751〕……………30
大阪高決平成28・8・31判タ1435号169頁〔28251600〕………………………118
東京高決平成28・10・17判タ1446号128頁〔28260138〕………………331, 341, 347
大阪高判平成28・11・18判時2329号45頁〔28251808〕………………………295
最判平成29・1・31民集71巻1号48頁〔28250353〕…………………………397
広島高決平成29・3・31判タ1454号86頁〔28253397〕…………331, 332, 347, 351
東京高決平成29・5・19家庭の法と裁判12号58頁〔28260133〕…………239, 242
東京高決平成29・6・28家庭の法と裁判14号70頁〔28252066〕………………95
大阪高決平成29・7・12判タ1454号73頁〔28263028〕…………………………273
さいたま家審平成29・12・15判タ1457号87頁〔28270012〕……………………47
東京高決平成30・4・19判時2403号58頁〔28262062〕…………………………246
東京高決平成30・5・18判タ1472号115頁〔28280176〕…………………………273
東京高判平成30・6・20平成30年(ネ)46号公刊物未登載〔28263411〕…………95
大阪高決平成30・7・12判時2407号27頁〔28264745〕……………………………47
大阪高決平成31・2・8判タ1464号47頁〔28274159〕…………………………403
最判平成31・2・19民集73巻2号187頁〔28270649〕…………………………155
東京高決平成31・2・28判タ1476号82頁〔28280171〕…………………………273
東京高決平成31・3・27判タ1478号101頁〔28280179〕………………………271
東京高判平成31・4・10平成29年(行コ)246号裁判所HP〔28272517〕………397

令 和

大阪高決令和元・6・21判タ1478号94頁〔28280151〕…………………………117
宇都宮地真岡支判令和元・9・18判時2473号51頁〔28273850〕………………218
東京高決令和2・2・18判時2473号88頁〔28283078〕…………………………117
東京高判令和2・3・4判時2473号47頁〔28281925〕…………………………218
大阪高決令和2・12・8判タ1505号59頁〔28300147〕…………………………274
札幌地判令和3・3・17判時2487号3頁〔28290860〕…………………………216
最決令和3・3・29裁判集民265号113頁〔28291106〕……………………………56
最決令和3・3・29民集75巻3号952頁〔28291108〕……………………………56
最判令和4・1・28民集76巻1号78頁〔28300154〕……………………………150
福岡高判令和4・9・6判時2547号20頁〔28311797〕…………………………403
東京地判令和4・11・30判時2547号45頁〔28310398〕…………………………216

413

判例索引

名古屋地判令和5・5・30平成31年(ワ)597号公刊物未登載〔28311970〕……216
最大決令和5・10・25民集77巻7号1792頁〔28313164〕……………………319
東京高判令和6・1・17令和5年(ネ)1524号公刊物未登載………………………32
札幌高判令和6・3・14判タ1524号51頁〔28321180〕…………………………216
最判令和6・3・26民集78巻1号99頁〔28320888〕……………………………216
東京高判令和6・10・30令和5年(ネ)292号裁判所HP〔28323660〕……………216

編集後記

　本書は、第一東京弁護士会第一倶楽部の『実践弁護士業務　実例と経験談から学ぶ　資料・証拠の調査と収集』シリーズの、第五弾としての出版となります。

　今回の企画は、令和5年10月よりスタートしましたが、既に家族法の改正の流れがあり議論もなされている中でのことでしたので、本編ではこの点について避けては通れないところであり、このような時期にこのテーマで出版することの意義も考えさせられるところでした。一方で、シリーズのテーマである資料・証拠の調査と収集は変わらないテーマでもあります。また、本書の独自性の一つである弁護士の経験談は、改正を目の前にしても重要性に変わりないところであります。このような意味で、第五弾になりますが、シリーズのテーマや独自性について改めて強い思いをもってのスタートでありました。さらに、本書では、離婚、離縁に加えて、今まで実務本のなかでもあまり正面から触れられてこなかった扶養についても積極的に取り入れることで、新たなチャレンジの気持ちも込めました。

　このような中、執筆者において勉強会を重ね、なんとか出版の日を迎えることができました。出版のために会議室の提供をしていただく等、第一法規株式会社のみなさまには、変わらぬ多大なるご協力をいただき感謝しかありません。

　第一倶楽部の先生方にも、タイトなスケジュールになっていく中、勉強会の実施や執筆につき大変なご支援をいただきました。特に、経験談の作成については、貴重な経験をご提供いただき、実務において大きな武器になると確信をもって世に出すことができたと思っています。

　この場を借りて、第一法規のみなさま、第一倶楽部の先生方に御礼申し上げます。また、今回も伊藤和貴弁護士には、執筆原稿の取りまとめ等全般にわたり多大なご協力をいただきました。感謝を申し上げます。

　本書を通じて、多くの方の離婚・離縁・扶養という大切な家族についての

問題解決に貢献できれば幸いです。

令和7年1月

　　　　　令和6年度　第一東京弁護士会第一倶楽部出版部会
　　　　　幹　事　伊藤　厚志　　S&Nパートナーズ法律会計事務所
　　　　　副幹事　飯野　雅秋　　丸の内南法律事務所
　　　　　　　　　原田　宜彦　　虎ノ門カレッジ法律事務所

サービス・インフォメーション
━━━━━━━━━━━━━━━━ 通話無料 ━━━━━━
① 商品に関するご照会・お申込みのご依頼
　　　　　　　TEL 0120(203)694／FAX 0120(302)640
② ご住所・ご名義等各種変更のご連絡
　　　　　　　TEL 0120(203)696／FAX 0120(202)974
③ 請求・お支払いに関するご照会・ご要望
　　　　　　　TEL 0120(203)695／FAX 0120(202)973

●フリーダイヤル（TEL）の受付時間は、土・日・祝日を除く
　9：00～17：30です。
●FAXは24時間受け付けておりますので、あわせてご利用ください。

実践弁護士業務
実例と経験談から学ぶ　資料・証拠の調査と収集
離婚・離縁・扶養編

2025年2月15日　初版発行

編　著　　第一東京弁護士会第一倶楽部
発行者　　田　中　英　弥
発行所　　第一法規株式会社
　　　　　〒107-8560　東京都港区南青山2-11-17
　　　　　ホームページ　https://www.daiichihoki.co.jp/

弁証拠調査離婚　ISBN978-4-474-02071-9　C2032 (9)